HSK 인강 할인 이벤트

맛있는 스쿨 ▶ HSK 단과 강좌 할인 쿠폰

할인 코드 hsk_halfcoupon

HSK 단과 강좌 할인 쿠폰

50% 할인

할인 쿠폰 사용 안내

1. 맛있는스쿨(cyberjrc.com)에 접속하여 [회원가입] 후 로그인을 합니다.
2. 메뉴中[쿠폰] → 하단[쿠폰 등록하기]에 쿠폰번호 입력 → [등록]을 클릭하면 쿠폰이 등록됩니다.
3. [HSK 단과 강좌] 수강 신청 후, [온라인 쿠폰 적용하기]를 클릭하여 등록된 쿠폰을 사용하세요.
4. 결제 후, [나의 강의실]에서 수강합니다.

쿠폰 사용 시 유의 사항

1. 본 쿠폰은 맛있는스쿨 HSK 단과 강좌 결제 시에만 사용이 가능합니다. 파트별 구매는 불가합니다.
2. 본 쿠폰은 타 쿠폰과 중복 할인이 되지 않습니다.
3. 교재 환불 시 쿠폰 사용이 불가합니다.
4. 쿠폰 발급 후 10일 내로 사용이 가능합니다.
5. 본 쿠폰의 할인 코드는 1회만 사용이 가능합니다.

＊쿠폰 사용 문의 : 카카오톡 채널 @맛있는스쿨

전화 화상 할인 이벤트

맛있는 톡 할인 쿠폰

할인 코드 jrcphone2qsj

전화&화상 외국어 할인 쿠폰

10,000원

할인 쿠폰 사용 안내

1. 맛있는톡 전화&화상 중국어(phonejrc.com), 영어(eng.phonejrc.com)에 접속하여 [회원가입] 후 로그인을 합니다.
2. 메뉴中[쿠폰] → 하단[쿠폰 등록하기]에 쿠폰번호 입력 → [등록]을 클릭하면 쿠폰이 등록됩니다.
3. 전화&화상 외국어 수강 신청 시 [온라인 쿠폰 적용하기]를 클릭하여 등록된 쿠폰을 사용하세요.

쿠폰 사용 시 유의 사항

1. 본 쿠폰은 전화&화상 외국어 결제 시에만 사용이 가능합니다.
2. 본 쿠폰은 타 쿠폰과 중복 할인이 되지 않습니다.
3. 교재 환불 시 쿠폰 사용이 불가합니다.
4. 쿠폰 발급 후 60일 내로 사용이 가능합니다.
5. 본 쿠폰의 할인 코드는 1회만 사용이 가능합니다.

＊쿠폰 사용 문의 : 카카오톡 채널 @맛있는스쿨

맛있는 중국어 新HSK

新 **HSK**

JRC 중국어연구소 기획 / **박수진** 저

3급

맛있는 books

제1판 1쇄 발행	2017년 11월 30일
제2판 1쇄 인쇄	2024년 12월 20일
제2판 1쇄 발행	2025년 1월 5일

기획	JRC 중국어연구소
저자	박수진
발행인	김효정
발행처	맛있는books
등록번호	제2006-000273호

주소	서울시 서초구 명달로54 JRC빌딩 7층
전화	구입문의 02·567·3861	02·567·3837
	내용문의 02·567·3860
팩스	02·567·2471
홈페이지	www.booksJRC.com

ISBN	979-11-6148-087-9 14720
	979-11-6148-085-5 (세트)
정가	24,500원

머리말

★ 이 책은 중국어 공부를 시작한 지 얼마 되지 않은 초보 학습자가 HSK 3급에 응시하여 중국어 실력을 점검하고 싶을 때 도움을 받을 수 있도록 집필했습니다.

★ HSK 3급은 중국어 입문 실력을 점검하는 시험으로, 단어 학습이 합격을 좌우합니다. 따라서 HSK 3급에서 요구하는 필수 단어를 숙지하고 기본적인 중국어 문형을 알고 있다면 무난히 합격할 수 있습니다. HSK 3급 필수 단어는 HSK 2급 단어 300개에 새로운 단어 300개가 더해져 총 600개입니다. 이처럼 단어가 급수마다 누적되기 때문에, 전(前) 급수의 단어를 얼마나 잘 알고 있는지가 시험 준비에 큰 영향을 끼칠 수밖에 없습니다.

★ 이 책의 특이한 점은 단어와 문형의 유기적인 학습을 고려한 부분입니다. 듣기 영역과 독해 영역은 우선 토픽별로 어휘를 정리하고 난 뒤, 관련 어휘가 사용된 문제를 각 영역의 모든 부분별로 풀어 볼 수 있도록 구성했습니다. 듣기 영역은 기본적인 단어 학습에 중점을 두었고, 독해 영역은 단어와 단어의 호응 구조(搭配)를 학습하도록 확장시켰습니다. 따라서 이 책은 학습과 복습이 자연스럽게 연결되고 수차례 반복됩니다. 쓰기 영역은 설명이 장황하지 않고 HSK 3급에서 꼭 알아야 하는 어법 요소만을 선별하여 간결하게 다루었기 때문에, HSK 출제 포인트에 맞춰 핵심 어법을 공부할 수 있습니다. 중국어 문장을 구성하는 아주 간단한 구조와 요소부터 시작하여 공략 학습을 거듭할 때마다 문장을 구사하는 능력이 점차 향상될 것입니다.

★ 마지막으로 단어장은 3급 단어를 전체적으로 보고 싶은 학습자를 위해 10개씩 30일로 부담 없이 구성했습니다. 이 단어장에는 비교적 쉬운 1, 2급 단어를 명시해 놓았고, 새로 등장한 3급 단어 중에서 특별히 중요한 단어에는 별 표시를 해두어 학습자가 선별적으로 공부할 수 있습니다. 또한 10개의 단어를 공부한 뒤 간단한 체크체크 문제를 풀면서 학습자 스스로 간결하면서도 효율적으로 자기 실력을 점검해 볼 수 있습니다.

★ 여러분은 『맛있는 중국어 新HSK 3급』을 통해 일정한 양의 어휘와 어법 학습으로 탄탄한 기본기를 다질 수 있습니다. 그리고 각 영역(듣기, 독해, 쓰기)은 출제 유형에 충분히 적응할 수 있도록 빈출 포인트를 갖춘 문제들로만 구성했습니다. 따라서 이 책은 HSK 3급 합격은 물론이고, 튼튼한 중국어 기초 실력을 갖추어 앞으로 중국어 공부를 하는 데에 있어서도 큰 밑거름이 되도록 도와줄 것입니다.

백수진

차례

듣기

독해

쓰기

제1부분

제2부분

모의고사

HSK, 이제
맛있는 중국어 新**HSK**로 즐기세요!

맛있는 중국어 新**HSK** 3급은 기본서(+모의고사 2회), 해설집, 단어장으로 구성되어 있습니다.

한눈에 보이는 공략   간략하고 명쾌한

기본서   +   **해설집**   +   **필수단어 600** 1~3급

1. 시작에서 합격까지 4주 완성

□ 체계적인 학습 플랜에 따라 핵심 공략 마스터
□ 기본서, 해설집, 모의고사 All In One 구성

2. 최신 경향을 200% 반영한 공략&문제

□ 출제 난이도를 반영한 적중률 높은 공략 및 문제 수록
□ 빈출 표현 및 필수 체크 포인트 제시, 간략한 설명과 도식화로 쉽게 이해할 수 있도록 구성

3. 반복적인 문제 풀이 훈련

핵심 공략 학습 ▶ **공략 트레이닝** ▶ **실전 트레이닝** ▶ **미니 테스트** ▶ **모의고사**

4. 영역별 특성에 맞춘 특화된 트레이닝 코너

□ 듣기 | 듣기 실력 향상을 위한 받아쓰기 훈련(녹음 대본에 병음 기입)
□ 쓰기 | 문장 구조 분석을 위한 쓰기 실력 트레이닝&3급 빈출 쓰기 단어 수록(기출 단어에는 획순 제시)

3급 이렇게 학습하세요!

Step 1. 출제 비율 및 정답이 보이는 핵심 공략 파악

Step 2. 출제 경향 파악

Step 3. 기본 개념 및 핵심 공략 학습

✔ 중요 표현 및 단어에는 ✸ 표를 달아 놓았습니다.

✔ 빈출 공략에는 ✸ 필수체크 표시를 해놓았습니다. 반드시! 외워 두세요.

✔ 전 영역의 모든 예문에는 병음을 달아 놓았고, 단어 설명도 친절하여 사전을 찾을 필요가 없습니다.

✔ 듣기 공략의 모든 단어와 독해 공략의 빈출 녹음 표현에는 「중국어-한국어」 녹음이 수록되어 있습니다.

✔ 듣기 영역의 「공략 트레이닝」과 「실전 트레이닝」의 문제에는 병음을 달아 놓아 학습에 용이합니다.

✔ 중국어 문장 구조를 이해하기 쉽도록 도식화하여 정리했습니다.

Step 4. 공략별 문제 트레이닝

*영역별 특성에 맞게 설명 방식에 차별화를 두었습니다.

Step 5. 시간 적응 훈련을 위한 실전 트레이닝

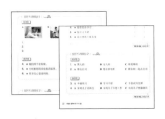  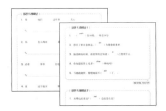

*제한 시간 내에 문제를 풀어 보는 연습을 해보세요.
*해설집에는 간결하고 명쾌한 설명이 제시되어 있습니다.

Step 6. 각 영역별 특성화 코너 학습

*듣기 실력을 향상시킬 수 있는 **받아쓰기 트레이닝**(병음을 달아 놓았습니다)
*쓰기 **제1부분**의 **기출 문장 분석 트레이닝**
　　　제2부분의 **빈출 쓰기 단어** 수록(획순을 제시해 놓아 따라 쓰기 쉽습니다)

Step 7. 영역별 미니 테스트

*영역별로 공략을 학습한 후에 미니 테스트로 자신의 실력을 점검해 보세요.

Step 8. 마무리 최신 모의고사 2회 무료 동영상 강의

*실제 시험의 문제 형식과 동일하게 구성된 모의고사 2회가 수록되어 있습니다.
*맛있는북스 홈페이지(www.booksJRC.com)에서 모의고사 동영상 강의가 제공됩니다.

MP3 파일 구성

♪ MP3 파일 다운로드 www.booksJRC.com

기본서 듣기 영역의 공략 단어, 예문, 공략 트레이닝, 실전 트레이닝, 받아쓰기, 미니 테스트, 독해 빈출 호응 표현의 파일이 수록되어 있습니다.

해설집 듣기 영역의 실전 트레이닝과 미니 테스트의 문제별 개별 파일이 수록되어 있습니다.

모의고사 모의고사와 문제별 개별 파일이 수록되어 있습니다.
모의고사 1회의 파일명은 'Test1', 모의고사 2회의 파일명은 'Test2'입니다.
모의고사 1회의 문제별 파일명은 'Test1-01~40', 모의고사 2회의 문제별 파일명은 'Test2-01~40'입니다.

단어장 『3급 단어 600』의 파일이 수록되어 있습니다.

新HSK 시험 가이드

1. 新HSK란?

新HSK(汉语水平考试 Hànyǔ Shuǐpíng Kǎoshì)는 제1언어가 중국어가 아닌 사람의 중국어 능력을 평가하기 위해 만들어진 중국 정부 유일의 국제 중국어 능력 표준화 고시로, 생활, 학습, 업무 등 실생활에서의 중국어 운용 능력을 중점적으로 평가합니다.

2. 용도

중국 대학(원) 입학 · 졸업식 평가 기준 / 한국 대학(원) 입학 · 졸업식 평가 기준 / 중국 정부 장학생 선발 기준
한국 특목고 입학 시 평가 기준 / 교양 중국어 학력 평가 기준 / 각급 업체 및 기관의 채용 · 승진을 위한 기준

3. 시험 구성

新HSK는 필기 시험과 회화 시험으로 나뉘며, 회화 시험은 녹음 형식으로 이루어집니다.

필기 시험	新HSK 6급	新HSK 5급	新HSK 4급	新HSK 3급	新HSK 2급	新HSK 1급
회화 시험	HSKK 고급		HSKK 중급		HSKK 초급	

4. 시험 방법

종이 시험지와 답안지를 사용하여 진행하는 **지필 시험**과 컴퓨터를 사용하여 진행하는 온라인 시험인 **IBT 시험**이 있으며, 응시자가 시험 방법을 선택하여 응시할 수 있습니다.

5. 원서 접수

1 **인터넷 접수** : HSK한국사무국 홈페이지(www.hsk.or.kr)에서 접수

2 **우편 접수** : 구비 서류를 동봉하여 HSK한국사무국으로 등기 발송

+ 구비 서류 : 응시원서, 응시비 입금 영수증

3 **방문 접수** : 서울공자아카데미로 방문하여 접수

+ 접수 시간 : 평일 오전 9시 30분~12시, 오후 1시~5시 30분 / 토요일 오전 9시 30분~12시

+ 구비 서류 : 응시원서, 응시비

6. 시험 당일 준비물

1 **유효한 신분증** : 주민등록증, 운전면허증, 기간 만료 전의 여권, 군장교 신분증, 현역 사병 휴가증

+ 18세 미만(주민등록증 미발급자) : 기간 만료 전의 여권, 청소년증, HSK신분확인서(한국 내 소재 초 · 중 · 고등학생만 가능)

+ 주민등록증 분실 시 재발급 확인서는 인정하나, 학생증, 사원증, 의료보험증, 주민등록등본, 공무원증 등은 인정되지 않음

2 **수험표, 2B 연필, 지우개**

新HSK 3급 구성

1. 대상

新HSK 3급은 매주 2~3시간, 3학기(120~180시간) 정도 중국어를 학습하고, 600개의 상용 어휘와 관련 어법 지식에 숙달한 학습자를 대상으로 합니다.

2. 구성

新HSK 3급은 총 80문제로, 듣기 · 독해 · 쓰기 세 영역으로 구성되어 있습니다.

영역		문제 유형	문항 수	시험 시간
듣기(听力)	제1부분	두 사람의 대화를 듣고 내용과 일치하는 사진 고르기	10	약 35분
	제2부분	단문을 듣고 제시된 문장의 옳고 그름 판단하기	10	
	제3부분	두 사람의 짧은 대화를 듣고 질문에 답하기	10	
	제4부분	두 사람의 긴 대화를 듣고 질문에 답하기	10	
듣기 영역 답안지 작성				5분
독해(阅读)	제1부분	제시된 문장과 관련된 문장 고르기	10	30분
	제2부분	빈칸에 들어갈 알맞은 어휘 고르기	10	
	제3부분	단문 읽고 질문에 답하기	10	
쓰기(书写)	제1부분	주어진 어휘를 조합하여 문장 만들기	5	15분
	제2부분	빈칸에 알맞은 한자 쓰기	5	
합계			80	약 85분

*응시자 개인 정보 작성 시간(5분)을 포함하여 약 90분간 시험이 진행됩니다.
*듣기 영역의 답안지 작성은 듣기 시간 종료 후, 5분 안에 답안지에 표시해야 합니다.
*각 영역별 중간 휴식 시간이 없습니다.

3. 영역별 점수 및 성적 결과

- 新HSK 3급 성적표는 듣기 · 독해 · 쓰기 세 영역의 점수와 총점이 기재됩니다. 성적표는 **시험일로부터 45일 이후**에 발송됩니다.
- 각 영역별 **만점**은 100점이며, **총점**은 **300점 만점**입니다. 영역별 점수에 상관없이 총점 **180점 이상**이면 **합격**입니다.
- 인터넷 성적 조회는 시험일로부터 **1개월 후**에 중국 고시 센터 홈페이지(www.chinesetest.cn)에서 응시자 개별 성적을 조회할 수 있습니다.
- 新HSK 성적은 시험일로부터 **2년간** 유효합니다.

⭐ 듣기 (총 40문항, 약 35분)

제1부분(총 10문항)

녹음과 일치하는 사진을 고르세요.

대화를 듣고 주어진 사진 중에서 대화 내용과 일치하는 것을 선택하는 문제로, 녹음 내용은 두 번 들려 줍니다.

⚠️ 주의 녹음 내용은 두 번 들려 준다

例如: 男: 喂, 请问张经理在吗?

女: 他正在开会, 您半个小时以后再打, 好吗? ⬜ D

1. ⬜

제2부분(총 10문항)

例如: 为了让自己更健康, 他每天都花一个小时去锻炼身体。

★ 他希望自己很健康。 (√)

今天我想早点儿回家。看了看手表, 才5点。过了一会儿再看表, 还是5点, 我这才发现我的手表不走了。

★ 那块儿手表不是他的。 (×)

옳고 그름을 판단하세요.

단문을 듣고 제시된 문제와 녹음 내용이 일치하는지 판단하는 문제로, 녹음 내용은 두 번 들려 줍니다.

⚠️ 주의 녹음 내용은 두 번 들려 준다

제3부분(총 10문항)

例如: 男: 小王, 帮我开一下门, 好吗? 谢谢!

女: 没问题。您去超市了? 买了这么多东西。

问: 男的想让小王做什么?

A 开门 √   B 拿东西   C 去超市买东西

알맞은 답을 고르세요.

두 사람의 간단한 대화를 듣고 보기 ABC 중에서 알맞은 답을 고르는 문제로, 녹음 내용은 두 번 들려 줍니다.

⚠️ 주의 녹음 내용은 두 번 들려 준다

제4부분(총 10문항)

例如: 女: 晚饭做好了, 准备吃饭了。

男: 等一会儿, 比赛还有三分钟就结束了。

女: 快点儿吧, 一起吃, 菜冷了就不好吃了。

男: 你先吃, 我马上就看完了。

问: 男的在做什么?

A 洗澡   B 吃饭   C 看电视 √

알맞은 답을 고르세요.

두 사람의 비교적 긴 대화를 듣고 보기 ABC 중에서 알맞은 답을 고르는 문제로, 녹음 내용은 두 번 들려 줍니다.

⚠️ 주의 녹음 내용은 두 번 들려 준다

⭐ 독해 (총 30문항, 30분)

제1부분(총 10문항)

관련된 문장을 고르세요.

A 你什么时候搬家呢? 需要帮忙吗?
B 一般吧, 我们上个月才认识, 只是普通朋友。
C 你最好再检查一下, 看看还有没有问题。
D 我们是去旅游, 不是搬家, 还是少拿一些吧。
E 当然。我们先坐公共汽车, 然后换地铁。
F 我觉得这家宾馆还不错, 你说呢?

例如: 你知道怎么去那儿吗?　　　　　　(E)

제시된 문장과 서로 관련된 문장을 고르는 문제입니다. 문제 당 한 문장씩 주어지며, 보기에는 연관된 질문이나 대답이 제시됩니다.

제2부분(총 10문항)

빈칸에 들어갈 알맞은 단어를 고르세요.

A 选择　　B 马上　　C 对　　D 舒服　　E 声音　　F 环境

例如: 她说话的 (E) 多好听啊!

문장 혹은 대화형으로 이루어진 문제의 빈칸에 들어갈 알맞은 어휘를 선택하는 문제입니다. 51~55번은 하나의 문장, 56~60번은 대화형으로 구성되어 있습니다.

제3부분(총 10문항)

알맞은 답을 고르세요.

例如: 您是来参加今天会议的吗? 您来早了一点儿, 现在才八点半。您先进来坐吧。
　★ 会议最可能几点开始?
　A 8点　　　　　　　B 8点半　　　　　C 9点 √

한 단락의 글을 읽고 질문에 알맞은 답을 보기 ABC 중에서 선택하는 문제입니다.

⭐ 쓰기 (총 10문항, 15분)

제1부분(총 5문항)

문장을 완성하세요.

例如: 小船　　上　　一　　河　　条　　有
　　　 河上有一条小船。

제시된 어휘를 조합하여 어순에 맞는 정확한 문장을 배열하는 문제입니다.

제2부분(총 5문항)

빈칸에 들어갈 한자를 쓰세요.

　　　　　　guān
例如: 没 (关) 系, 别难过, 高兴点儿。

빈칸에 들어갈 알맞은 한자를 쓰는 문제로, 빈칸에 들어갈 한자의 병음은 제시되어 있습니다.

계획을 세우면 합격이 보인다!

30일 학습 플랜

1일	2일	3일	4일	5일
학습일 /	학습일 /	학습일 /	학습일 /	학습일 /
학습 여부 ☐☐	학습 여부 ☐☐	학습 여부 ☐☐	학습 여부 ☐☐	학습 여부 ☐☐
듣기 1 20~26p 가족, 집안일 **단어장** DAY 01	**독해 1** 76~84p 대화 유형과 동사의 호응 - 가족, 집안일 **단어장** DAY 02	**쓰기 1** 154~160p 문장의 종류 **단어장** DAY 03, 04	**듣기 2** 27~34p 학교, 직장 생활 **단어장** DAY 05	**독해 2** 85~93p 접속사의 호응 - 학교, 직장 생활 **단어장** DAY 01~05 복습

6일	7일	8일	9일	10일
학습일 /	학습일 /	학습일 /	학습일 /	학습일 /
학습 여부 ☐☐	학습 여부 ☐☐	학습 여부 ☐☐	학습 여부 ☐☐	학습 여부 ☐☐
쓰기 2 161~167p 동사 **단어장** DAY 06, 07	**독해 3** 94~101p 형용사의 호응 - 학교, 직장 생활 **단어장** DAY 08	**쓰기 3** 168~174p 동사가 여러 개인 문장 **단어장** DAY 09, 10	**듣기 3** 35~43p 상점, 식당 **단어장** DAY 06~10 복습	**독해 4** 102~108p 동사의 호응 - 상점, 식당 **단어장** DAY 11

11일	12일	13일	14일	15일
학습일 /	학습일 /	학습일 /	학습일 /	학습일 /
학습 여부 ☐☐	학습 여부 ☐☐	학습 여부 ☐☐	학습 여부 ☐☐	학습 여부 ☐☐
쓰기 4 175~180p 동태조사 **단어장** DAY 12, 13	**독해 5** 109~115p 양사의 호응 - 상점, 식당 **단어장** DAY 14	**쓰기 5** 181~186p 구조조사 的, 地, 得 **단어장** DAY 15	**쓰기 6** 187~195p 수사와 양사 **단어장** DAY 11~15 복습	**듣기 4** 44~52p 시간, 날씨 **단어장** DAY 16

30일 학습 플랜

16일	17일	18일	19일	20일
학 습 일 /	학 습 일 /	학 습 일 /	학 습 일 /	학 습 일 /
학습 여부 ☐☐	학습 여부 ☐☐	학습 여부 ☐☐	학습 여부 ☐☐	학습 여부 ☐☐
독해 6 116~121p 명사의 호응 - 시간, 날씨 단어장 DAY 17	**쓰기 7** 196~201p 조동사 단어장 DAY 18, 19	**쓰기 8** 202~209p 부사 단어장 DAY 20	듣기 5 53~60p 여가, 건강, 여행 단어장 DAY 16~20 복습	**독해 7** 122~129p 개사의 호응 - 여가, 건강, 여행 단어장 DAY 21

21일	22일	23일	24일	25일
학 습 일 /	학 습 일 /	학 습 일 /	학 습 일 /	학 습 일 /
학습 여부 ☐☐	학습 여부 ☐☐	학습 여부 ☐☐	학습 여부 ☐☐	학습 여부 ☐☐
쓰기 9 210~215p 개사 단어장 DAY 22, 23	**독해 8** 130~136p 부사의 호응 - 여가, 건강, 여행 단어장 DAY 24	**쓰기 10** 216~223p 把자문, 被자문, 비교문 단어장 DAY 25	듣기 6 61~67p 길 찾기, 교통수단 단어장 DAY 21~25 복습	**독해 9** 137~144p 관형어의 쓰임 - 길 찾기, 교통수단 단어장 DAY 26

26일	27일	28일	29일	30일
학 습 일 /	학 습 일 /	학 습 일 /	학 습 일 /	학 습 일 /
학습 여부 ☐☐	학습 여부 ☐☐	학습 여부 ☐☐	학습 여부 ☐☐	학습 여부 ☐☐
쓰기 11 224~231p 보어 단어장 DAY 27, 28	듣기 68~72p +미니 테스트 **쓰기 12** 232~242p 비슷한 발음, 비슷한 한자 **쓰기 13** 243~251p 다른 발음, 비슷한 한자 단어장 DAY 29, 30	**독해** 145~150p +미니 테스트 **쓰기** 252~253p +미니 테스트 단어장 DAY 26~30 복습	모의고사 1회 + 동영상 강의 ▶	모의고사 2회 + 동영상 강의 ▶

본책의 **MP3 파일** & 모의고사 **동영상 강의** 제공

www.booksJRC.com

듣기

听力

★ 총 40문제 / 약 35분

유형
파악

	제**1**부분	제**2**부분	제**3**부분	제**4**부분
문제 유형	두 사람의 대화를 듣고 내용과 일치하는 사진 고르기	단문을 듣고 제시된 문장의 옳고 그름 판단 하기	두 사람의 짧은 대화를 듣고 질문에 답하기	두 사람의 긴 대화를 듣고 질문에 답하기
미리 보기				
문항 수	10	10	10	10
시험 시간	약 **35**분			

분석1 토픽별 듣기 영역 문제 분석

〈토픽별 듣기 영역 출제 비중〉

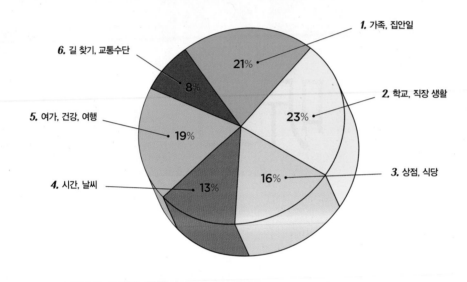

6. 길 찾기, 교통수단 8%

5. 여가, 건강, 여행 19%

4. 시간, 날씨 13%

1. 가족, 집안일 21%

2. 학교, 직장 생활 23%

3. 상점, 식당 16%

분석2 듣기 부분별 토픽 분석

듣기 제1부분
듣기 제2부분
듣기 제3부분
듣기 제4부분

〈부분별 토픽 출제 비중〉

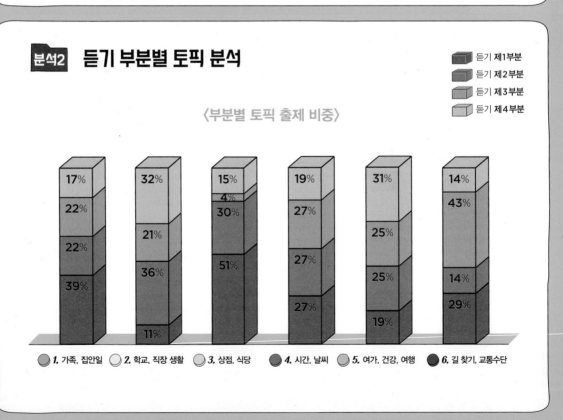

● **1.** 가족, 집안일 ● **2.** 학교, 직장 생활 ● **3.** 상점, 식당 ● **4.** 시간, 날씨 ● **5.** 여가, 건강, 여행 ● **6.** 길 찾기, 교통수단

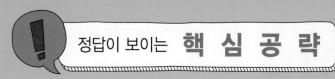

핵심1

자주 출제되는 **토픽(상황)별로 관련 단어와 표현**을 잘 외운다.

핵심2

보기에 나온 단어나 표현이 녹음에서도 들리는지 체크하며 듣는다.

핵심3

듣기 제1부분은 녹음을 듣고 내용상 관련 있는 사진을 선택하는 문제이다. 녹음을 듣기 전 제시된 **사진을 보고 어떤 단어가 나올 수 있는지 미리 생각**해 보자.

핵심4

듣기 제2부분은 녹음을 듣고 제시된 문장과 일치하는지를 판단하는 문제이다. 제시된 문장과 완전히 **똑같은 내용이 들리는지 주의**하자.

핵심5

듣기 제3, 4부분은 두 사람의 대화를 듣고 주어지는 질문에 알맞은 답을 선택하는 문제이다. 녹음을 듣기 전에 **먼저 보기를 보고 무엇을 묻는 문제(관계, 직업, 장소, 숫자 등)가 나올지 유추**해 본다.

듣기

1 가족, 집안일

★ **가족**이나 **집안일**과 관련된 토픽은 듣기 영역에서 **21%** 정도 **출제**된다.

★ 듣기 **제1부분(39%)**에 가장 많이 출제되고, 듣기 제2, 3, 4부분에도 두루 출제된다.

★ 단어의 난이도가 낮은 편이지만 **모든 영역**에서 **출제**되므로 반드시 알아야 한다.

1 가족 관련 필수 단어를 학습해 보세요. Track 01

□□ 爷爷 yéye 할아버지 ✿   □□ 奶奶 nǎinai 할머니 ✿

□□ 爸爸 bàba 아빠   □□ 妈妈 māma 엄마

□□ 丈夫 zhàngfu 남편   □□ 妻子 qīzi 아내

□□ 叔叔 shūshu 삼촌 ✿
□□ 阿姨 āyí 이모, 아주머니 ✿

□□ 孩子 háizi 아이, 자식, 자녀

□□ 儿子 érzi 아들   □□ 女儿 nǚ'ér 딸

□□ 哥哥 gēge 오빠, 형   □□ 姐姐 jiějie 언니, 누나

□□ 弟弟 dìdi 남동생   □□ 妹妹 mèimei 여동생

A 小王的孩子	B 小王的弟弟	C 小王的奶奶

해설 및 정답 **문제 분석▼** 남자가 사진 속의 사람이 여자의 할머니(奶奶 nǎinai)인지를 물었고, 여자가 맞다고 대답했으므로 정답은 C이다.

男: 小王, 这张照片上的人是你奶奶吗?
　　Xiǎo Wáng, zhè zhāng zhàopiàn shang de rén shì nǐ nǎinai ma?

女: 没错, 这是她年轻时的照片。
　　Méicuò, zhè shì tā niánqīng shí de zhàopiàn.

问: 他们在说什么?
　　Tāmen zài shuō shénme?

A 小王的孩子
　　Xiǎo Wáng de háizi
B 小王的弟弟
　　Xiǎo Wáng de dìdi
C 小王的奶奶
　　Xiǎo Wáng de nǎinai

남: 샤오왕, 이 사진 속의 사람이 너희 할머니셔?

여: 맞아. 이건 그녀가 젊었을 때 사진이야.

질문: 그들은 무엇을 이야기하고 있나?

A 샤오왕의 아이
B 샤오왕의 남동생
C 샤오왕의 할머니

단어 ★张 zhāng 양 장[종이·침대·얼굴 등을 세는 단위] | ★照片 zhàopiàn 명 사진 | 上 shàng 명 위 | ★奶奶 nǎinai 명 할머니 | 没错 méicuò 형 맞다, 틀림없다 | ★年轻 niánqīng 형 젊다 | 时 shí 명 때, 시기 | 在 zài 부 ~하고 있다 | 说 shuō 동 말하다 | 什么 shénme 대 무엇, 무슨 | 孩子 háizi 명 자녀, (어린)아이 | 弟弟 dìdi 명 남동생

2 집안일 관련 필수 단어를 학습해 보세요. Track 03

□□ 搬家 bānjiā 이사하다

■■ 家 jiā 집

■□ 房间 fángjiān 방

□□ 电视 diànshì 텔레비전
□□ 电脑 diànnǎo 컴퓨터
□□ 报纸 bàozhǐ 신문
□□ 新闻 xīnwén 뉴스✖
□□ 节目 jiémù 프로그램✖
□□ 起床 qǐchuáng 기상하다
□□ 睡觉 shuìjiào 잠을 자다
□□ 打扫 dǎsǎo 청소를 하다✖
□□ 上网 shàngwǎng
　　 인터넷을 하다✖

■□ 厨房 chúfáng 주방✖

□□ 筷子 kuàizi 젓가락✖
□□ 盘子 pánzi 쟁반, 큰 접시✖
□□ 冰箱 bīngxiāng 냉장고✖
□□ 做饭 zuò fàn 밥을 하다
□□ 做菜 zuò cài 요리를 하다
□□ 吃饭 chīfàn 밥을 먹다
□□ 洗碗 xǐ wǎn 설거지하다

□□ 洗手间 xǐshǒujiān 화장실✖

□□ 洗脸 xǐ liǎn 얼굴을 씻다,
　　 세수하다✖
□□ 洗澡 xǐzǎo 목욕하다✖
□□ 洗衣服 xǐ yīfu 옷을 빨다,
　　 세탁하다
□□ 刷牙 shuāyá 이를 닦다,
　　 양치하다✖

❶ '新闻 xīnwén'의 발음이 '신문'과 비슷해서 혼동하기 쉽다. 중국어로 신문은 '报纸 bàozhǐ'이다.

❷ '节目 jiémù'는 눈(目)으로 보는 '프로그램'이라는 뜻이고, '节日 jiérì'는 날(日)과 관련된 '기념일, 명절'이라는 뜻이다.

A   B   C

1.

해설 및 정답   **문제 분석▼** 남자가 여자에게 옷(衣服 yīfu)을 언제 빨았는지 물었으므로, 보기 중에서 옷을 만지는 남자 사진인 **B**가 정답이다.

男 : 这些衣服你什么时候洗的？我怎么没看见？
　　Zhèxiē yīfu nǐ shénme shíhou xǐ de? Wǒ zěnme méi kànjiàn?

女 : 就是昨天下午。
　　Jiù shì zuótiān xiàwǔ.

남: 이 옷들은 언제 빤 거예요? 왜 제가 못 봤죠?

여: 바로 어제 오후예요.

단어 这些 zhèxiē 때 이런 것들, 이러한 | 衣服 yīfu 몡 옷 | 什么时候 shénme shíhou 언제 | 洗 xǐ 동 (옷을) 빨다 | 怎么 zěnme 때 어째서 | 看见 kànjiàn 동 보(이)다, 발견하다 | 就 jiù 뷔 곧, 바로 | 昨天 zuótiān 몡 어제 | 下午 xiàwǔ 몡 오후

문제 적응 훈련

학습일 ___ / ___

맞은 개수 _____

실전 트레이닝 1 | Track 05

제1부분

A  B  C

1. ☐

2. ☐

3. ☐

제2부분

4. ★ 她们两个是姐妹。 (   )

5. ★ 小时候奶奶常给我讲故事。 (   )

6. ★ 要多关心爸爸妈妈。 (   )

정답 및 해설_ 해설집 4쪽

실전 트레이닝 2 | Track 06

제3부분

1. **A** 很差   **B** 很不错   **C** 比较长

2. **A** 关灯   **B** 洗筷子   **C** 把声音开大些

제4부분

3. **A** 爸爸和妈妈   **B** 妈妈和儿子   **C** 爷爷和妈妈

4. **A** 电脑   **B** 电视   **C** 铅笔

정답 및 해설_ 해설집 6쪽

★ 녹음을 듣고 빈칸을 채우세요.

필수듣기 ❶ 女: 你在玩儿游戏吗? 我想用你的_____发个电子邮件。
Nǐ zài wánr yóuxì ma?　Wǒ xiǎng yòng nǐ de diànnǎo fā ge diànzǐ yóujiàn.

男: 好，你用吧。
Hǎo, nǐ yòng ba.

❷ 男: 你_____什么_____呢?
Nǐ kàn shénme jiémù ne?

女: 春节晚会。这个节目很有名，你也过来看看。
Chūnjié Wǎnhuì. Zhège jiémù hěn yǒumíng, nǐ yě guòlai kànkan.

필수듣기 ❸ 女: 爸，我来帮您_____，您去休息一下。
Bà, wǒ lái bāng nín xǐ pánzi, nín qù xiūxi yíxià.

男: 不用了，你快去写作业吧。
Búyòng le, nǐ kuài qù xiě zuòyè ba.

❹ 因为她们两个都姓张，长得又有点儿像，所以总被人认为是姐妹，
Yīnwèi tāmen liǎng ge dōu xìng Zhāng, zhǎng de yòu yǒudiǎnr xiàng, suǒyǐ zǒng bèi rén rènwéi shì jiěmèi,

但_____她们只是_____关系。
dàn qíshí tāmen zhǐ shì tóngxué guānxi.

❺ 小时候，每天晚上睡觉前，_____总会给我_____个_____，
Xiǎoshíhou, měi tiān wǎnshang shuìjiào qián, nǎinai zǒng huì gěi wǒ jiǎng ge gùshi,

很多故事我到现在都还记得。
hěn duō gùshi wǒ dào xiànzài dōu hái jìde.

❻ 年轻人要多_____。周末没事就常回家看看，
Niánqīngrén yào duō guānxīn bàba māma.　Zhōumò méishì jiù cháng huíjiā kànkan,

和他们吃个饭聊聊天儿，他们会很高兴的。
hé tāmen chī ge fàn liáoliao tiānr, tāmen huì hěn gāoxìng de.

듣기 실력 트레이닝
받아쓰기 ②

★ 녹음을 듣고 빈칸을 채우세요.

❶ 男: 我上次跟你说的那个＿＿＿＿＿＿，你看了吗?
Wǒ shàngcì gēn nǐ shuō de nàge diànshì jiémù, nǐ kàn le ma?

女: 我昨天上网看了，是＿＿＿＿＿＿。
Wǒ zuótiān shàngwǎng kàn le, shì hěn búcuò.

❷ 女: 哥，《霸王别姬》开始了。
Gē, 《Bàwáng bié jī》kāishǐ le.

男: 我在洗碗呢，你把电视＿＿＿＿＿＿＿＿＿＿。
Wǒ zài xǐ wǎn ne, nǐ bǎ diànshì shēngyīn kāi dà diǎnr.

❸ 女: 吃完了就＿＿＿＿吧。
Chīwán le jiù shuāyá ba.

男: 知道了，＿＿＿＿。
Zhīdào le, māma.

女: 啊！想起来了，还有西瓜没吃呢。
À! Xiǎng qǐlai le, hái yǒu xīguā méi chī ne.

男: 太好了，现在不用刷牙了。
Tài hǎo le, xiànzài búyòng shuāyá le.

❹ 男: 我的笔记本＿＿＿＿怎么＿＿＿＿＿?
Wǒ de bǐjìběn diànnǎo zěnme zhǎo bu dào?

女: 你上午不是拿到图书馆去了吗?
Nǐ shàngwǔ bú shì nádào túshūguǎn qù le ma?

男: 我记得我带回来了。
Wǒ jìde wǒ dài huílai le.

女: 你再好好儿检查一下。
Nǐ zài hǎohāor jiǎnchá yíxià.

2 학교, 직장 생활

新HSK에는 이렇게 출제된다! ▼

★ **학교**나 **직장 생활**과 관련된 토픽은 듣기 영역에서 **23%** 정도 **출제**된다.

★ 듣기 **제2부분(36%)**과 **제4부분(32%)**에 가장 많이 출제되고, 그다음 듣기 **제3부분**, **제1부분** 순으로 출제된다.

★ **듣기 영역에 가장 많이 출제되는 토픽**이고, 2013년 한반(汉办)에서 발표한 개정 단어에 추가된 비중도 높은 편이므로 가장 우선적으로 신경 써서 외워야 한다.

1 학교 관련 필수 단어를 학습해 보세요.

/. 사람   Track 09

□□	校长 ✱	xiàozhǎng	교장	□□	老师	lǎoshī	선생님
□□	学生	xuésheng	학생	□□	同学	tóngxué	학교(반) 친구
□□	朋友	péngyou	친구				

2. 장소   Track 10

□□	学校	xuéxiào	학교	□□	教室	jiàoshì	교실
□□	班 ✱	bān	반	□□	办公室 ✱	bàngōngshì	사무실
□□	图书馆 ✱	túshūguǎn	도서관	□□	环境 ✱	huánjìng	환경

3. 사물   Track 11

☐☐ 黑板 ✿	hēibǎn	칠판	☐☐ 地图 ✿	dìtú	지도		
☐☐ 书	shū	책	☐☐ 年级 ✿	niánjí	학년		
☐☐ 课	kè	수업	☐☐ 数学 ✿	shùxué	수학		
☐☐ 历史 ✿	lìshǐ	역사	☐☐ 体育 ✿	tǐyù	체육		
☐☐ 汉语	Hànyǔ	중국어	☐☐ 汉字	Hànzì	한자		
☐☐ 作业 ✿	zuòyè	숙제	☐☐ 考试	kǎoshì	시험		
☐☐ 成绩 ✿	chéngjì	성적	☐☐ 水平 ✿	shuǐpíng	수준, 실력		
☐☐ 问题	wèntí	문제, 질문	☐☐ 题	tí	문제		
☐☐ 问	wèn	묻다	☐☐ 学习	xuéxí	공부하다		
☐☐ 看书	kàn shū	책을 보다, 독서하다	☐☐ 上课	shàngkè	수업을 듣다, 수업을 하다		
☐☐ 写字	xiě zì	글씨를 쓰다	☐☐ 练习 ✿	liànxí	연습하다		
☐☐ 准备	zhǔnbèi	준비하다	☐☐ 复习 ✿	fùxí	복습하다		
☐☐ 讲 ✿	jiǎng	강연하다, 말하다	☐☐ 教 ✿	jiāo	가르치다		

알기 쉬운 단어 **Tip**

'老师 lǎoshī'는 '선생님'이라는 뜻인데, '先生 xiānsheng'의 한자 독음이 '선생'이어서 혼동하기 쉽다.
'先生 xiānsheng'은 성인 남성을 높여 부르는 표현으로 '아저씨, Mr.'라는 뜻이다.

공략 트레이닝 1 / 제2부분 /   Track 12

> ★ 他的成绩不错。   (   )

해설 및 정답   문제 분석 ▾ 녹음에서 성적(成绩 chéngjì)이 크게 향상되었다(有了很大提高 yǒule hěn dà tígāo)고
했으므로, 내용이 일치한다.

早上，我在电子信箱里看到了我的成绩单，
Zǎoshang, wǒ zài diànzǐ xìnxiāng li kàndàole wǒ de chéngjìdān,

我的**成绩**比过去<u>有了很大提高</u>。今天一天我都
wǒ de chéngjì bǐ guòqù yǒule hěn dà tígāo. Jīntiān yì tiān wǒ dōu

很开心。
hěn kāixīn.

아침에 나는 메일함에서 내 성적표를 보았는데, 성적이 이전보다 많이 올랐다. 오늘 하루 종일 난 기분이 좋다.

★ 他的成绩不错。（ √ ）
Tā de chéngjì búcuò.

★ 그의 성적은 좋다. （ √ ）

（단어） 早上 zǎoshang 명 아침 | 在 zài 개 ~에서 | 电子 diànzǐ 명 전자 | 信箱 xìnxiāng 명 우편함 | 里 lǐ 명 안 | 看到 kàndào 보다 | 的 de 조 ~의 | 成绩单 chéngjìdān 명 성적표 | ★成绩 chéngjì 명 성적 | 比 bǐ 개 ~보다[비교를 나타냄] | ★过去 guòqù 명 과거 | 很 hěn 부 매우 | 大 dà 형 크다 | ★提高 tígāo 동 향상되다 | 今天 jīntiān 명 오늘 | 天 tiān 명 날, 일 | 都 dōu 부 모두, 다 | 开心 kāixīn 형 즐겁다 | 不错 búcuò 형 좋다, 괜찮다

2 직장 생활 관련 필수 단어를 학습해 보세요.

1. 장소　Track 13

□□ 公司	gōngsī	회사	□□ 办公室✱	bàngōngshì	사무실

2. 사람　Track 14

□□ 经理✱	jīnglǐ	사장, 책임자	□□ 同事✱	tóngshì	동료, 동업자
□□ 医生	yīshēng	의사	□□ 病人	bìngrén	환자
□□ 司机✱	sījī	기사, 운전사	□□ 乘客	chéngkè	승객
□□ 服务员	fúwùyuán	종업원	□□ 客人✱	kèrén	손님, 고객
□□ 售票员	shòupiàoyuán	매표원	□□ 售货员✱	shòuhuòyuán	판매원, 점원
□□ 歌手	gēshǒu	가수	□□ 邻居✱	línjū	이웃

3. 동작　Track 15

□□ 工作	gōngzuò	일하다	□□ 上班	shàngbān	출근하다
□□ 懂	dǒng	알다, 이해하다	□□ 明白✱	míngbai	이해하다, 알다
□□ 知道	zhīdào	알다, 이해하다	□□ 了解✱	liǎojiě	분명히 알다, 잘 알다
□□ 关系✱	guānxi	관계	□□ 机会✱	jīhuì	기회

☐☐ 要求 ✱	yāoqiú	요구, 조건, 요구하다	☐☐ 影响 ✱	yǐngxiǎng	영향을 주다, 영향을 끼치다
☐☐ 休息	xiūxi	쉬다, 휴식하다	☐☐ 等	děng	기다리다
☐☐ 会议 ✱	huìyì	회의	☐☐ 遇到 ✱	yùdào	만나다, 마주치다
☐☐ 发现 ✱	fāxiàn	발견하다	☐☐ 回答 ✱	huídá	대답하다
☐☐ 迟到 ✱	chídào	지각하다	☐☐ 完成 ✱	wánchéng	완성하다
☐☐ 开始	kāishǐ	시작하다	☐☐ 结束 ✱	jiéshù	끝나다, 마치다
☐☐ 解决 ✱	jiějué	해결하다	☐☐ 举行	jǔxíng	거행하다, 개최하다

4. 상태 Track 16

☐☐ 努力 ✱	nǔlì	노력하다	☐☐ 认真 ✱	rènzhēn	성실하다, 진지하다
☐☐ 容易 ✱	róngyì	쉽다	☐☐ 简单 ✱	jiǎndān	간단하다
☐☐ 难 ✱	nán	어렵다	☐☐ 重要 ✱	zhòngyào	중요하다
☐☐ 不错	búcuò	좋다, 괜찮다	☐☐ 没错	méicuò	맞다, 틀림없다

알기 쉬운 단어 Tip

'错 cuò'는 '틀리다'의 의미로, 반대 의미인 '맞다(对 duì)'는 '没错 méicuò'라고 한다. '不错 búcuò'는 '좋다(好 hǎo)'라는 뜻이므로, 혼동하지 않도록 주의하자.

A 小李的同学 　　　　B 小李的同事 　　　　C 小李的妻子

해설 및 정답 **문제 분석▼** 여자가 남자에게 누구인지를 묻자 샤오리(小李 Xiǎo Lǐ)의 직장 동료(同事 tóngshì)라고 했으므로, 보기 **B**가 정답이다.

男 : 喂，请问小李在家吗?
Wéi, qǐngwèn Xiǎo Lǐ zài jiā ma?

女 : 他出去了，请问您是哪位?
Tā chūqu le, qǐngwèn nín shì nǎ wèi?

男 : 我姓王，是他的同事。他什么时候回来?
Wǒ xìng Wáng, shì tā de tóngshì. Tā shénme shíhou huílai?

女 : 他去超市买点儿东西，可能十分钟就
Tā qù chāoshì mǎi diǎnr dōngxi, kěnéng shí fēnzhōng jiù

回来了。
huílai le.

问 : 男的可能是什么人?
Nán de kěnéng shì shénme rén?

A 小李的同学
Xiǎo Lǐ de tóngxué

B 小李的同事
Xiǎo Lǐ de tóngshì

C 小李的妻子
Xiǎo Lǐ de qīzi

남: 여보세요, 실례지만 샤오리 집에 있나요?

여: 그는 나갔는데, 실례지만 누구신가요?

남: 제 성은 왕씨이고, 샤오리의 동료입니다. 그는 언제 돌아오나요?

여: 뭘 좀 사러 슈퍼마켓에 갔는데, 아마도 10분 후에 돌아올 거예요.

질문: 남자는 아마도 누구이겠는가?

A 샤오리의 학교(반) 친구
B 샤오리의 동료
C 샤오리의 아내

단어 喂 wéi 감탄 (전화상에서) 여보세요 | 请问 qǐngwèn 동 말씀 좀 여쭙겠습니다 | 在 zài 동 ~에 있다 | 家 jiā 명 집 | 出去 chūqu 동 나가다 | 哪 nǎ 대 어느 | ★位 wèi 양 분[사람의 수를 세는 단위] | 姓 xìng 동 성이 ~이다 | ★同事 tóngshì 명 동료 | 什么时候 shénme shíhou 언제 | 回来 huílai 동 되돌아오다 | ★超市 chāoshì 명 슈퍼마켓 | 买 mǎi 동 사다 | (一)点儿 (yì)diǎnr 양 조금[불확정적인 수량] | 东西 dōngxi 명 물건, 것 | 可能 kěnéng 부 아마(도) (~일지도 모른다, ~일 것이다) | 分钟 fēnzhōng 명 분[시간의 양을 나타냄] | 同学 tóngxué 명 학교(반) 친구 | 妻子 qīzi 명 아내

문제 적응 훈련

학습일 _____ / _____

맞은 개수 _____

실전 트레이닝 1 │ Track 18

제1부분

A

B

C

1. ☐

2. ☐

3. ☐

제2부분

4. ★ 他很喜欢学习。 ( )

5. ★ 他中文不错。 ( )

6. ★ 高经理找小张有事。 ( )

정답 및 해설_ 해설집 8쪽

실전 트레이닝 2 │ Track 19

제3부분

1. A 男人的 　　　B 女人的 　　　C 张老师的

2. A 要去公司 　　　B 想去看电影 　　　C 跟女的一起去公司

제4부분

3. A 不做练习 　　　B 学习不错 　　　C 不喜欢历史课

4. A 女的儿子是医生 　　B 女的儿子不想工作 　　C 女的儿子想做演员

정답 및 해설_ 해설집 10쪽

★ 녹음을 듣고 빈칸을 채우세요.

 ❶ 女: 对不起，我＿＿＿错了。
　　　Duìbuqǐ, wǒ xiěcuò le.

　　男: 没关系，我再给你＿＿＿＿＿，你再写一次。
　　　Méi guānxi, wǒ zài gěi nǐ yì zhāng, nǐ zài xiě yí cì.

❷ 男: 老师让我们好好儿复习，准备考试。
　　　Lǎoshī ràng wǒmen hǎohāor fùxí, zhǔnbèi kǎoshì.

　　女: 我最不喜欢＿＿＿＿＿了！
　　　Wǒ zuì bù xǐhuan kǎoshì le!

❸ 女: ＿＿＿＿＿什么时候能结束啊？有人找王经理。
　　　Huìyì shénme shíhou néng jiéshù a?　Yǒu rén zhǎo Wáng jīnglǐ.

　　男: 我也不清楚。
　　　Wǒ yě bù qīngchu.

 ❹ 这个＿＿＿＿＿问题太＿＿＿了！昨天爸爸刚教完我，可我还不明白。
　Zhège shùxué wèntí tài nán le!　Zuótiān bàba gāng jiāowán wǒ, kě wǒ hái bù míngbai.

❺ 他学习中文已经三年了。现在他不但汉语＿＿＿得＿＿＿，
　Tā xuéxí Zhōngwén yǐjīng sān nián le. Xiànzài tā búdàn Hànyǔ shuō de hǎo,

　而且汉字也＿＿＿得很＿＿＿＿＿。
　érqiě Hànzì yě xiě de hěn piàoliang.

❻ 小张，会议结束后，你到经理办公室去一下，高＿＿＿＿＿有事找你。
　Xiǎo Zhāng, huìyì jiéshù hòu, nǐ dào jīnglǐ bàngōngshì qù yíxià, Gāo jīnglǐ yǒu shì zhǎo nǐ.

받아쓰기 ②

★ 녹음을 듣고 빈칸을 채우세요.

❶ 男: ＿＿＿＿＿张老师让我带给你的＿＿＿＿。
　　　Zhè shì Zhāng lǎoshī ràng wǒ dàigěi nǐ de dìtú.

　　女: 谢谢，我正需要呢。
　　　Xièxie, wǒ zhèng xūyào ne.

❷ 女: 星期六有时间吗? 我们一起去看电影吧。
　　　Xīngqīliù yǒu shíjiān ma? Wǒmen yìqǐ qù kàn diànyǐng ba.

　　男: 对不起，我＿＿＿＿＿＿＿＿＿参加会议。
　　　Duìbuqǐ, wǒ yào qù gōngsī cānjiā huìyì.

❸ 女: 小张，这次历史考试你＿＿＿＿＿＿＿＿!
　　　Xiǎo Zhāng, zhècì lìshǐ kǎoshì nǐ kǎo de zuì hǎo!

　　男: 谢谢。这次考试我非常努力学习。
　　　Xièxie.　Zhècì kǎoshì wǒ fēicháng nǔlì xuéxí.

　　女: 为什么你学习这么好呢?
　　　Wèishénme nǐ xuéxí zhème hǎo ne?

　　男: 因为我每天都复习，而且做很多练习。
　　　Yīnwèi wǒ měi tiān dōu fùxí, érqiě zuò hěn duō liànxí.

❹ 男: 你儿子几年级了?
　　　Nǐ érzi jǐ niánjí le?

　　女: 已经六年级了，每天都认真学习。
　　　Yǐjīng liù niánjí le, měi tiān dōu rènzhēn xuéxí.

　　男: 以后可能会比他爸爸知道的东西还多吧，做医生吧。
　　　Yǐhòu kěnéng huì bǐ tā bàba zhīdào de dōngxi hái duō ba, zuò yīshēng ba.

　　女: 他想＿＿＿＿＿＿＿呢。
　　　Tā xiǎng zuò yǎnyuán ne.

❶ 这是 / 地图　❷ 要去公司　❸ 考得最好　❹ 做演员

듣기 3 상점, 식당

新HSK에는 이렇게 출제된다! ▼

★ **상점**이나 **식당**과 관련된 토픽은 듣기 영역에서 **16%** 정도 출제된다.

★ 듣기 **제1부분(51%)**에서 가장 많이 출제되고, 그다음으로 **제2부분(30%)**에서도 자주 출제된다. 듣기 제3, 4부분에서는 출제 비중이 낮다.

★ 식당에서 식사를 하는 상황보다 **상점에서 물건을 고르거나 사는 상황**이 주로 출제된다.

1 상점 관련 필수 단어를 학습해 보세요.

1. 장소&사람 Track 22

□□ 商店	shāngdiàn	상점, 가게	□□ 服务员	fúwùyuán	종업원

2. 사물 Track 23

□□ 钱	qián	돈	□□ 帽子 ✱	màozi	모자
□□ 伞 ✱	sǎn	우산, 양산	□□ 衣服	yīfu	옷
□□ 眼镜 ✱	yǎnjìng	안경	□□ 衬衫 ✱	chènshān	셔츠
□□ 手表	shǒubiǎo	손목시계	□□ 裤子 ✱	kùzi	바지
□□ 鞋 ✱	xié	신, 신발	□□ 裙子 ✱	qúnzi	치마
□□ 件	jiàn	옷·상의를 세는 단위	□□ 条 ✱	tiáo	바지·치마를 세는 단위
□□ 双 ✱	shuāng	신발처럼 쌍을 이루는 물건을 세는 단위	□□ 元 ✱	yuán	위안 [중국의 화폐 단위]

3. 동작 Track 24

□□ 开	kāi	(가게를) 열다	□□ 关✹	guān	(가게를) 닫다
□□ 要	yào	원하다	□□ 需要✹	xūyào	필요(로) 하다
□□ 试	shì	입어(신어) 보다, 시도하다	□□ 选择✹	xuǎnzé	고르다, 선택하다
□□ 换✹	huàn	바꾸다, 교환하다	□□ 找	zhǎo	찾다
□□ 买	mǎi	사다	□□ 卖	mài	팔다

4. 상태 Track 25

□□ 好	hǎo	좋다	□□ 坏✹	huài	나쁘다, 고장 나다
□□ 漂亮	piàoliang	예쁘다	□□ 可爱✹	kě'ài	귀엽다
□□ 贵	guì	(가격이) 비싸다	□□ 便宜	piányi	(값이) 싸다
□□ 一般✹	yìbān	보통이다	□□ 忙	máng	바쁘다

5. 색깔 Track 26

□□ 颜色	yánsè	색깔	□□ ~色	~sè	~색
□□ 白	bái	희다	□□ 黄✹	huáng	노랗다
□□ 黑	hēi	검다	□□ 蓝✹	lán	파란색의
□□ 红	hóng	붉다, 빨갛다	□□ 绿✹	lǜ	초록색의

알기 쉬운 단어 Tip

> 黄, 白, 蓝, 黑, 绿, 红은 형용사이고, 명사로 표현할 때에는 '色 sè(색)'를 붙여서 '黄色 huángsè(노란색)', '白色 báisè(흰색)', '蓝色 lánsè(파란색)', '黑色 hēisè(검은색)', '绿色 lǜsè(녹색)', '红色 hóngsè(빨간색)'라고 한다.

A  B  C

1. ☐

해설 및 정답 **문제 분석▼** 남자가 여자에게 상점(商店 shāngdiàn)에서 물건을 산 적이 있는지(买过东西 mǎiguo dōngxi) 물었으므로, 보기 중에서 쇼핑하는 사진 C가 정답이다.

男: 你在这个商店买过东西吗?
　　 Nǐ zài zhège shāngdiàn mǎiguo dōngxi ma?

女: 买过一次。这儿的东西还不错，就是太贵了。
　　 Mǎiguo yí cì. Zhèr de dōngxi hái búcuò, jiùshì tài guì le.

남: 너는 이 상점에서 물건을 사본 적 있어?

여: 한 번 사본 적 있어. 여기 물건은 좋긴 한데 너무 비싸.

단어 在 zài 깨 ~에서 | 商店 shāngdiàn 몡 상점 | 买 mǎi 됭 사다 | 过 guo 죄 ~한 적 있다[경험을 나타냄] | 东西 dōngxi 몡 물건, 것 | 次 cì 얭 번, 회[동작의 횟수를 세는 단위] | 还 hái 뮈 그런대로, 꽤 | 不错 búcuò 혱 좋다, 괜찮다 | 就是 jiùshì 뮈 단지 ~뿐이다 | 太…了 tài…le 너무 ~하다 | 贵 guì 혱 (가격이) 비싸다

2 식당 관련 필수 단어를 학습해 보세요.

1. 장소&사람   Track 28

□□	**饭馆**	fànguǎn	식당	□□	**超市** ✷ chāoshì	슈퍼마켓
□□	**服务员**	fúwùyuán	종업원	□□	**客人** ✷ kèrén	손님, 고객

2. 사물   Track 29

□□ **菜** cài 요리, 음식

□□ **米饭** mǐfàn 쌀밥

□□ **面条** miàntiáo 국수, 면

□□ **面包** miànbāo 빵 ✷

□□ **羊肉** yángròu 양고기

□□ **蛋糕** dàngāo 케이크 ✷

□□ **水果** shuǐguǒ 과일

□□ **苹果** píngguǒ 사과

□□ **香蕉** xiāngjiāo 바나나 ✷

□□ **葡萄** pútao 포도

□□ **西瓜** xīguā 수박

□□ **水** shuǐ 물

□□ **茶** chá 차, tea

□□ **果汁** guǒzhī 과일 주스

□□ **咖啡** kāfēi 커피

□□ **牛奶** niúnǎi 우유

□□ **啤酒** píjiǔ 맥주 ✷

□□ **菜单** càidān 메뉴, 차림표 ✷

□□ **筷子** kuàizi 젓가락 ✷

□□ **盘子** pánzi 쟁반, 큰 접시 ✷

□□ **杯子** bēizi 잔, 컵

□□ **碗** wǎn 그릇, 공기 ✷

□□ **鸡蛋** jīdàn 계란, 달걀

□□ **糖** táng 설탕, 사탕

알기 쉬운 단어 Tip

'面 miàn'은 '밀가루'라는 뜻이 있어서, '面条 miàntiáo(국수)', '面包 miànbāo(빵)' 등의 단어에 쓰인다.

3. 동작 Track 30

□□	吃	chī	먹다	□□	喝	hē	마시다
□□	尝	cháng	맛보다	□□	点	diǎn	(요리·음식을) 주문하다
□□	要	yào	원하다	□□	需要✹	xūyào	필요(로) 하다
□□	买	mǎi	사다	□□	卖	mài	팔다

알기 쉬운 단어 Tip

살 때에는 물건이 없으므로 '买 mǎi'라고 쓰고, 팔 때에는 물건을 가지고 있어야 하므로 '卖 mài'라고 쓴다고 기억하면 쉽다.

4. 상태 Track 31

□□	渴✹	kě	목마르다	□□	胖✹	pàng	살찌다, 뚱뚱하다
□□	饿✹	è	배고프다	□□	瘦✹	shòu	마르다, 여위다
□□	饱✹	bǎo	배부르다	□□	好吃	hǎochī	(먹는 것이) 맛있다
□□	甜✹	tián	달다	□□	干净✹	gānjìng	깨끗하다
□□	新鲜✹	xīnxiān	신선하다, 싱싱하다	□□	安静✹	ānjìng	조용하다

알기 쉬운 단어 Tip

먹어서 맛있을 때에는 '好吃 hǎochī'라고 하고, 마셔서 맛있을 때에는 '好喝 hǎohē'라고 한다.

★ 爸爸觉得茶不好喝。 (   )

해설 및 정답 **문제 분석▼** 녹음에서 아빠(爸爸 bàba)는 차 마시는 것을 좋아한다(喜欢喝茶 xǐhuan hē chá)고 했으므로, 아빠는 차가 맛있다고 생각할 것이다. 따라서 내용이 일치하지 않는다.

我爸爸不爱喝咖啡，他喜欢喝茶，每天
Wǒ bàba bú ài hē kāfēi, tā xǐhuan hē chá, měi tiān
上午都会喝几杯热茶。
shàngwǔ dōu huì hē jǐ bēi rèchá.

우리 아빠는 커피 마시는 걸 안 좋아하고, 차 마시는 걸 좋아한다. 매일 오전에 따뜻한 차를 몇 잔 마신다.

★ 爸爸觉得茶不好喝。(X)
Bàba juéde chá bù hǎohē.

★ 아빠는 차가 맛없다고 생각한다.
(X)

단어 爸爸 bàba 몡 아빠｜爱 ài 통 사랑하다, 몹시 좋아하다｜喝 hē 통 마시다｜咖啡 kāfēi 몡 커피｜喜欢 xǐhuan 통 좋아하다｜茶 chá 몡 차, tea｜每天 měi tiān 매일｜上午 shàngwǔ 몡 오전｜都 dōu 뿐 모두, 다｜会 huì 조동 ~할 것이다｜几 jǐ 㑌 몇｜杯 bēi 양 잔, 컵｜热 rè 혱 덥다, 뜨겁다｜觉得 juéde 통 ~라고 생각하다｜好喝 hǎohē 혱 (음료수 따위가) 맛있다

문제 적응 훈련

| 실전 트레이닝 1 | Track 33

제1부분

A 　　　**B** 　　　**C**

1. 　　　　　　　　　　　　　　　　　　　　　□
2. 　　　　　　　　　　　　　　　　　　　　　□
3. 　　　　　　　　　　　　　　　　　　　　　□

제2부분

4. ★ 这里的咖啡不便宜。　　　　　　　（　　　）

5. ★ 小王很喜欢吃面条。　　　　　　　（　　　）

6. ★ 他周末要工作。　　　　　　　　　（　　　）

정답 및 해설_ 해설집 12쪽

| 실전 트레이닝 2 | Track 34

제3부분

1. **A** 鸡蛋面　　　　**B** 米饭和汤　　　　**C** 牛奶和面包

2. **A** 医院　　　　　**B** 商店　　　　　**C** 宾馆

제4부분

3. **A** 看房子　　　　**B** 换衣服　　　　**C** 买东西

4. **A** 饭店　　　　　**B** 书店　　　　　**C** 商店

정답 및 해설_ 해설집 14쪽

듣기 실력 트레이닝

받아쓰기 1

★ 녹음을 듣고 빈칸을 채우세요.

❶ 女: 高兴吗? 这是你一直想要的_____。
Gāoxìng ma? Zhè shì nǐ yìzhí xiǎng yào de màozi.

男: 太好了! 但是我不喜欢白色的。
Tài hǎo le! Dànshì wǒ bù xǐhuan báisè de.

❷ 男: 你做的这件_____真是太可爱了。
Nǐ zuò de zhè jiàn chènshān zhēnshi tài kě'ài le.

女: 不是我做的，是买的。
Bú shì wǒ zuò de, shì mǎi de.

❸ 女: 今天好累，我想吃好吃的。_____，请把_____拿来!
Jīntiān hǎo lèi, wǒ xiǎng chī hǎochī de. Fúwùyuán, qǐng bǎ càidān nálai!

男: 好，请等一下。
Hǎo, qǐng děng yíxià.

❹ 这儿是我最喜欢的店。这里的_____不但好喝，而且_____。
Zhèr shì wǒ zuì xǐhuan de diàn. Zhèlǐ de kāfēi búdàn hǎohē, érqiě bú guì.

你喜欢喝咖啡的话，跟我一起去喝一杯吧。
Nǐ xǐhuan hē kāfēi dehuà, gēn wǒ yìqǐ qù hē yì bēi ba.

❺ 小王，别着急，慢点儿吃，_____还有呢。吃完了还能再买。
Xiǎo Wáng, biè zháojí, màn diǎnr chī, miànbāo hái yǒu ne. Chīwán le hái néng zài mǎi.

❻ 下周末公司要举行新年晚会，我想去_____一件新_____。
Xià zhōumò gōngsī yào jǔxíng xīnnián wǎnhuì, wǒ xiǎng qù mǎi yí jiàn xīn yīfu.

我打算买三百块左右的衣服，因为我没有那么多钱。
Wǒ dǎsuan mǎi sānbǎi kuài zuǒyòu de yīfu, yīnwèi wǒ méiyǒu nàme duō qián.

정답 | ❶ 帽子 ❷ 衬衫 ❸ 服务员 / 菜单 ❹ 咖啡 / 不贵 ❺ 面包 ❻ 买 / 衣服

받아쓰기 ②

★ 녹음을 듣고 빈칸을 채우세요.

① 男： 你下课后，买点儿_____和_____，晚上我给你做鸡蛋面。

Nǐ xiàkè hòu, mǎi diǎnr jīdàn hé miàntiáo, wǎnshang wǒ gěi nǐ zuò jīdànmiàn.

女： 好，我去上课了。

Hǎo, wǒ qù shàngkè le.

② 女： 这双_____怎么样? 您满意吗?

Zhè shuāng píxié zěnmeyàng? Nín mǎnyì ma?

男： 不是我穿的，是要_____的。

Bú shì wǒ chuān de, shì yào sònggěi wǒ bàba de.

③ 女： 这件衣服有点儿小，不太舒服。

Zhè jiàn yīfu yǒudiǎnr xiǎo, bú tài shūfu.

男： 我们再去三楼看看吧!

Wǒmen zài qù sān lóu kànkan ba!

女： 好。你_____? 现在都很便宜。

Hǎo. Nǐ yào bu yào mǎi? Xiànzài dōu hěn piányi.

男： 有喜欢的我就买。

Yǒu xǐhuan de wǒ jiù mǎi.

④ 男： 小姐，请问您现在点菜吗?

Xiǎojiě, qǐngwèn nín xiànzài diǎn cài ma?

女： 等一会儿吧，我丈夫还没到，我先_____。

Děng yíhuìr ba, wǒ zhàngfu hái méi dào, wǒ xiān kàn yíxià càidān.

男： 好，有需要您再叫我。

Hǎo, yǒu xūyào nín zài jiào wǒ.

女： 好的。

Hǎo de.

정답 | ① 鸡蛋 / 面条   ② 送给 / 送给我爸爸   ③ 要不要买   ④ 看一下菜单

듣기

4 시간, 날씨

학습일 ____/____

新HSK에는 이렇게 출제된다! ▼

★ **날짜&시간, 계절&날씨**와 관련된 토픽은 듣기 영역에서 **13%** 정도 **출제**된다.

★ **듣기 제1, 2, 3부분(27%)**에서 비슷하게 출제되고, 제4부분**(19%)**에도 출제된다. 전반적으로 낮은 출제 비중을 차지하고 있지만, **출제되지 않은 적이 없고 단어 수가 적으므로 꼭 기억**해야 한다.

★ **계절&날씨**는 듣기 영역 전체에 두루 출제되고, **날짜&시간**은 듣기 제3, 4부분에 주로 출제된다.

---

1 날짜 관련 필수 단어를 학습해 보세요. Track 37

日 rì 일 / 号 hào 일

- □□ 昨天 zuótiān 어제
- □□ 今天 jīntiān 오늘
- □□ 明天 míngtiān 내일
- □□ 生日 shēngrì 생일
- □□ 节日 jiérì 기념일, 명절

□□ 月 yuè 월
□□ 星期 xīngqī 주, 요일

- □□ 上个月 shàng ge yuè 지난달
- □□ 这个月 zhège yuè 이번 달
- □□ 下个月 xià ge yuè 다음 달
- □□ 上个星期 shàng ge xīngqī 지난주
- □□ 这个星期 zhège xīngqī 이번 주
- □□ 下个星期 xià ge xīngqī 다음 주

□□ 年 nián 년, 해

- □□ 去年 qùnián 작년
- □□ 今年 jīnnián 올해
- □□ 明年 míngnián 내년

이것만은 꼭! 때를 나타내는 표현 '시간사'

1. [시간사]+동사

我[明年]去中国。 나는 내년에 중국에 간다.
Wǒ míngnián qù Zhōngguó.

2. 다양한 시간사 ✎ 필수체크

❶ …的时候/时 …de shíhou/shí ~할 때

我爸[吃饭的时候]不喝水。 우리 아빠는 밥을 먹을 때 물을 마시지 않는다.
Wǒ bà chīfàn de shíhou bù hē shuǐ.

❷ …(以)后/(之)后 …(yǐ)hòu/(zhī)hòu ~한 후

我[下班以后]回家。 나는 퇴근한 후에 집으로 간다.
Wǒ xiàbān yǐhòu huíjiā.

단어 吃饭 chīfàn 동 밥을 먹다 | 喝 hē 동 마시다 | 下班 xiàbān 동 퇴근하다 | 回家 huíjiā 동 집으로 돌아가다

2 시간 관련 필수 단어를 학습해 보세요. Track 38

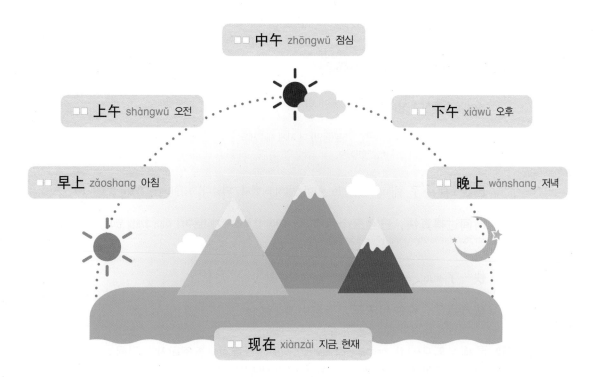

□□ 中午 zhōngwǔ 점심

□□ 上午 shàngwǔ 오전

□□ 下午 xiàwǔ 오후

□□ 早上 zǎoshang 아침

□□ 晚上 wǎnshang 저녁

□□ 现在 xiànzài 지금, 현재

/. 시간 표현　Track 39

□□ 点	diǎn	시	四点	sì diǎn	4시
□ 分✱	fēn	분	四点十分	sì diǎn shí fēn	4시 10분
□ 刻✱	kè	15분	四点一刻	sì diǎn yí kè	4시 15분
□□ 半✱	bàn	반	四点半	sì diǎn bàn	4시 반
□□ 差✱	chà	부족하다, 모자라다	差十分四点	chà shí fēn sì diǎn	4시 10분 전

2. 시간사와 시간의 양 사용법

	분	시	일	주	월	년
때를 나타내는 표현	两分 2분	两点 2시	二号 2일	第二个星期 둘째 주	二月 2월 二月份 2월 달	二零一八年 2018년
시간의 양	两分钟 2분간	两个小时 2시간	两天 이틀	两个星期 2주	两个月 2개월	两年 2년

❶ **동사+〈시간의 양〉**

A: 你汉语学了多长时间?　너는 얼마 동안 중국어를 배웠니?
Nǐ Hànyǔ xuéle duō cháng shíjiān?

B: 我学了三年。　나는 3년 동안 배웠어.
Wǒ xuéle sān nián.

❷ **다양한 시간의 양** ✱ 필수체크

多duō+동사+시간의 양　~동안 더/많이 ~하다

再让我多睡五分钟吧。　5분(동안) 더 자게 해주세요.
Zài ràng wǒ duō shuì wǔ fēnzhōng ba.

已经/都…了 yǐjīng/dōu…le 이미/벌써 ~했다/되었다[시간이 빨리 흘렀음을 나타냄]

时间过得真快, 已经三个月了。　시간이 참 빠르게 지나는구나. 이미 3개월 됐어.
Shíjiān guò de zhēn kuài, yǐjīng sān ge yuè le.

快…了 kuài…le 곧 ~하다[임박했음을 나타냄]

快八点了, 你快起床吧。　곧 8시야, 빨리 일어나.
Kuài bā diǎn le, nǐ kuài qǐchuáng ba.

단어 再 zài 뷔 또, 다시 | 让 ràng 통 (~로 하여금) ~하게 하다 | 睡 shuì 통 (잠을) 자다 | 时间 shíjiān 명 시간 | 快 kuài 혱 (속도가) 빠르다 | 起床 qǐchuáng 통 기상을 하다, 일어나다

A 4点   B 7点   C 10点

(해설 및 정답) **문제 분석▼** 남자가 왕펑(王朋 Wáng Péng)이 7시 전(七点前 qī diǎn qián)에 도착할 수 있다고 말했다고 했으므로, 정답은 **B**이다.

男: 老师，我们班的王朋还在路上，
　　Lǎoshī, wǒmen bān de Wáng Péng hái zài lùshang,

　　他说七点前能到。
　　tā shuō qī diǎn qián néng dào.

女: 好，那我们一边准备一边等他吧。
　　Hǎo, nà wǒmen yìbiān zhǔnbèi yìbiān děng tā ba.

问: 王朋几点前能到？
　　Wáng Péng jǐ diǎn qián néng dào?

A 4点
　 sì diǎn

B 7点
　 qī diǎn

C 10点
　 shí diǎn

남: 선생님, 저희 반 왕펑이 아직 오는 길이에요. 7시 전에 도착할 수 있다고 해요.

여: 알겠어, 그럼 우리 준비하면서 기다리자.

질문: 왕펑(王朋)은 몇 시 전에 도착할 수 있는가?

A 4시
B 7시
C 10시

단어 老师 lǎoshī 몡 선생님 | ★班 bān 몡 학급, 반 | 还 hái 曱 여전히, 아직도 | 在 zài 통 ~에 있다 | 路上 lùshang 몡 길 가는 중, 도중 | 说 shuō 통 말하다 | 点 diǎn 양 시[시간을 나타냄] | 前 qián 몡 앞, 전 | 能 néng 조통 ~할 수 있다 | 到 dào 통 도착하다, 이르다 | ★一边…一边… yìbiān…yìbiān… 젭 ~하면서 ~하다 | 准备 zhǔnbèi 통 준비하다 | 等 děng 통 기다리다 | 几 jǐ 쉬 몇

3 날씨&계절 관련 필수 단어를 학습해 보세요. Track 41

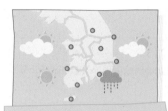

天气 tiānqì 날씨

☐☐ **热** rè 덥다

☐☐ **冷** lěng 춥다

☐☐ **晴** qíng (날이) 맑다

☐☐ **阴** yīn (날이) 흐리다

☐☐ **太阳** tàiyáng 태양✦

☐☐ **月亮** yuèliang 달✦

☐☐ **刮风** guāfēng 바람이 불다✦

☐☐ **云** yún 구름✦

☐☐ **下雨** xiàyǔ 비가 오다

☐☐ **雪** xuě 눈[날씨]

☐☐ **舒服** shūfu 편안하다✦

☐☐ **天黑** tiān hēi 날이 어둡다

季节 jìjié 계절✦

☐☐ **春** chūn 봄✦

☐☐ **夏** xià 여름✦

☐☐ **秋** qiū 가을✦

☐☐ **冬** dōng 겨울✦

世界 shìjiè 세계, 세상✦

☐☐ **国家** guójiā 국가, 나라

☐☐ **中国** Zhōngguó 중국

☐☐ **城市** chéngshì 도시✦

☐☐ **北方** běifāng 북방✦

☐☐ **北京** Běijīng 베이징, 북경

☐☐ **外面** wàimian 바깥

☐☐ **河** hé 강✦

☐☐ **树** shù 나무✦

☐☐ **山** shān 산

알기 쉬운 단어 **Tip**

'北方 běifāng'은 넓은 지역적 개념의 '북방, 북쪽 지역'의 뜻이고, '北边 běibian'은 단순한 동서남북 방향성의 '북쪽(방향)'을 뜻한다.

★ 冬天水果很便宜。 （　　　　）

해설 및 정답 **문제 분석▼** 녹음에서 겨울 과일(冬天的水果 dōngtiān de shuǐguǒ)이 여름 것보다 비싸다(贵 guì)고 했으므로, 내용이 일치하지 않는다.

在这里，冬天的水果虽然比夏天的贵，
Zài zhèlǐ, dōngtiān de shuǐguǒ suīrán bǐ xiàtiān de guì,

但是很新鲜。
dànshì hěn xīnxiān.

이곳에서는 겨울 과일이 비록 여름 것보다는 비싸지만 매우 싱싱하다.

★ 冬天水果很便宜。（ **X** ）
Dōngtiān shuǐguǒ hěn piányi.

★ 겨울 과일은 싸다. （ **X** ）

단어 在 zài ⁊ ~에서 | 这里 zhèlǐ ㉹ 이곳, 여기 | 冬天 dōngtiān ㊍ 겨울 | 水果 shuǐguǒ ㊍ 과일 | ★虽然…
但是… suīrán…dànshì… ㉽ 비록 ~하지만, 그러나 ~하다 | 比 bǐ ⁊ ~보다[비교를 나타냄] | 夏天 xiàtiān ㊍
여름 | 的 de ㉿ ~하는 것, ~하는 사람 | 贵 guì ㊑ (가격이) 비싸다 | ★新鲜 xīnxiān ㊑ 싱싱하다, 신선하다 |
便宜 piányi ㊑ (값이) 싸다

문제 적응 훈련

| 실전 트레이닝 1 | Track 43

제1부분

A

B

C

1. ☐

2. ☐

3. ☐

제2부분

4. ★ 他现在不在中国。 (   )

5. ★ 他怕冷。 (   )

6. ★ 快到春天了。 (   )

정답 및 해설_ 해설집 16쪽

| 실전 트레이닝 2 | Track 44

제3부분

1. A 是朋友   B 以前没有见过   C 很早以前见过

2. A 怕黑   B 想一个人睡觉   C 不想睡这么早

제4부분

3. A 6:15   B 5:45   C 9:15

4. A 很热   B 下雨   C 在刮风

정답 및 해설_ 해설집 18쪽

듣기 실력 트레이닝
받아쓰기 1

★ 녹음을 듣고 빈칸을 채우세요.

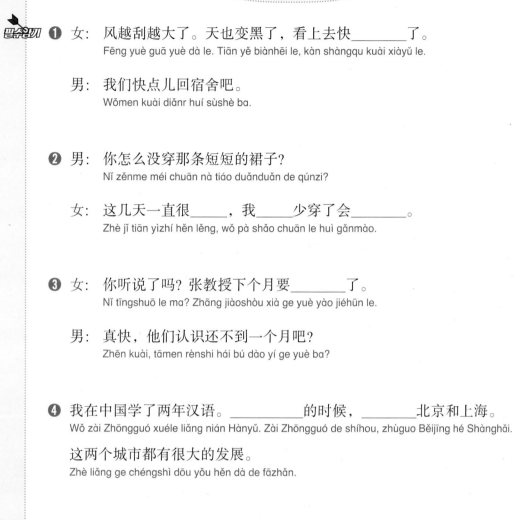

1 女： 风越刮越大了。天也变黑了，看上去快_____了。
Fēng yuè guā yuè dà le. Tiān yě biànhēi le, kàn shàngqu kuài xiàyǔ le.

男： 我们快点儿回宿舍吧。
Wǒmen kuài diǎnr huí sùshè ba.

2 男： 你怎么没穿那条短短的裙子?
Nǐ zěnme méi chuān nà tiáo duǎnduǎn de qúnzi?

女： 这几天一直很_____，我_____少穿了会_____。
Zhè jǐ tiān yìzhí hěn lěng, wǒ pà shǎo chuān le huì gǎnmào.

3 女： 你听说了吗? 张教授下个月要_____了。
Nǐ tīngshuō le ma? Zhāng jiàoshòu xià ge yuè yào jiéhūn le.

男： 真快，他们认识还不到一个月吧?
Zhēn kuài, tāmen rènshi hái bú dào yí ge yuè ba?

4 我在中国学了两年汉语。_____的时候，_____北京和上海。
Wǒ zài Zhōngguó xuéle liǎng nián Hànyǔ. Zài Zhōngguó de shíhou, zhùguo Běijīng hé Shànghǎi.

这两个城市都有很大的发展。
Zhè liǎng ge chéngshì dōu yǒu hěn dà de fāzhǎn.

5 从小时候，天一_____，我就容易_____，身体_____。
Cóng xiǎoshíhou, tiān yì lěng, wǒ jiù róngyì gǎnmào, shēntǐ bù shūfu.

我妈妈总是为我担心，自己做毛衣让我穿。
Wǒ māma zǒngshì wèi wǒ dānxīn, zìjǐ zuò máoyī ràng wǒ chuān.

6 外面的太阳真大，天气也越来越热，看来_____马上就要_____了。
Wàimian de tàiyáng zhēn dà, tiānqì yě yuèláiyuè rè, kànlai xiàtiān mǎshàng jiùyào dào le.

정답 | ❶ 下雨 / ❷ 冷 / 怕 / 感冒 ❸ 结婚 ❹ 在中国 / 住过 ❺ 冷 / 感冒 / 不舒服 ❻ 夏天 / 到

받아쓰기 ②

★ 녹음을 듣고 빈칸을 채우세요.

❶ 男: _____，我叫王红。
Chūcì jiànmiàn, wǒ jiào Wáng Hóng.

女: 我记住了，欢迎您!
Wǒ jìzhu le, huānyíng nín!

❷ 女: 爸爸，天_____，我_____一个人_____!
Bàba, tiān tài hēi le, wǒ bùgǎn yí ge rén shuìjiào!

男: 没事儿。爸爸在。
Méishìr.　　Bàba zài.

❸ 女: _____是几点?
Nǐ gēn sījī shuō de shì jǐ diǎn?

男: 明天早上六点一刻在楼下见。
Míngtiān zǎoshang liù diǎn yí kè zài lóuxià jiàn.

女: 那我们很早就要起床了?
Nà wǒmen hěn zǎo jiù yào qǐchuáng le?

男: 对，早点儿走，去机场的路上车不多。
Duì, zǎo diǎnr zǒu, qù jīchǎng de lùshang chē bù duō.

❹ 男: 外面还_____吗?
Wàimian hái xiàxuě ma?

女: _____，但____还是_____。你要出去?
Bú xià le, dàn fēng háishi bǐjiào dà.　　　　Nǐ yào chūqu?

男: 对，我想去楼下超市买点儿鸡蛋。
Duì, wǒ xiǎng qù lóuxià chāoshì mǎi diǎnr jīdàn.

女: 那你多穿点儿衣服，外面很冷。
Nà nǐ duō chuān diǎnr yīfu, wàimian hěn lěng.

정답 | ❶ 初次见面 ❷ 太黑了 / 不敢 / 睡觉 ❸ 你跟司机说的 ❹ 下雪 / 不下了 / 风 / 比较大

5 여가, 건강, 여행

新HSK에는 이렇게 출제된다! ▼

★ **여가, 건강, 여행**과 관련된 토픽은 듣기 영역에서 **19%** 정도 출제된다.

★ 듣기 **제4부분(31%)**에서 가장 **많이 출제**되고 제2, 3부분(25%)에도 **반드시 출제**된다.

★ **건강**이나 **여행**과 관련된 상황이 **많이 출제**되고, 그다음 여가, 운동 순으로 출제된다.

1 여가&건강 관련 필수 단어를 학습해 보세요.

/. 여가&운동   Track 47

□□ 爱好 ✹	àihào	취미		□□ 兴趣 ✹	xìngqù	재미, 흥미
□□ 运动	yùndòng	운동하다		□□ 锻炼 ✹	duànliàn	단련하다
□□ 打篮球	dǎ lánqiú	농구를 하다		□□ 踢足球	tī zúqiú	축구를 하다
□□ 参加 ✹	cānjiā	참가하다		□□ 比赛 ✹	bǐsài	시합, 경기
□□ 爬山 ✹	pá shān	등산하다		□□ 跑步	pǎobù	달리기를 하다, 조깅을 하다
□□ 游泳	yóuyǒng	수영을 하다		□□ 表演 ✹	biǎoyǎn	공연하다
□□ 跳舞	tiàowǔ	춤을 추다		□□ 唱歌	chànggē	노래를 부르다
□□ 画画儿	huà huàr	그림을 그리다		□□ 听音乐	tīng yīnyuè	음악을 듣다
□□ 玩游戏 ✹	wán yóuxì	게임을 하다		□□ 上网 ✹	shàngwǎng	인터넷을 하다

2. 병원&건강   Track 48

	医院	yīyuàn	병원		医生	yīshēng	의사
	身体	shēntǐ	몸, 신체		健康✱	jiànkāng	건강하다
	瘦✱	shòu	마르다		胖✱	pàng	살찌다, 뚱뚱하다
	看病	kàn bìng	(의사가) 진찰하다, (의사에게) 진찰을 받다		吃药	chī yào	약을 먹다
	眼睛	yǎnjing	눈[신체 부위]		鼻子✱	bízi	코
	耳朵✱	ěrduo	귀		肚子	dùzi	배, 복부
	感冒✱	gǎnmào	감기에 걸리다		发烧✱	fāshāo	열이 나다
	头疼	tóu téng	머리가 아프다		牙疼	yá téng	이가 아프다
	脸色	liǎnsè	안색, 얼굴색		休息	xiūxi	쉬다, 휴식하다

3. 기타   Track 49

	电影院	diànyǐngyuàn	영화관, 극장		电影票	diànyǐngpiào	영화표
	开始	kāishǐ	시작하다		演出	yǎnchū	공연(하다)
	理发店	lǐfàdiàn	이발소		理发师	lǐfàshī	이발사
	头发✱	tóufa	머리카락		洗头	xǐ tóu	머리를 감다
	剪头发	jiǎn tóufa	머리를 자르다, 머리를 깎다		理发	lǐ fà	이발하다, 머리를 깎다
	长	cháng	(길이가) 길다		短✱	duǎn	(길이가) 짧다

A 商店	B 车站	C 医院

해설 및 정답 문제 분석▼ 남자가 여자에게 약(药 yào)을 주면서 쉬는 것에 신경 쓰라(注意休息 zhùyì xiūxi)고 했으므로, 그들은 병원에 있을 가능성이 높다. 따라서 보기 **C**가 정답이다.

男：我给你开点儿药，这段时间注意休息，
Wǒ gěi nǐ kāi diǎnr yào, zhè duàn shíjiān zhùyì xiūxi,

不要太累。
búyào tài lèi.

女：好的，我会注意的。
Hǎo de, wǒ huì zhùyì de.

男：还有，咖啡和啤酒要少喝，不要吃羊肉和鱼。
Háiyǒu, kāfēi hé píjiǔ yào shǎo hē, búyào chī yángròu hé yú.

女：好，谢谢您。
Hǎo, xièxie nín.

问：他们在哪里？
Tāmen zài nǎlǐ?

A 商店
shāngdiàn

B 车站
chēzhàn

C 医院
yīyuàn

남: 제가 약을 처방해 드릴 테니, 이 시기 동안 휴식에 신경 쓰시고, 너무 피곤하면 안 됩니다.

여: 알겠습니다. 주의하겠습니다.

남: 그리고 커피와 맥주는 적게 마시고, 양고기와 생선은 드시지 마세요.

여: 네, 감사합니다.

질문: 그들은 어디에 있는가?

A 상점
B 정류장
C 병원

단어 给 gěi 깨 ~에게 | 开药 kāi yào 약을 처방하다 | (一)点儿 (yì)diǎnr 양 조금[불확정적인 수량] | ★段 duàn 양 얼마간의[일정 기간이나 시간을 세는 단위] | 时间 shíjiān 명 시간 | ★注意 zhùyì 동 주의하다 | 休息 xiūxi 동 쉬다 | 不要 búyào 조동 ~해서는 안 된다 | 累 lèi 형 피곤하다 | 会 huì 조동 ~할 것이다 | 还有 háiyǒu 접 그리고 | 咖啡 kāfēi 명 커피 | 和 hé 개접 ~와 | 啤酒 píjiǔ 명 맥주 | 要 yào 조동 ~해야 한다 | 少 shǎo 형 적다 | 喝 hē 동 마시다 | 吃 chī 동 먹다 | 羊肉 yángròu 양고기 | 鱼 yú 명 물고기 | 商店 shāngdiàn 명 상점 | 车站 chēzhàn 명 정류장 | 医院 yīyuàn 명 병원

2 여행 관련 필수 단어를 학습해 보세요. Track 51

■■ 旅游 lǚyóu 여행하다

■■ 机场 jīchǎng 공항

- □□ 机票 jīpiào 비행기표, 항공권
- □□ 行李箱 xínglǐxiāng 트렁크 ✈
- □□ 护照 hùzhào 여권 ✈
- □□ 忘记 wàngjì 잊어버리다, 까먹다 ✈
- □□ 带 dài (몸에) 지니다, 가지다, 휴대하다,
  챙기다 ✈

■■ 饭店 fàndiàn 호텔, 식당
■■ 宾馆 bīnguǎn 호텔

- □□ 房间 fángjiān 방
- □□ 房卡 fángkǎ 호텔 등의 룸 카드 키
- □□ 客人 kèrén 손님, 고객 ✈
- □□ 付现金 fù xiànjīn 현금을 지불하다
- □□ 刷卡 shuā kǎ 카드를 긁다, 카드로
  결제하다
- □□ 满意 mǎnyì 만족하다, 흡족하다 ✈

★ 张老师正在外面旅行。　　　　　　　　(　　　)

🗨 **해설 및 정답**　**문제 분석▾** 녹음에서 장 선생님(张老师 Zhāng lǎoshī)에게 비행기표를 샀다(机票都买到了 jīpiào dōu mǎidào le)고 했으므로, 그들은 아직 여행 가기 전임을 알 수 있다. 따라서 내용이 일치하지 않는다.

张老师, 小李让我告诉你, 您和您妻子的
Zhāng lǎoshī, Xiǎo Lǐ ràng wǒ gàosu nǐ, nín hé nín qīzi de

机票都买到了。
jīpiào dōu mǎidào le.

★ 张老师正在外面旅行。(**X**)
Zhāng lǎoshī zhèngzài wàimian lǚxíng.

장 선생님, 샤오리가 제게 선생님과 사모님의 비행기표를 샀다고 전해 달라고 했습니다.

★ 장 선생님은 밖에서 여행을 하고 있는 중이다. (**X**)

🗨 **단어** 老师 lǎoshī 몡 선생님 | 让 ràng 동 (~로 하여금) ~하게 하다 | 告诉 gàosu 동 알리다 | 和 hé 개 ~와 | 妻子 qīzi 몡 아내 | 机票 jīpiào 몡 비행기표 | 买到 mǎidào 사다, 사서 손에 넣다 | 正在 zhèngzài 児 마침 ~하고 있는 중이다 | 外面 wàimian 몡 바깥 | 旅行 lǚxíng 동 여행하다

문제 적응 훈련

| 실전 트레이닝 1 | Track 53

제1부분

A    B    C

1. ☐

2. ☐

3. ☐

제2부분

4. ★ 他身体不太好。　　　　　　　(　　)

5. ★ 奶奶被邻居送到医院了。　　　(　　)

6. ★ 看电影时不能大声说话。　　　(　　)

정답 및 해설_ 해설집 20쪽

| 실전 트레이닝 2 | Track 54

제3부분

1. A 发烧了　　　　B 生病了　　　　C 玩得很开心

2. A 见北京人　　　B 去北京故宫　　C 吃北京的面条

제4부분

3. A 还是胖　　　　B 觉得很饿　　　C 不想做运动

4. A 没学过　　　　B 喜欢画画儿　　C 画得没有男的好

정답 및 해설_ 해설집 22쪽

듣기 실력 트레이닝
받아쓰기 ❶

★ 녹음을 듣고 빈칸을 채우세요.

필수암기 ❶

女: 你的_____怎么了? 好_____啊!
Nǐ de yǎnjing zěnme le?　　Hǎo hóng a!

男: 我也不知道，是不是要去看医生?
Wǒ yě bù zhīdào, shì bu shì yào qù kàn yīshēng?

❷

男: 在哪儿? 还没到? _____比赛马上就要开始了。
Zài nǎr? Hái méi dào?　Zúqiú bǐsài mǎshàng jiùyào kāishǐ le.

女: 还有几分钟开始? 现在坐上出租车了，马上就到。
Hái yǒu jǐ fēnzhōng kāishǐ? Xiànzài zuòshàng chūzūchē le, mǎshàng jiù dào.

❸

女: _____时不要开这么大声音，对耳朵不好。
Tīng yīnyuè shí búyào kāi zhème dà shēngyīn, duì ěrduo bù hǎo.

男: 好的，我会注意的。
Hǎo de, wǒ huì zhùyì de.

필수암기 ❹

_____身体健康，我每天早上都去公园_____。
Wèile shēntǐ jiànkāng, wǒ měi tiān zǎoshang dōu qù gōngyuán zuò yùndòng.

❺

昨天是_____把生病的奶奶_____的。
Zuótiān shì línjū bǎ shēngbìng de nǎinai sòngdào yīyuàn de.

❻

在电影院_____，注意_____大声说话。
Zài diànyǐngyuàn kàn diànyǐng shí, zhùyì búyào dàshēng shuōhuà.

因为旁边有人说和电影没关系的话，会让人觉得不高兴。
Yīnwèi pángbiān yǒu rén shuō hé diànyǐng méi guānxi dehuà, huì ràng rén juéde bù gāoxìng.

★ 녹음을 듣고 빈칸을 채우세요.

필수암기 ❶ 男: 你是不是_____了? 脸和耳朵这么红!
Nǐ shì bu shì fāshāo le?　　Liǎn hé ěrduo zhème hóng!

女: 我刚和同学踢足球了, 非常热!
Wǒ gāng hé tóngxué tī zúqiú le, fēicháng rè!

❷ 女: 北京故宫很有名, 其实北京的_____也非常好吃。
Běijīng Gùgōng hěn yǒumíng, qíshí Běijīng de miàntiáo yě fēicháng hǎochī.

男: 真的吗? 你一定要带我去吃啊!
Zhēnde ma? Nǐ yídìng yào dài wǒ qù chī a!

❸ 女: 为了减肥, 我做了很多运动, 但是_____。
Wèile jiǎnféi, wǒ zuòle hěn duō yùndòng, dànshì yìdiǎnr yě méi shòu.

男: 那你注意吃的了吗?
Nà nǐ zhùyì chī de le ma?

女: 因为做完运动后觉得很饿, 吃得比以前更多了。
Yīnwèi zuòwán yùndòng hòu juéde hěn è, chī de bǐ yǐqián gèng duō le.

男: 所以你瘦不下来啊!
Suǒyǐ nǐ shòu bu xiàlai a!

필수암기 ❹ 男: 你画儿画得比我好多了。
Nǐ huàr huà de bǐ wǒ hǎo duō le.

女: 哪儿啊, 你太客气了。
Nǎr a, nǐ tài kèqi le.

男: 你_____画画儿_____?
Nǐ yídìng hěn xǐhuan huà huàr ba?

女: _____, 我学过两年。
Shì de, wǒ xuéguo liǎng nián.

듣기

6 길 찾기, 교통수단

新HSK에는 이렇게 출제된다! ▼

★ **길 찾기**나 **교통수단**과 관련된 토픽은 듣기 영역에서 **8%** 정도 출제된다. 다른 토픽에 비해 가장 낮은 출제 비중을 차지하지만 출제되지 않은 적은 없다.

★ 듣기 **제3부분(43%)**에 가장 많이 **출제**되고, 그다음 듣기 **제1부분**에 **출제**된다.

★ **길 찾기, 교통수단** 관련 단어는 **가족, 학교, 직장, 여행** 등 다른 다양한 **토픽**과 **연관**되어 등장하므로 반드시 알아야 한다.

1 길 찾기 필수 단어를 학습해 보세요.

1. 방향 Track 57

□□	上	shàng	위	□□	下	xià	아래
□□	里	lǐ	안, 속	□□	外	wài	밖, 바깥
□□	前	qián	(방위·순서·시간의) 앞, 전	□□	后	hòu	(시간·순서상으로) 뒤, 후
□□	左	zuǒ	좌측, 왼쪽	□□	右	yòu	우측, 오른쪽
□□	中间✱	zhōngjiān	중간, 가운데	□□	旁边	pángbiān	옆, 근처
□□	东✱	dōng	동(쪽)	□□	南✱	nán	남(쪽)
□□	西✱	xī	서(쪽)	□□	北	běi	북(쪽)
□□	米✱	mǐ	미터(m)				

2. 길 찾기 Track 58

□□	走	zǒu	걷다, 가다, 떠나다	□□	去	qù	가다
□□	拐	guǎi	방향을 바꾸다, 커브를 틀다	□□	到	dào	도착하다, 이르다
□□	问	wèn	묻다, 질문하다	□□	找	zhǎo	찾다

A 向东走	B 向南走	C 向北走

해설 및 정답 문제 분석▼ 남자가 '남쪽으로 가는 것(往南走 wǎng nán zǒu)'이라 말하자 여자가 '난 어째서 북쪽으로 간다고 기억했지?(我怎么记得是向北走? Wǒ zěnme jìde shì xiàng běi zǒu?)'라고 했으므로, 남자가 맞고 여자의 기억은 틀렸음을 알 수 있다. 따라서 보기 B가 정답이다.

男：出了地铁口，再往南走一百米就到体育馆
Chūle dìtiěkǒu, zài wǎng nán zǒu yìbǎi mǐ jiù dào tǐyùguǎn
了。
le.

女：是向南走，对吗？我怎么记得是向北走？
Shì xiàng nán zǒu, duì ma? Wǒ zěnme jìde shì xiàng běi zǒu?

问：到体育馆怎么走？
Dào tǐyùguǎn zěnme zǒu?

A 向东走
xiàng dōng zǒu

B 向南走
xiàng nán zǒu

C 向北走
xiàng běi zǒu

남: 지하철 출입구로 나와서 다시 남쪽으로 100미터 가면 바로 체육관에 도착해.

여: 남쪽으로 가는 거 맞아? 나는 어째서 북쪽으로 간다고 기억했지?

질문: 체육관에는 어떻게 가는가?

A 동쪽으로 간다
B 남쪽으로 간다
C 북쪽으로 간다

단어 出 chū 동 나가다, 나오다 | ★地铁 dìtiě 명 지하철, 전철 | ★口 kǒu 명 출입구 | 再 zài 부 또, 다시 | 往 wǎng 개 ~쪽으로 | ★南 nán 명 남, 남쪽 | 走 zǒu 동 걷다, 가다 | ★米 mǐ 양 미터(m) | 就 jiù 부 곧, 바로 | 到 dào 동 도착하다, 이르다 | 体育馆 tǐyùguǎn 명 체육관 | 向 xiàng 개 ~을 향해 | 对 duì 형 맞다 | 怎么 zěnme 대 어떻게 | ★记得 jìde 동 기억하고 있다 | 北 běi 명 북, 북쪽 | ★东 dōng 명 동, 동쪽

2 교통수단 관련 필수 단어를 학습해 보세요.

1. 교통수단   Track 60

□□ 自行车✱	zìxíngchē	자전거	□□ 出租车	chūzūchē	택시
□□ 公共汽车	gōnggòng qìchē	버스	□□ 飞机	fēijī	비행기
□□ 船✱	chuán	배, 선박	□□ 火车	huǒchē	기차
□□ 地铁✱	dìtiě	지하철, 전철			

2. 장소   Track 61

□□ 机场	jīchǎng	공항	□□ 火车站	huǒchēzhàn	기차역
□□ 地铁站	dìtiězhàn	지하철역	□□ 车站	chēzhàn	정류장, 정거장
□□ 机票	jīpiào	비행기표, 항공권	□□ 火车票	huǒchēpiào	기차표
□□ 行李	xíngli	여행 짐, 수화물	□□ 行李箱✱	xínglixiāng	트렁크

3. 동작   Track 62

□□ 坐车	zuò chē	차를 타다	□□ 开车	kāichē	차를 몰다, 운전하다
□□ 上车	shàng chē	(차·기차 따위에) 타다, 오르다	□□ 下车	xià chē	하차하다, 차에서 내리다
□□ 打车	dǎ chē	택시를 타다	□□ 骑车	qí chē	자전거를 타다
□□ 检查✱	jiǎnchá	검사하다, 점검하다	□□ 等	děng	기다리다
□□ 带✱	dài	(몸에) 지니다, 가지다, 휴대하다, 챙기다	□□ 拿✱	ná	잡다, 들다
□□ 送	sòng	배웅하다	□□ 接✱	jiē	마중하다

4. 상태   Track 63

□□ 快	kuài	빠르다	□□ 慢	màn	느리다

A

B

C

1.

해설 및 정답 **문제 분석▼** 여자가 남자에게 기차역(火车站 huǒchēzhàn)에 데려다 달라고 했으므로, 보기 중에서 기차 사진 **A**가 정답이다.

女: 我明天去北京，上午的火车，你能送我
　　Wǒ míngtiān qù Běijīng, shàngwǔ de huǒchē, nǐ néng sòng wǒ

　　去火车站吗?
　　qù huǒchēzhàn ma?

男: 没问题，明天我休息。几点的火车?
　　Méi wèntí, míngtiān wǒ xiūxi. Jǐ diǎn de huǒchē?

여: 나 내일 베이징에 가는데, 오전 기차야. 너는 기차역까지 날 바래다줄 수 있어?

남: 응, 내일 나는 쉬어. 몇 시 기차야?

단어 明天 míngtiān 뗑 내일 | 去 qù 뚱 가다 | 北京 Běijīng 고유 베이징, 북경 | 上午 shàngwǔ 뗑 오전 | 火车 huǒchē 뗑 기차 | 能 néng 조동 ~할 수 있다 | 送 sòng 뚱 데려다주다, 배웅하다 | 火车站 huǒchēzhàn 뗑 기차역 | 没问题 méi wèntí 문제없다 | 休息 xiūxi 뚱 쉬다 | 几 jǐ 죽 몇 | 点 diǎn 양 시[시간을 나타냄]

실전 트레이닝 1 | Track 65

제1부분

A 　　　B 　　　C

1. ☐

2. ☐

3. ☐

제2부분

4. ★ 他们最后决定坐火车去。　　　　　　　　(　　)

5. ★ 他还有工作要做。　　　　　　　　　　　(　　)

6. ★ 他不会骑自行车。　　　　　　　　　　　(　　)

정답 및 해설_ 해설집 24쪽

실전 트레이닝 2 | Track 66

제3부분

1. A 三楼　　　　　B 男的家　　　　C 在路上

2. A 车站　　　　　B 邮局　　　　　C 图书馆

제4부분

3. A 没离开过家　　B 要去北京旅游　　C 习惯北京生活了

4. A 姓李　　　　　B 早就到了　　　　C 已经上飞机了

정답 및 해설_ 해설집 26쪽

★ 녹음을 듣고 빈칸을 채우세요.

필수암기 ❶ 女： 飞机就要起飞了，把＿＿＿＿关了吧。
Fēijī jiùyào qǐfēi le, bǎ shǒujī guān le ba.

男： 好，我现在就关。
Hǎo, wǒ xiànzài jiù guān.

❷ 男： 这辆＿＿＿＿＿＿＿＿＿上的人真不少。
Zhè liàng gōnggòng qìchē shang de rén zhēn bù shǎo.

女： 我们等下一辆吧，应该很快就来了。
Wǒmen děng xià yí liàng ba, yīnggāi hěn kuài jiù lái le.

❸ 女： ＿＿＿＿＿＿＿＿的时候，眼睛要往前看，别害怕。
Qí zìxíngchē de shíhou, yǎnjing yào wǎng qián kàn, bié hàipà.

男： 好，但是你别放手啊。
Hǎo, dànshì nǐ bié fàngshǒu a.

❹ 坐火车是便宜些，但要十个小时，太慢了。我们＿＿＿＿坐飞机＿＿＿＿，
Zuò huǒchē shì piányi xiē, dàn yào shí ge xiǎoshí, tài màn le. Wǒmen háishi zuò fēijī ba,

我这边买机票也很方便。
wǒ zhèbiān mǎi jīpiào yě hěn fāngbiàn.

❺ 我还有工作＿＿＿＿＿＿，要很晚才下班，就不去接你了，你自己坐出租车
Wǒ hái yǒu gōngzuò méi wánchéng, yào hěn wǎn cái xiàbān, jiù bú qù jiē nǐ le, nǐ zìjǐ zuò chūzūchē

回家吧。
huíjiā ba.

필수암기 ❻ 这辆自行车是我八岁生日时，爸爸送给我的礼物。
Zhè liàng zìxíngchē shì wǒ bā suì shēngrì shí, bàba sònggěi wǒ de lǐwù.

虽然已经＿＿＿＿了＿＿＿＿＿＿了，但它看起来还是新的。
Suīrán yǐjīng qíle shí nián duō le, dàn tā kàn qǐlai háishi xīn de.

듣기 실력 트레이닝

받아쓰기 2

★ 녹음을 듣고 빈칸을 채우세요.

❶ 男: 我_____，302号。
Wǒ zhù sān lóu, sān líng èr hào.

女: 知道了，我走错路了。再走3分钟就到你家。
Zhīdào le, wǒ zǒucuò lù le. Zài zǒu sān fēnzhōng jiù dào nǐ jiā.

필수표현 ❷ 女: 请问，上海_____怎么走?
Qǐngwèn, Shànghǎi túshūguǎn zěnme zǒu?

男: 从这儿向右拐，走十分钟，邮局的旁边就是。
Cóng zhèr xiàng yòu guǎi, zǒu shí fēnzhōng, yóujú de pángbiān jiù shì.

❸ 女: 你下个月就要去北京留学了吧? 都准备好了吗?
Nǐ xià ge yuè jiùyào qù Běijīng liúxué le ba? Dōu zhǔnbèi hǎo le ma?

男: 是啊，我从来没_____过_____，有点儿紧张。
Shì a, wǒ cónglái méi líkāiguo fùmǔ, yǒudiǎnr jǐnzhāng.

女: 不用担心，习惯就好了。
Búyòng dānxīn, xíguàn jiù hǎo le.

男: 谢谢你!
Xièxie nǐ!

❹ 男: 喂，_____，您快_____了吧?
Wéi, Lǐ jīnglǐ, nín kuài shàng fēijī le ba?

女: 还没有，飞机晚点了，我可能要中午或者下午到北京。
Hái méiyǒu, fēijī wǎndiǎn le, wǒ kěnéng yào zhōngwǔ huòzhě xiàwǔ dào Běijīng.

男: 没关系，飞机起飞前您给我打个电话，我让司机去接您。
Méi guānxi, fēijī qǐfēi qián nín gěi wǒ dǎ ge diànhuà, wǒ ràng sījī qù jiē nín.

女: 好的，谢谢。
Hǎo de, xièxie.

정답 | ❶ 住三楼 ❷ 图书馆 ❸ 离开／父母 ❹ 李经理／上飞机

第一部分 ★ 第1-5题

A

B

C

D

E

F

例如：男：喂，请问张经理在吗？

女：他正在开会，您半个小时以后再打，好吗？

1. ☐

2. ☐

3. ☐

4. ☐

5. ☐

★ 第6-10题

A

B

C

D

E

6. ☐

7. ☐

8. ☐

9. ☐

10. ☐

第二部分 ★ 第11-20题

11. ★ 他经常吃鸡蛋。 ( )

12. ★ 阿姨要去旅游。 ( )

13. ★ 他比他的女朋友唱得好。 ( )

14. ★ 小王把客人的名字写错了。 ( )

15. ★ 他明天没有时间看电影。 ( )

16. ★ 小王可能在看电视。 ( )

17. ★ 现在他帮儿子洗脸。 ( )

18. ★ 他吃完饭以后打扫房间。 ( )

19. ★ 他家离公司不远。 ( )

20. ★ 伞在椅子下。 ( )

第三部分

21. **A** 饭店　　　　　　**B** 宾馆　　　　　　**C** 书店

22. **A** 累了　　　　　　**B** 想回家　　　　　**C** 身体不舒服

23. **A** 下雨　　　　　　**B** 刮风　　　　　　**C** 晴天

24. **A** 看书　　　　　　**B** 照照片　　　　　**C** 玩儿电脑

25. **A** 男的有姐姐　　　**B** 男的姐姐很漂亮　**C** 男的孩子很可爱

26. **A** 手表坏了　　　　**B** 空调坏了　　　　**C** 自行车坏了

27. **A** 想买杂志　　　　**B** 不愿意借杂志　　**C** 还没看完杂志

28. **A** 开会　　　　　　**B** 喝茶　　　　　　**C** 见客人

29. **A** 蛋糕　　　　　　**B** 水果　　　　　　**C** 手机

30. **A** 不想读书　　　　**B** 想做老师　　　　**C** 要在银行工作

第四部分 ★ 第31-40题

31. A 词典　　　　　B 报纸　　　　　C 杂志

32. A 飞机上　　　　B 火车上　　　　C 出租车上

33. A 出门往东走　　B 出门往西走　　C 出门往北走

34. A 渴了　　　　　B 生病了　　　　C 不睡觉

35. A 冰箱　　　　　B 空调　　　　　C 椅子

36. A 两点一刻　　　B 三点一刻　　　C 四点一刻

37. A 米饭　　　　　B 面包　　　　　C 面条

38. A 司机和客人　　B 爸爸和女儿　　C 教授和学生

39. A 更甜　　　　　B 更新鲜　　　　C 颜色更好看

40. A 很矮　　　　　B 变老了　　　　C 比现在胖

정답 및 해설_ 해설집 28쪽

독해

阅读

유형
파악

⭐ 총 30문제 / 30분

	제1부분	제2부분	제3부분
문제 유형	제시된 문장과 관련된 문장 고르기	빈칸에 들어갈 알맞은 어휘 고르기	단문 읽고 질문에 답하기
미리 보기	A 你什么时候搬家呢? 需要帮忙吗? B 一般吧，我们上个月才认识，只是普通朋友。 C 你最好再检查一下，看看还有没有问题。 D 我们是去旅游，不是搬家，还是少拿一些吧。 E 当然，我们先坐公共汽车，然后换地铁。 F 我觉得这家宾馆还不错，你说呢? 例如: 你知道怎么去那儿吗? (E)	A 选择　B 马上　C 对　D 舒服　E 声音　F 环境 例如: 她说话的（ E ）多好听啊!	例如: 您是来参加今天会议的吗? 您来早了一点儿，现在才八点半，您先进来坐吧。 ★ 会议最可能几点开始? A 8点　　B 8点半　　C 9点 √
문항 수	10	10	10
시험 시간	30 분		

분석1 토픽별 독해 영역 문제 분석

〈토픽별 독해 영역 출제 비중〉

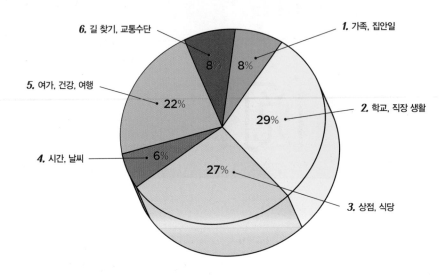

6. 길 찾기, 교통수단 8%

1. 가족, 집안일 8%

5. 여가, 건강, 여행 22%

2. 학교, 직장 생활 29%

4. 시간, 날씨 6%

27%

3. 상점, 식당

분석2 독해 부분별 토픽 분석

독해 제1부분
독해 제2부분
독해 제3부분

〈부분별 토픽 출제 비중〉

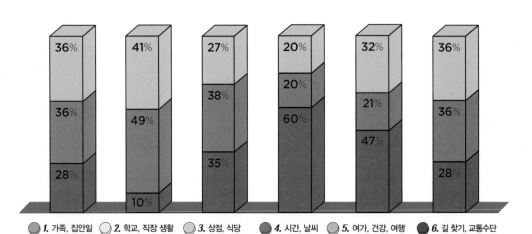

36% 36% 28%

41% 49% 10%

27% 38% 35%

20% 20% 60%

32% 21% 47%

36% 36% 28%

1. 가족, 집안일 **2.** 학교, 직장 생활 **3.** 상점, 식당 **4.** 시간, 날씨 **5.** 여가, 건강, 여행 **6.** 길 찾기, 교통수단

정답이 보이는 핵심공략

핵심1

자주 출제되는 **토픽(상황)별 빈출 표현**과 독해 영역에 자주 등장하는 **호응 표현**을 잘 외운다.

핵심2

독해 제1부분은 관련 있는 문장끼리 연결하여 대화나 단문을 완성하는 문제이다. **질문 형태의 문장을 먼저 찾아** 그 질문에 적합한 답을 고른다. 그리고 먼저 푼 문제를 제외시키는 방법으로 풀면 쉽게 풀 수 있다.

핵심3

독해 제2부분은 제시된 문장이나 대화의 빈칸에 적합한 단어를 선택하는 문제이다. 보기 A-F의 뜻을 먼저 체크하고 난 뒤 제시된 문장을 해석한다. 그리고 **빈칸의 앞뒤를 살펴 빈칸에 어떤 의미의 단어 혹은 어떤 품사의 단어가 필요한지 생각**하자.

핵심4

독해 제3부분은 지문을 읽고 주어진 질문에 알맞은 답을 선택하는 문제이다. 지문을 읽기 전에, 먼저 **별표(★) 뒤의 질문을 보고 정답에 필요한 부분을 지문 속에서 찾는다.** 또는 보기와 일치하는 표현을 지문 속에서 찾아보는 방법도 좋다.

핵심5

단어를 중심으로 답 찾기 요령을 익히는 것도 중요하지만, 앞으로의 중국어 공부를 위해 필수 단어를 잘 외우고 문장 해석 및 이해 능력을 길러 기본기를 탄탄하게 다지도록 노력해야 한다.

독해

1 대화 유형과 동사의 호응
가족, 집안일

新HSK에는 이렇게 출제된다! ▼

★ **가족**과 **집안일 토픽**은 독해 영역에서 출제 비율이 낮지만, 다른 토픽과 연결되어 다양한 독해 지문에 등장하고 독해 **제1, 2, 3부분**에 두루 **출제**된다.

★ 독해 제1, 2부분에는 대화 형식의 지문이 등장한다. 기본적인 **질문-대답**(긍정/부정), **제안/충고/부탁-승낙/거절, 감탄**의 표현법을 알아야 **대화의 흐름**을 잘 **파악**할 수 있다.

★ HSK 3급 단어는 **300개**로 제한적이므로, 필수 단어를 중심으로 자주 호응하여 쓰는 것끼리 묶어서 외우는 것이 효과적이다. **가족**과 **집안일**에 관련된 **단어**들은 **동사와 목적어 관계의 호응** 표현이 많이 출제된다.

1 독해 빈출 대화 유형

HSK 3급 독해 영역에는 제1부분을 비롯하여 제2부분에도 대화 형식의 지문이 등장한다. A와 B 사이의 자연스러운 대화를 완성하기 위해서는 대화의 의미와 문맥을 이해하는 능력이 필요하다. 따라서 기본적인 질문, 제안, 충고, 부탁의 표현법을 알고, 상황에 따라 어떻게 답변하고 반응할 수 있는지 생각해 보자.

/. 기본적인 질문, 제안, 충고, 부탁

❶ **吗** ma ▶ ~이니?[모르는 상황에서의 질문] | **吧** ba ▶ ~이지?[예측되는 상황에서의 질문]

你三点前能到吗? 너는 3시 전에 도착할 수 있어?
Nǐ sān diǎn qián néng dào ma?

你想去中国吧? 너는 중국에 가고 싶지?
Nǐ xiǎng qù Zhōngguó ba?

> 단어 点 diǎn 양 시 | 前 qián 명 앞, 전 | 能 néng 조동 ~할 수 있다 | 到 dào 통 도착하다 | 想 xiǎng 조동 ~하고 싶다 | 去 qù 통 가다 | 中国 Zhōngguó 고유 중국

❷ **의문대명사를 사용하는 질문 형식** *다양한 의문대명사 156p 참고

你旁边这个小孩儿是谁? 네 옆에 있는 이 아이는 누구야?
Nǐ pángbiān zhège xiǎoháir shì shéi?

> 단어 旁边 pángbiān 명 옆, 근처 | 小孩儿 xiǎoháir 명 어린아이 | 谁 shéi 대 누구

❸ **是不是** shì bu shì ▸ ~이니 아니니?[사실을 확인하는 질문]

他是不是已经结婚了? 그 사람은 이미 결혼했나요?
Tā shì bu shì yǐjīng jiéhūn le?

(단어) 已经 yǐjīng 图 이미, 벌써 | ★结婚 jiéhūn 图 결혼하다

❹ **吧** ba ▸ ~하자[제안], ~해라[명령], ~겠구나[강한 추측]

休息一下吧，你看电脑的时间太长了。 좀 쉬렴. 너 컴퓨터를 너무 오래 봤어.
Xiūxi yíxià ba, nǐ kàn diànnǎo de shíjiān tài cháng le.

(단어) 休息 xiūxi 图 쉬다, 휴식하다 | 电脑 diànnǎo 图 컴퓨터 | 时间 shíjiān 图 시간 | 太 tài 图 너무 | 长
cháng 图 (길이가) 길다

❺ **要** yào | **应该** yīnggāi ▸ ~해야 한다

你上课时要认真。 수업을 들을 때 열심히 해야 한다.
Nǐ shàngkè shí yào rènzhēn.

你应该上学。 너는 학교에 다녀야 한다.
Nǐ yīnggāi shàngxué.

(단어) 上课 shàngkè 图 수업을 듣다 | 时 shí 图 때, 시기 | ★认真 rènzhēn 图 성실하다, 진지하다 | 应该
yīnggāi 图 ~해야 한다 | 上学 shàngxué 图 학교에 다니다

❻ **不要** búyào | **别** bié ▸ ~하지 마라(=~해서는 안 된다)

不要忘了关电视。 텔레비전 끄는 거 잊지 마.
Búyào wàngle guān diànshì.

(단어) 关 guān 图 (기계를) 끄다 | 电视 diànshì 图 텔레비전

❼ **我希望** Wǒ xīwàng ▸ 나는 ~하길 바란다 | **你最好** Nǐ zuìhǎo ▸ 너는 ~하는 게 가장 좋겠다

我希望你明天能来我家吃饭。 난 네가 내일 식사하러 우리 집에 오길 바란다.
Wǒ xīwàng nǐ míngtiān néng lái wǒ jiā chīfàn.

你最好在房间里看书。 너는 방에서 책을 보는 게 제일 좋겠어.
Nǐ zuìhǎo zài fángjiān li kàn shū.

(단어) 明天 míngtiān 图 내일 | 家 jiā 图 집 | 吃饭 chīfàn 图 밥을 먹다 | 最好 zuìhǎo 图 ~하는 것이 가장
좋다 | 在 zài 계 ~에서 | 房间 fángjiān 图 방 | 书 shū 图 책

❸ ···, 好不好 hǎo bu hǎo | 好吗 hǎo ma | 可(以)不可以 kě(yǐ) bu kěyǐ | 可以吗
kěyǐ ma | 怎么样 zěnmeyàng ▶ (~하는 거) 좋아?/어때?

我给你准备喝的，好不好? 내가 너에게 마실 걸 준비해 줄까?
Wǒ gěi nǐ zhǔnbèi hē de, hǎo bu hǎo?

我们明天见，怎么样? 우리 내일 만나는 거, 어때?
Wǒmen míngtiān jiàn, zěnmeyàng?

단어 给 gěi 께 ~에게 | 准备 zhǔnbèi 통 준비하다 | 喝 hē 통 마시다 | 见 jiàn 통 만나다 | 怎么样
zěnmeyàng 때 어떠하다

2. 답변, 반응

❶ 긍정, 승낙

네	是(的) shì (de)
맞아요	没错 méicuò	对 duì
좋아요(=괜찮아요)	好(的) hǎo (de)	行 xíng	(还)可以 (hái) kěyǐ	(还)不错 (hái) búcuò
문제없어요(=괜찮아요)	没问题 méi wèntí	没关系 méi guānxi
당연하죠	当然 dāngrán
걱정 마세요	您放心。 Nín fàngxīn.

❷ 부정, 거절

아니요	不是(的) bú shì (de)
안 했어요	没有 méiyǒu
나는 이렇게 생각하지 않아요	我不这么认为。 Wǒ bú zhème rènwéi.
됐어요, 필요 없어요	不了 bù le	不用了 búyòng le
괜찮아요, 됐어요	没事儿 méishìr

❸ 기타

그래요?	是吗? Shì ma?

3. 감탄, 칭찬

① **真…啊!** zhēn…a! ▸ 정말 ~하구나!

你姐姐**真漂亮啊!** 네 누나는 정말 예쁘다!
Nǐ jiějie zhēn piàoliang a!

> 단어 姐姐 jiějie 몡 누나, 언니 | 真 zhēn 뷔 정말, 진짜 | 漂亮 piàoliang 혱 예쁘다

② **太…了!** tài…le! ▸ 너무 ~하구나!

米饭**太多了!** 밥이 너무 많아!
Mǐfàn tài duō le!

> 단어 米饭 mǐfàn 몡 쌀밥 | 太 tài 뷔 너무 | 多 duō 혱 (양이) 많다

③ **多(么)…啊!** duō(me)…a! ▸ 얼마나 ~하느냐![=정말 ~하구나!]

大家一起吃饭**多快乐啊!** 모두 함께 밥을 먹으니 얼마나 즐겁니!
Dàjiā yìqǐ chīfàn duō kuàilè a!

> 단어 大家 dàjiā 때 모두들 | 一起 yìqǐ 뷔 같이, 함께 | 吃饭 chīfàn 동 밥을 먹다 | 多 duō 뷔 얼마나 | 快乐 kuàilè 혱 즐겁다

④ **동사+得+〈好/不错〉** …+de+〈hǎo/búcuò〉 ▸ ~를 잘 한다, ~하는 정도(상태)가 좋다

我妈妈做饭做**得很好**。 우리 엄마는 밥을 잘 한다.
Wǒ māma zuò fàn zuò de hěn hǎo.

> 단어 做饭 zuò fàn 밥을 하다 | 得 de 조 ~하는 정도(상태)가 ~하다 | 不错 búcuò 혱 좋다, 괜찮다

4. 감사, 사과

감사	A: 谢谢。 고마워요.
	Xièxie.
	B: 不客气。 별말씀을요.
	Bú kèqi.

사과	A: 对不起。 미안해요.
	Duìbuqǐ.
	B: 没关系。 괜찮아요.
	Méi guānxi.

A 我再看会儿电视，等一会儿我关吧。

B 他只喜欢去外边踢足球，不用了。

1. 这么晚了，爷爷，您还不睡吗?　　　　　　　　　(　　　)

2. 我女儿去年买的电脑非常好，你也给你儿子买吧。　(　　　)

---

[1] 해설 및 정답 　**문제 분석▼** 텔레비전을 조금만 더 보겠다는 말(보기 **A**)은 왜 지금 바로 잠을 자지 않는지 말하는 이유(변명)로 적절하다.

A: ❶这么晚了，爷爷，您还不睡吗?	A: ❶할아버지, 이렇게 늦었는데, 아직 안 주무세요?
B: ❶我再看会儿电视，等一会儿我关吧。 잠시 동안 더 ~하다	B: ❶내가 텔레비전 좀 더 보고, 이따가 끌게.

단어　这么 zhème 때 이렇게 | 晚 wǎn 혱 늦다 | ★爷爷 yéye 몡 할아버지 | 还 hái 뷔 아직 | 睡 shuì 동 (잠을) 자다 | 再 zài 뷔 또, 다시 | ★(一)会儿 (yí)huìr 몡 잠깐 동안, 잠시 | 电视 diànshì 몡 텔레비전 | 等 děng 동 기다리다 | ★关 guān 동 (기계를) 끄다

---

[2] 해설 및 정답 　**문제 분석▼** 아들에게 사주라는 제안에 필요 없다(보기 **B**)는 반응이 적절하다.

A: ❷我女儿去年买的电脑非常好，你也 给你儿子买吧。 ~에게 사주다	A: ❷내 딸이 작년에 산 컴퓨터는 굉장히 좋아, 너도 네 아들에게 사줘.
B: ❸他只喜欢去外边踢足球，不用了。	B: ❸그(애)는 밖에 나가서 축구 하는 걸 좋아해서, 필요 없어.

단어　女儿 nǚ'ér 몡 딸 | 去年 qùnián 몡 작년 | 买 mǎi 동 사다 | 电脑 diànnǎo 몡 컴퓨터 | 非常 fēicháng 뷔 굉장히, 아주 | 给 gěi 개 ~에게 | 儿子 érzi 몡 아들 | ★只 zhǐ 뷔 단지, 다만 | 喜欢 xǐhuan 동 좋아하다 | 去 qù 동 가다 | 外边 wàibian 몡 밖, 바깥 | 踢足球 tī zúqiú 축구를 하다 | 不用 búyòng 뷔 ~할 필요가 없다

독해 빈출 호응 표현 가족&집안일

대부분의 중국어 문장은 동사나 형용사를 중심으로 구성된다. 그러므로 우선 자주 쓰이는 동사, 형용사, 명사를 먼저 알고, 그 후에 그 단어들이 어떻게 호응하여 쓰이는지 확장시켜 기억하면 문장 전체를 보는 눈을 키울 수 있다.

듣기 영역에서 1차로 외운 단어를 바탕으로, 독해 영역에서는 자주 호응하는 표현끼리 짝꿍 지어 기억하자. 반복하고 확장시키는 일석이조의 효과가 있다.

Track 70

□□ 1	看电视 kàn diànshì	텔레비전을 보다	我喜欢看电视。 Wǒ xǐhuan kàn diànshì. 나는 텔레비전 보는 걸 좋아한다.
□□ 2	有邮件 yǒu yóujiàn	이메일이 있다	星期一我有很多邮件。 Xīngqīyī wǒ yǒu hěn duō yóujiàn. 월요일에 나는 많은 이메일이 있다.
□□ 3	买房子 mǎi fángzi	집을 사다	我要买一层的房子。 Wǒ yào mǎi yī céng de fángzi. 나는 1층짜리 집을 사려고 한다.
□□ 4	住一楼 zhù yī lóu	1층에 살다	我不要住一楼。 Wǒ búyào zhù yī lóu. 나는 1층에 살기 싫다.
□□ 5	打电话 dǎ diànhuà	전화를 하다	给我打电话也可以。 Gěi wǒ dǎ diànhuà yě kěyǐ. 저한테 전화하셔도 괜찮아요.
	回电话 huí diànhuà	전화를 다시 하다	给我回电话，好不好？ Gěi wǒ huí diànhuà, hǎo bu hǎo? 나에게 전화를 다시 해줄 수 있어?
□□ 6	看节目 kàn jiémù	프로그램을 보다	我喜欢看音乐节目。 Wǒ xǐhuan kàn yīnyuè jiémù. 나는 음악 프로그램 보는 걸 좋아한다.
□□ 7	准备吃的 zhǔnbèi chī de	먹을 것을 준비하다	我给你准备吃的。 Wǒ gěi nǐ zhǔnbèi chī de. 내가 너에게 먹을 것을 준비해 줄게.
□□ 8	照顾孩子 zhàogù háizi	아이를 돌보다	这个周末我要照顾孩子。 Zhège zhōumò wǒ yào zhàogù háizi. 이번 주말에 나는 아이를 돌봐야 한다.
□□ 9	打扫房间 dǎsǎo fángjiān	방을 청소하다	他帮我打扫房间。 Tā bāng wǒ dǎsǎo fángjiān. 그는 날 도와서 방을 청소한다.
□□ 10	开空调 kāi kōngtiáo	에어컨을 켜다	开一下空调，好吗？ Kāi yíxià kōngtiáo, hǎo ma? 에어컨 좀 켜도 될까요?

단어 喜欢 xǐhuan 통 좋아하다 | 电视 diànshì 명 텔레비전 | 星期一 xīngqīyī 월요일 | 多 duō 형 (양이) 많다 | 邮件 yóujiàn 명 우편물, 이메일 | 要 yào 조동 ~하고자 하다 | 买 mǎi 동 사다 | ★层 céng 양 층 | 房子 fángzi 명 집 | 住 zhù 동 살다 | ★楼 lóu 양 층 | 给 gěi 개 ~에게 | 回 huí 동 돌아오다, 돌아가다 | 电话 diànhuà 명 전화 | ★音乐 yīnyuè 명 음악 | ★节目 jiémù 프로그램 | 准备 zhǔnbèi 동 준비하다 | 吃的 chī de 먹을 것 | ★周末 zhōumò 명 주말 | ★照顾 zhàogù 동 돌보다 | 孩子 háizi 명 아이 | 帮 bāng 동 돕다 | ★打扫 dǎsǎo 동 청소하다 | 房间 fángjiān 명 방 | 开 kāi 동 (기계를) 켜다 | 一下 yíxià 양 동사 뒤에 쓰여 '좀 ~하다'의 뜻을 나타냄 | ★空调 kōngtiáo 명 에어컨

공략 트레이닝 2 / 제2부분 /

> A 邮件　　B 饿　　C 饭
>
> 1. 起床后吃了几块儿苹果，所以不太（　　　）。
> 2. 我才两天没上网，就有这么多（　　　）了。

[1] 해설 및 정답　**문제 분석▼** '먹었다(吃了)'의 결과로 '그다지 배고프지 않다(不太饿)'를 유추할 수 있고, 정도 부사 太는 뒤에 형용사를 수식할 수 있으므로 보기 **B**가 정답이다.

起床后<u>吃了</u>几块儿苹果，<u>所以不太</u>（ **B 饿** ）。 　　　　　　　　　　　　　[不太]+형용사 : 그다지 ~하지 않다	일어난 후 사과 몇 조각을 먹었더니, 별로 (**B 배고프지**) 않다.

단어 起床 qǐchuáng 동 기상하다, 일어나다 | 后 hòu 명 (~한) 후 | 吃 chī 동 먹다 | 几 jǐ 주 몇 | 块 kuài 양 덩어리[조각을 세는 단위] | 苹果 píngguǒ 명 사과 | 所以 suǒyǐ 접 그래서 | ★饿 è 형 배고프다

[2] 해설 및 정답　**문제 분석▼** '인터넷을 하지 않았다(没上网)'는 결과로 '이렇게 많은 이메일이 있다(有这么多邮件)'를 유추할 수 있고, 有의 목적어로 명사 邮件을 쓰는 것이 적절하다.

我才两天<u>没上网</u>，<u>就有</u>这么多（ **A 邮件** ） 　　　　　　　　　　　술어(동사)　　　　　목적어 了。	나는 겨우 이틀 동안 인터넷을 하지 않았더니, 이렇게 많은 (**A 이메일**)이 있다.

단어 ★才 cái 부 비로소, 겨우 | ★上网 shàngwǎng 동 인터넷을 하다 | 就 jiù 부 곧, 바로 | 这么 zhème 대 이렇게 | 多 duō 형 (수량이) 많다 | (电子)邮件 (diànzǐ) yóujiàn 명 (전자) 우편

실전 트레이닝 1

제1부분

A 没有。怎么了? 有什么重要的新闻吗?

B 是吗? 但是他看起来非常年轻。

C 爸爸, 我什么时候能跟您一样高?

1. 你只有好好吃饭, 多运动, 个子才会长得快。 ( )

2. 小李其实已经37岁了, 孩子也很大了。 ( )

3. 桌子上的报纸你看了吗? ( )

제2부분

A 层	**B** 照片	**C** 留学

4. 这是你儿子的 ( ) 吗? 和你长得真像, 特别是嘴和鼻子。

5. 我和妻子是在北京 ( ) 时认识的。

6. A: 喂, 您的冰箱到了, 一共2000元, 请问您在家吗?

   B: 在, 我在6 ( ) 电梯口这儿等你。

정답 및 해설_ 해설집 44쪽

실전 트레이닝 2

제3부분

1. 我是他弟弟，我哥和朋友去踢足球了，手机忘在家里了，等他回来让
他给你回电话吧。

　　★ 哥哥：

　　A 在打篮球　　　　　B 打扫厨房　　　　　C 忘记带手机了

2. 我其实不太喜欢住一楼，但是为了爸妈进出方便，我最后还是决定买
一层的房子。

　　★ 他为什么买一楼的房子?

　　A 安静　　　　　　B 花钱少　　　　　　C 为爸妈方便

3. 我和我妻子是在火车上认识的。那时候一聊天儿才知道，我们不但都
是上海人，而且都在北京大学读过书。后来她做了我的女朋友，我们
第二年就结婚了。

　　★ 他和妻子：

　　A 是邻居　　　　　B 都没留过学　　　　C 都在北京上过学

4. 小时候，每到夏天的晚上，奶奶就会把桌子搬到院子里的大树下。我
们几个小孩儿就坐在桌子旁边，一边听奶奶讲故事，一边吃西瓜。那
时候的我们是多么快乐啊!

　　★ 他认为自己小时候：

　　A 很聪明　　　　　B 过得很快乐　　　　C 不该吃太多西瓜

정답 및 해설_ 해설집 46쪽

독해 2 접속사의 호응 — 학교, 직장 생활

新HSK에는 이렇게 출제된다! ▼

★ **학교**와 **직장 생활** 토픽은 독해 영역에서 가장 **많은 비중(29%)**을 차지하는데, 독해 제1부분보다는 **제2, 3부분**에 많이 **등장**한다. **모든 토픽 중 출제 비중이 가장 높으므로** HSK 3급 합격을 위해 최우선시해야 한다.

★ 학교와 직장 생활 토픽에는 일상적인 단어 외에 준비, 어려움, 문제, 해결, 결정, 완성과 같은 단어가 등장한다. HSK 1, 2급에는 없는 **추상적인 단어**들이 **활용**되므로 시험에서도 중요하게 다룬다.

★ 독해 영역의 문장과 지문은 **문장과 문장의 관계를 알려 주는 접속사**를 통해서 **문맥**을 빠르게 파악해야 한다. **접속사**를 **힌트**로 정확한 답을 찾아내는 문제가 출제된다.

1 독해 빈출 호응 표현 학습&직업(1)

Track 71

1	做题 zuò tí	문제를 풀다	你好好儿做练习题吧。 Nǐ hǎohāor zuò liànxí tí ba. 연습 문제를 잘 풀어 보세요.
2	准备考试 zhǔnbèi kǎoshì	시험을 준비하다	他准备比较简单的考试。 Tā zhǔnbèi bǐjiào jiǎndān de kǎoshì. 그는 비교적 간단한 시험을 준비한다.
	复习考试 fùxí kǎoshì	시험을 복습하다/준비하다	你一定要好好儿复习考试。 Nǐ yídìng yào hǎohāor fùxí kǎoshì. 너는 꼭 열심히 시험을 준비해야 한다.
3	提高成绩 tígāo chéngjì	성적을 올리다	我要提高历史成绩。 Wǒ yào tígāo lìshǐ chéngjì. 나는 역사 성적을 올려야 한다.
4	问问题 wèn wèntí	문제를 물어보다	我儿子总是问问题。 Wǒ érzi zǒngshì wèn wèntí. 내 아들은 늘 질문을 한다.
5	回答问题 huídá wèntí	문제에 대답하다	请你回答问题。 Qǐng nǐ huídá wèntí. 문제에 답해 주세요.
6	遇到问题 yùdào wèntí	문제에 부딪치다	在工作上，大家都会遇到问题。 Zài gōngzuò shang, dàjiā dōu huì yùdào wèntí. 업무상에서 모두들 문제에 부딪칠 수 있다.

7	解决问题 jiějué wèntí	문제를 해결하다	我相信你能解决问题。 Wǒ xiāngxìn nǐ néng jiějué wèntí. 난 네가 문제를 해결할 수 있을 거라고 믿는다.
8	做决定 zuò juédìng	결정을 하다	让我好好儿想想再做决定。 Ràng wǒ hǎohāor xiǎngxiang zài zuò juédìng. 제가 곰곰이 생각한 후에 결정하게 해주세요.
9	完成工作 wánchéng gōngzuò	일을 완성하다	他一直想完成这些工作。 Tā yìzhí xiǎng wánchéng zhèxiē gōngzuò. 그는 줄곧 이 일들을 끝내고 싶었다.
	完成事情 wánchéng shìqing	일을 완성하다	他还需要完成其他事情。 Tā hái xūyào wánchéng qítā shìqing. 그는 또 다른 일을 완성해야 한다.
10	离开公司 líkāi gōngsī	회사를 떠나다	离开公司的时候要关灯。 Líkāi gōngsī de shíhou yào guān dēng. 회사에서 나올 때 전등을 꺼야 한다.

단어 好好儿 hǎohāor 𝑩 잘, 충분히 | 做 zuò 𝑩 하다 | ★练习 liànxí 𝑩 연습 | 题 tí 𝑩 문제 | 吧 ba 𝑩 ~해라[명령] | 准备 zhǔnbèi 𝑩 준비하다 | ★比较 bǐjiào 𝑩 비교적 | ★简单 jiǎndān 𝑩 간단하다 | 考试 kǎoshì 𝑩 시험 | 要 yào 𝑩 ~해야 한다 | ★提高 tígāo 𝑩 향상시키다 | ★历史 lìshǐ 𝑩 역사 | ★成绩 chéngjì 𝑩 성적 | 儿子 érzi 𝑩 아들 | ★总是 zǒngshì 𝑩 늘, 항상 | 问 wèn 𝑩 묻다 | 问题 wèntí 𝑩 문제 | 请 qǐng 𝑩 (상대가 어떤 일을 하길 바라는 의미로) ~하세요 | ★回答 huídá 𝑩 대답하다 | 在工作上 zài gōngzuò shang 업무상에서, 일적으로 | 大家 dàjiā 𝑩 모두들 | ★遇到 yùdào 𝑩 만나다, 마주치다 | ★相信 xiāngxìn 𝑩 믿다 | 能 néng 𝑩 ~할 수 있다 | ★解决 jiějué 𝑩 해결하다 | 让 ràng 𝑩 (~로 하여금) ~하게 하다 | 想 xiǎng 𝑩 생각하다 𝑩 ~하고 싶다 | 再 zài 𝑩 ~한 뒤에 | ★决定 juédìng 𝑩 결정 | ★一直 yìzhí 𝑩 줄곧 | ★完成 wánchéng 𝑩 완성하다 | 这些 zhèxiē 𝑩 이 몇몇의 | 工作 gōngzuò 𝑩 일 | ★需要 xūyào 𝑩 필요하다 | ★其他 qítā 𝑩 기타, 그 외 | ★离开 líkāi 𝑩 떠나다, 벗어나다 | 公司 gōngsī 𝑩 회사 | …的时候 …de shíhou ~할 때 | ★关 guān 𝑩 (기계를) 끄다 | ★灯 dēng 𝑩 등

공략 트레이닝 1 / 제2부분 /

> A 提高   B 其他   C 成绩

1. 有一个题我不会做，明天去学校问问（　　　　）同学。

2. 经过这段时间的努力，他的汉语水平（　　　　）了不少。

[1] **해설 및 정답** **문제 분석▼** 문장을 해석했을 때 동사(问)와 목적어(同学)가 잘 갖추어져 있다. 따라서 빈칸에는 이 문장의 목적어인 명사(同学)를 꾸밀 수 있는 말이 와야 하므로 보기 **B**가 정답이다.

有一个题我不会做，明天去学校问问 （ B 其他 ）同学。 ↳ 다른 학교(반) 친구	내가 할 줄 모르는 문제가 하나 있어서, 내일 학교에 가서 （ B 다른 ） 애들한테 물어보려고.

단어 题 tí 몡 문제 | 会 huì 조동 ~할 줄 알다 | 明天 míngtiān 몡 내일 | 学校 xuéxiào 몡 학교 | 问 wèn 동 묻다, 질문하다 | ★其他 qítā 때 기타, 그 외 | 同学 tóngxué 몡 학교(반) 친구

---

[2] 해설 및 정답 **문제 분석▼** 문장 중간의 了는 반드시 동사 바로 뒤에 써야 하므로, 보기 **A**가 정답이다.

经过这段时间的努力，他的汉语水平 （ A 提高 ）了不少。 동사了+不少 : 많이 ~했다	그동안의 노력을 통해, 그의 중국어 실력은 많이 （ A 향상되었다 ）.

단어 ★经过 jīngguò 동 (활동·사건을) 경험하다, 거치다 | ★段 duàn 양 얼마간의[일정 기간이나 시간을 세는 단위] | 时间 shíjiān 몡 시간 | ★努力 nǔlì 동 노력하다 | 汉语 Hànyǔ 몡 중국어 | ★水平 shuǐpíng 몡 수준 | ★提高 tígāo 동 향상되다 | 不少 bùshǎo 형 적지 않다, 많다

2 독해 빈출 포인트 접속사&부사

중국어 문장은 여러 개의 절이 콤마(,)로 연결되어 있다. 또한 문장과 문장이 이어져 글 전체의 문맥을 만든다. 따라서 절과 절, 문장과 문장을 잇는 대표적인 성분(접속사/부사)들을 알아 두면 문장이나 글의 흐름을 쉽게 파악할 수 있다.

1. 虽然 A，但是 B suīrán A, dànshì B　　　　(비록) A하지만, 그러나 B하다

虽然我们认识的时间不长，**但是**他在工作上给了我很多帮助。
Suīrán wǒmen rènshi de shíjiān bù cháng, dànshì tā zài gōngzuò shang gěile wǒ hěn duō bāngzhù.
비록 우리가 알아 온 시간은 길지 않지만, 그는 업무상에서 내게 많은 도움을 줬다.

단어 虽然 suīrán 접 비록 ~하지만 | 但是 dànshì 접 그러나, 하지만 | 认识 rènshi 동 (사람·길·글자를) 알다 | 时间 shíjiān 몡 시간 | 长 cháng 형 (길이가) 길다 | 给 gěi 동 주다 | 多 duō 형 (양이) 많다 | 帮助 bāngzhù 몡 도움

2. 不但 A，而且 B búdàn A, érqiě B　　　　A할 뿐만 아니라, 게다가 B하기도 하다

他**不但**工作很认真，**而且**人非常好。
Tā búdàn gōngzuò hěn rènzhēn, érqiě rén fēicháng hǎo.
그는 일도 열심히 할 뿐만 아니라 게다가 사람도 아주 좋다.

★不但 búdàn 젭 ~뿐만 아니라 | ★而且 érqiě 젭 게다가 | 工作 gōngzuò 몡 일 | ★认真 rènzhēn 혱 성실하다, 진지하다 | 非常 fēicháng 뛷 굉장히, 아주

3. 因为 A(원인/이유), 所以 B(결과) yīnwèi A, suǒyǐ B (왜냐하면) A하기 때문에, 그래서 B하다

因为还有人没来，所以我们现在还不能开会。
Yīnwèi hái yǒu rén méi lái, suǒyǐ wǒmen xiànzài hái bù néng kāi huì.
아직 안 온 사람이 있어서, 우리는 지금 회의를 할 수 없습니다.

因为 yīnwèi 젭 왜냐하면 | 还 hái 뛷 아직도 | 所以 suǒyǐ 젭 그래서 | 现在 xiànzài 몡 지금, 현재 | 能 néng 조됭 ~할 수 있다 | 开会 kāi huì 됭 회의를 열다

4. A(결과), (是)因为 B(원인/이유) A, (shì) yīnwèi B A하다, 왜냐하면 B하기 때문이다

我家小猫很喜欢你，可能是因为你每天都照顾它。
Wǒ jiā xiǎomāo hěn xǐhuan nǐ, kěnéng shì yīnwèi nǐ měi tiān dōu zhàogù tā.
우리 집 고양이는 널 좋아해, 아마도 네가 매일 걔를 돌보기 때문일 거야.

家 jiā 몡 집 | 小猫 xiǎomāo 몡 고양이 | 喜欢 xǐhuan 됭 좋아하다 | 可能 kěnéng 뛷 아마(도) | 因为 yīnwèi 젭 왜냐하면 | ★照顾 zhàogù 됭 돌보다

5. 如果 A(가정), (那么)就 B rúguǒ A, (nàme) jiù B 만약 A한다면, (그럼) 곧 B하다

如果你遇到问题，我就帮你。
Rúguǒ nǐ yùdào wèntí, wǒ jiù bāng nǐ.
만약에 네가 문제에 부딪친다면, 내가 널 도울게.

★如果 rúguǒ 젭 만약 (~라면) | 就 jiù 뛷 곧, 바로 | ★遇到 yùdào 됭 만나다, 마주치다 | 问题 wèntí 몡 문제 | 帮 bāng 됭 돕다

6. 为了 A(목적), B wèile A, B A하기 위해서 B하다

为了解决这个问题，他想出了一个好办法。
Wèile jiějué zhège wèntí, tā xiǎngchūle yí ge hǎo bànfǎ.
이 문제를 해결하기 위해서, 그는 좋은 방법 한 가지를 생각해 냈다.

★为了 wèile 개 ~하기 위하여 | ★解决 jiějué 됭 해결하다 | 问题 wèntí 몡 문제 | 想出 xiǎngchū 생각해 내다 | ★办法 bànfǎ 몡 방법

7. A是为了B(목적) A shì wèile B　　　　　　A하는 것은 B하기 위함이다

他每天早上都做运动是为了身体健康。
Tā měi tiān zǎoshang dōu zuò yùndòng shì wèile shēntǐ jiànkāng.
그가 매일 아침에 운동하는 것은 건강하기 위해서다.

단어 早上 zǎoshang 명 아침 | 运动 yùndòng 명 운동 | 是为了 shì wèile ~하기 위해서 | 身体 shēntǐ 명 몸,
신체 | ★健康 jiànkāng 형 건강하다

8. 除了A(以外)，都B chúle A (yǐwài), dōu B　　　　A를 제외하고, 모두 B하다

除了王经理，其他人都到了。
Chúle Wáng jīnglǐ, qítā rén dōu dào le.
왕 사장님을 제외하고, 다른 사람들은 모두 왔다.

단어 ★除了 chúle 개 ~를 제외하고 | ★经理 jīnglǐ 명 사장, 책임자 | ★其他 qítā 대 다른, 그 밖의

9. 先A，然后B xiān A, ránhòu B　　　　　　먼저 A하고, 그런 다음에 B하다

先完成这件事情，然后休息吧。
Xiān wánchéng zhè jiàn shìqing, ránhòu xiūxi ba.
먼저 이 일을 끝내고 난 후에 쉽시다.

단어 ★先 xiān 부 먼저 | ★然后 ránhòu 접 그런 다음에 | ★完成 wánchéng 동 완성하다 | 事情 shìqing 명 일,
사건 | 件 jiàn 양 건[일 등을 세는 단위] | 休息 xiūxi 동 쉬다, 휴식하다 | 吧 ba 조 ~하자[제안]

10. A或者B A huòzhě B　　　　　　A 혹은(아니면) B

我们去一楼或者去二楼开会吧。
Wǒmen qù yī lóu huòzhě qù èr lóu kāi huì ba.
우리 1층이나 2층에 가서 회의합시다.

단어 ★楼 lóu 양 층 | ★或者 huòzhě 접 ~거나, 혹은

---

1. 虽然我和小张以前是一个班的，但是我对他了解不多。今天，我跟他聊了很久，才发现他说话很有意思，人也非常好。

   ★ 他和小张：

   A 是同学　　　　　B 年级不一样　　　　　C 以前关系很好

2. 小白，这个选择对你来说非常重要，别人的话你可以听一听，但你要记住，最后做决定的人是你自己。

   ★ 说话人认为小白应该：

   A 回答问题　　　　B 认真地学习　　　　C 自己做决定

---

[1] 해설 및 정답　　**문제 분석▼** '같은 반이다(是一个班的)'는 '반 친구(同学)'라는 것을 의미하므로, 보기 **A**가 정답이다.

虽然我和小张以前是一个班的，但是我对他了解不多。今天，我跟他聊了很久，才发现他说话很有意思，人也非常好。

<small>비록 ~하지만, 그러나 ~하다</small>
<small>~에 대해 잘 알다</small>

나와 샤오장은 전에 같은 반이었지만, 걔에 대해서 아는 것이 많지 않았다. 오늘 나는 그와 이야기를 오래 한 후에서야, 그가 말을 재미있게 하고 사람도 매우 좋다는 것을 알게 되었다.

★ 他和小张：

A 是同学

B 年级不一样

C 以前关系很好

★ 그와 샤오장은：

A 반 친구였다

B 학년이 같지 않다

C 예전에 관계가 아주 좋았다

단어 虽然 suīrán 웹 비록 ~하지만(일지라도) | ★以前 yǐqián 몡 이전 | ★班 bān 몡 학급, 반 | 但是 dànshì 웹 그러나 | 对 duì 께 ~에 대해(서), ~에 대하여 | ★了解 liǎojiě 동 분명히 알다, 잘 알다 | 今天 jīntiān 몡 오늘 | ★跟 gēn 께 ~와 | 聊 liáo 동 수다를 떨다 | ★久 jiǔ 혱 (시간이) 오래되다 | ★才 cái 뮈 비로소, 겨우 | ★发现 fāxiàn 동 발견하다 | 说话 shuōhuà 동 말을 하다 | 有意思 yǒu yìsi 혱 재미있다 | 也 yě 뮈 ~도 역시 | 非常 fēicháng 뮈 굉장히, 아주 | 同学 tóngxué 몡 학교(반) 친구 | ★年级 niánjí 몡 학년 | ★一样 yíyàng 혱 같다, 동일하다 | ★关系 guānxi 몡 관계

[2] 해설 및 정답 **문제 분석▼** 샤오바이(小白)에게 '마지막에 결정하는 사람은 너 자신이다(最后做决定的人是
你自己)'라고 했으므로 샤오바이(小白)는 스스로 결정해야 한다. 따라서 보기 C가 정답이다.

小白，这个选择对你来说非常重
要，别人的话你可以听一听，但你要记
住，最后做决定的人是你自己。

★ 说话人认为小白应该：

A 回答问题

B 认真地学习

C 自己做决定

샤오바이, 이 선택은 너에게 아주 중요해. 다른
사람의 말을 들어 볼 수는 있지만, 마지막에 결정하
는 사람은 너 자신이라는 걸 기억해야 해.

★ 말하는 이는 샤오바이가：

A 문제에 대답해야 한다

B 열심히 공부해야 한다

C 스스로 결정해야 한다

단어 ★选择 xuǎnzé 통 고르다, 선택하다 | 对…来说 duì…lái shuō ~에게 있어서, ~의 입장에서 보면 | 非常
fēicháng 부 굉장히, 아주 | ★重要 zhòngyào 형 중요하다 | ★别人 biéren 때 남, 타인 | 话 huà 명 말 | 可
以 kěyǐ 조동 ~할 수 있다, ~해도 된다 | 听 tīng 통 듣다 | 但 dàn 접 그러나 | 要 yào 조동 ~해야 한다 | 记
住 jìzhu 통 확실히 기억해 두다 | ★最后 zuìhòu 명 제일 마지막, 결국 | 做 zuò 통 하다 | ★决定 juédìng 명
통 결정(하다) | ★自己 zìjǐ 때 자기, 자신, 스스로 | 说话 shuōhuà 통 말을 하다 | ★认为 rènwéi 통 ~라고
생각하다, 여기다 | 应该 yīnggāi 조동 마땅히 ~해야 한다 | ★回答 huídá 통 대답하다 | 问题 wèntí 명 문제 |
★认真 rènzhēn 형 성실하다, 진지하다 | 学习 xuéxí 통 공부하다

문제 적응 훈련

| 실전 트레이닝 1 |

제1부분

A 先复习上次学过的几个句子，然后做了做练习题。

B 喂，校长，有一位姓王的先生找您。

C 老师，我怎样做才能提高数学成绩呢?

1. 我昨天感冒没去上课，老师都讲什么了?　　　　　　　(　　　)

2. 你先带他去我的办公室，我马上就过去。　　　　　　(　　　)

3. 你上课时要认真，课下多做练习。　　　　　　　　(　　　)

제2부분

A 复习	B 清楚	C 如果

4. 你坐得那么远，能看(　　　)黑板上的字吗?

5. 今天先练到这儿，记得好好(　　　)考试。

6. A: 爸爸，骑马是不是很难学?

   B: 不难，(　　　)你想学，爸爸教你。

정답 및 해설_ 해설집 48쪽

| 실전 트레이닝 2 |

제3부분

1. 今天上班的路上，我遇到了以前教我们历史的老师，就跟他聊了几句，也没注意时间，差点儿就迟到了。

   ★ 他今天遇到谁了?

   A 历史老师　　　　**B** 班上的同学　　　　**C** 以前的校长

2. 哥哥每周要上七八个小时的游泳课，每次上课他都学得非常认真。现在，哥哥的游泳水平已经有了很大的提高。

   ★ 关于哥哥，可以知道:

   A 不会游泳　　　　**B** 不喜欢运动　　　　**C** 学游泳很认真

3. 为了准备今天上午的考试，我昨天很晚才睡，早上起床后发现跟熊猫的眼睛一样。

   ★ 他昨天为什么很晚才睡?

   A 看电视　　　　**B** 准备考试　　　　**C** 打扫房间

4. 小张，别难过，回去再认真练习练习，我相信下次你一定能做得更好。

   ★ 根据这段话，小张现在:

   A 是老师　　　　**B** 很难过　　　　**C** 不能上课了

정답 및 해설_ 해설집 50쪽

학습일 ____/____

독해

3 형용사의 호응 학교, 직장 생활

新HSK에는 이렇게 출제된다! ▼

★ **학교**와 **직장 생활 토픽**은 출제 비중이 높은 만큼 다양한 명사, 동사 그리고 형용사가 활용된다. 따라서 HSK 3급에 새롭게 등장하는 **추상적인 명사를 자주 호응하는 형용사와 묶어서 공부**하면 큰 도움이 된다.

★ 문장 안의 형용사는 정도부사와 함께 써서 그 상태가 어느 정도인지 정확하게 나타내는 경우가 많다. 따라서 독해 영역에서도 **정도부사를 힌트로 형용사의 필요성을 유추**해 내도록 출제된다.

1 독해 빈출 호응 표현 학습&직업(2)

Track 72

1	学习努力 xuéxí nǔlì	공부를 열심히 하다	他学习很努力。 Tā xuéxí hěn nǔlì. 그는 공부를 매우 열심히 한다.
2	工作认真 gōngzuò rènzhēn	일을 열심히 하다	爸爸工作非常认真。 Bàba gōngzuò fēicháng rènzhēn. 아버지께서는 일을 굉장히 열심히 하신다.
3	影响大 yǐngxiǎng dà	영향이 크다	历史成绩对我影响不大。 Lìshǐ chéngjì duì wǒ yǐngxiǎng bú dà. 역사 성적은 나에게 영향이 크지 않다.
4	要求高 yāoqiú gāo	기대치가 높다	妈妈对我要求太高了。 Māma duì wǒ yāoqiú tài gāo le. 엄마는 나에게 기대치가 너무 높다.
5	选择重要 xuǎnzé zhòngyào	선택이 중요하다	你的每个选择都很重要。 Nǐ de měi ge xuǎnzé dōu hěn zhòngyào. 너의 모든 선택이 다 중요하다.
6	做题容易 zuò tí róngyì	문제를 푸는 것이 쉽다	做这些数学题特别容易。 Zuò zhèxiē shùxué tí tèbié róngyì. 이 수학 문제들을 푸는 건 엄청 쉽다.
7	声音大 shēngyīn dà	소리가 크다	手机声音有点儿大。 Shǒujī shēngyīn yǒudiǎnr dà. 휴대폰 소리가 좀 크다.
8	环境不错 huánjìng búcuò	환경이 좋다	我们公司环境不错。 Wǒmen gōngsī huánjìng búcuò. 우리 회사는 환경이 좋다.

□□ 9	水平高 shuǐpíng gāo	수준이 높다	我的汉语水平不太高。 Wǒ de Hànyǔ shuǐpíng bú tài gāo. 나의 중국어 수준은 그다지 높지 않다.
□□ 10	工作简单 gōngzuò jiǎndān	일이 간단하다	这里的工作比较简单。 Zhèlǐ de gōngzuò bǐjiào jiǎndān. 이곳의 일은 비교적 간단하다.

단어 学习 xuéxí 동 공부하다 | ★努力 nǔlì 동 노력하다 | 工作 gōngzuò 명 일 | 非常 fēicháng 부 굉장히, 아주 | ★认真 rènzhēn 형 성실하다, 진지하다 | ★历史 lìshǐ 명 역사 | ★成绩 chéngjì 명 성적 | 对 duì 개 ~에 대하여 | ★影响 yǐngxiǎng 명 영향 | 大 dà 형 크다 | ★要求 yāoqiú 명 요구 | 高 gāo 형 높다 | 每 měi 대 모든, 매, ~마다 | ★选择 xuǎnzé 명 선택 | 这些 zhèxiē 대 이 몇몇의 | ★数学 shùxué 명 수학 | 题 tí 명 문제 | ★特别 tèbié 부 특히 | ★容易 róngyì 형 쉽다 | 手机 shǒujī 명 휴대폰 | ★声音 shēngyīn 명 소리 | 有点儿 yǒudiǎnr 부 조금, 약간[부정적인 어투가 강함] | 公司 gōngsī 명 회사 | ★环境 huánjìng 명 환경 | 不错 búcuò 형 좋다, 괜찮다 | 汉语 Hànyǔ 명 중국어 | 水平 shuǐpíng 명 수준, 능력 | 不太 bú tài 부 그다지 ~하지 않다 | ★这里 zhèlǐ 대 이곳, 여기 | ★比较 bǐjiào 부 비교적 | ★简单 jiǎndān 형 간단하다

공략 **트레이닝 1** / 제3부분 /

1. 小王不但学习努力，而且人也很热情，很愿意帮助有需要的同学，所以才来新学校一个星期，大家就都认识他了。

★ 关于小王，可以知道：

A 是新来的   B 学习不认真   C 不愿意帮助别人

2. 小李最近换了一家新公司，虽然每天都很忙，但他从没说过累，因为他觉得自己是在做喜欢的事情。

★ 根据这段话，小李：

A 经常迟到   B 喜欢新工作   C 遇到了问题

[1] 해설 및 정답 **문제 분석▼** 샤오왕(小王)이 새 학교에 온 지 겨우(才) 일주일 되었다고 했으므로, 그가 새로 온 사람이라는 것을 알 수 있다. 따라서 보기 **A**가 정답이다.

小王 不但学习努力，而且 人也很热
　　　~할 뿐만 아니라, 게다가 ~하다
情，很愿意帮助有需要的同学，所以才来
　　　　　　　　　　　　　　　　그래서[+결과]
新学校一个星期，大家就都认识他了。

샤오왕은 공부를 열심히 할 뿐 아니라 사람도 아주 친절해서, 도움이 필요한 반 친구들을 기꺼이 도와준다. 그래서 새 학교에 온 지 일주일 만에, 모두들 그를 알게 되었다.

★ 关于 小王 ，可以知道：

A 是新来的

B 学习不认真

C 不愿意帮助别人

★ 샤오왕에 대하여 알 수 있는 것은:

A 새로 온 사람이다

B 열심히 공부하지 않는다

C 다른 사람을 도와주길 원치 않는다

(단어) ★不但…而且… búdàn…érqiě… 접 ~할 뿐만 아니라 게다가 ~까지 하다 | ★努力 nǔlì 동 노력하다 | 也 yě 부 ~도 역시 | ★热情 rèqíng 형 친절하다 | ★愿意 yuànyì 동 바라다, 원하다 | 帮助 bāngzhù 동 돕다 | ★需要 xūyào 동 필요로 하다, 요구되다 | ★同学 tóngxué 명 학교(반) 친구 | 所以 suǒyǐ 접 그래서 | ★才 cái 부 비로소, 겨우 | 来 lái 동 오다 | 一个星期 yí ge xīngqī 일주일 | 大家 dàjiā 대 모두들, 여러분 | 就 jiù 부 곧, 바로 | 都 dōu 부 모두, 다 | 认识 rènshi 동 (사람·길·글자를) 알다 | 可以 kěyǐ 조동 ~할 수 있다 | 知道 zhīdào 동 알다, 이해하다 | 新来 xīnlái 동 새로 오다 | ★别人 biéren 대 남, 타인

[2] (해설 및 정답) **문제 분석▼** 샤오리(小李)는 '회사를 바꿨다(换公司)'고 하고, '좋아하는 일을 하고 있다(在做喜欢的事情)'고 생각한다고 했으므로 새로운 일을 좋아한다는 것을 알 수 있다. 따라서 보기 **B** 가 정답이다.

小李 最近换了一家新公司，虽然每
天都很忙，但他从没说过累，因为他觉得
自己是在做喜欢的事情。

비록 ~하지만, 그러나 ~하다
여태껏 ~한 적 없다   왜냐하면[+원인/이유]

샤오리는 최근 새로운 회사로 옮겼다. 비록 매일 바쁘지만, 그는 힘들다는 말을 한 적이 없다. 왜냐하면 그는 자신이 좋아하는 일을 하고 있다고 생각하기 때문이다.

★ 根据这段话， 小李 ：

A 经常迟到

B 喜欢新工作

C 遇到了问题

★ 이 글에 근거하면 샤오리는:

A 자주 지각한다

B 새로운 일자리를 좋아한다

C 문제에 부딪혔다

(단어) ★最近 zuìjìn 명 최근, 요즘 | ★换 huàn 동 바꾸다, 교환하다 | 家 jiā 양 가게·상점 등을 세는 단위 | 新 xīn 형 새롭다 | 公司 gōngsī 명 회사 | 虽然…但… suīrán…dàn… 접 비록 ~하지만(일지라도) 그러나 ~하다 | 从没…过 cóng méi…guo 여태껏 ~한 적 없다 | 说 shuō 동 말하다 | 累 lèi 형 피곤하다, 힘들다 | 因为 yīnwèi 접 왜냐하면 | 觉得 juéde 동 ~라고 생각하다, 여기다 | ★自己 zìjǐ 대 자기, 자신, 스스로 | 做 zuò 동 하다 | 喜欢 xǐhuan 동 좋아하다 | 事情 shìqing 명 일, 사건 | ★根据 gēnjù 개 ~에 근거하여 | ★段 duàn 양 단락[사물의 한 부분을 나타냄] | ★经常 jīngcháng 부 자주, 언제나 | ★迟到 chídào 동 지각하다 | ★遇到 yùdào 동 만나다, 마주치다 | 问题 wèntí 명 문제

2 독해 빈출 포인트 정도부사&형용사

/. 정도부사

정도부사는 형용사나 심리감정동사 앞에 쓰여 상태의 정도를 강조하는 역할을 한다. 따라서 정도부사가 등장하면 그 뒤에 형용사나 심리감정동사가 있을 것이라고 예상할 수 있다. 독해 제2부분에서는 형용사가 제시어로 많이 등장하는데, 형용사가 정답일 경우 대부분 빈칸 앞에 정도부사가 있다. 따라서 정도부사는 뒤에 형용사가 필요함을 암시하는 중요한 힌트가 된다.

他很喜欢看书。 그는 책 읽는 것을 매우 좋아한다.
Tā hěn xǐhuan kàn shū.

今天的会议太长了。 오늘의 회의는 너무 길다.
Jīntiān de huìyì tài cháng le.

단어 看 kàn 동 보다 | 书 shū 명 책 | ★会议 huìyì 명 회의 | 长 cháng 형 (길이가) 길다

힌트가 되는 정도부사 ✗독해 제2부분 문제에 힌트로 자주 등장한 정도부사 ◀ 필수체크

□□ 很 hěn 매우	□□ 非常 fēicháng 굉장히, 아주
□□ 太 tài 너무, 몹시	□□ 特别 tèbié 특히 ✱
□□ 真 zhēn 정말, 진짜	□□ 比较 bǐjiào 비교적 ✱
□□ 有点儿 yǒudiǎnr 조금, 약간[부정적인 어투가 강함]	□□ 最 zuì 가장, 제일
□□ 更 gèng ✱ | 还 hái 더, 더욱	□□ 越来越 yuèláiyuè 점점, 갈수록

2. 형용사

형용사는 사람, 사물, 상황의 상태를 묘사하는 의미를 가지고 있다. 보통 주어에 따라 그에 적절한 형용사가 함께 쓰이므로, 문장을 볼 때 '누가/무엇이(주어)+〜하다(형용사)'에 주의하고, 그 밖에 다양한 형용사 표현들도 기억하자.

🗂 시험에 출제되는 형용사 ✗ 필수체크

□□ **选择**难 xuǎnzé nán 선택이 어렵다	□□ 旧鞋 jiù xié 오래된 신발, 낡은 신발
□□ **时间**短 shíjiān duǎn 시간이 짧다	□□ **事情**奇怪 shìqing qíguài 일이 이상하다
□□ **事情**重要 shìqing zhòngyào 일이 중요하다	□□ **问题**简单 wèntí jiǎndān 문제가 간단하다
□□ **考试**简单 kǎoshì jiǎndān 시험이 간단하다	□□ **牛奶**坏(了) niúnǎi huài (le) 우유가 상했다
□□ **办法**相同 bànfǎ xiāngtóng 방법이 (서로) 같다	□□ 脚疼 jiǎo téng 발이 아프다
□□ 腿疼 tuǐ téng 다리가 아프다	□□ **年轻**人 niánqīngrén 젊은이, 젊은 사람
□□ 健康**的身体** jiànkāng de shēntǐ 건강한 몸	□□ 吃饱 chībǎo 먹고 배부르다, 배부르게 먹다
□□ 饱 bǎo (배가) 부르다	□□ 满意 mǎnyì 만족하다, 마음에 들다
□□ 渴 kě (목이) 마르다	□□ 有名 yǒumíng 유명하다
□□ 难过 nánguò 괴롭다, 슬프다	□□ 清楚 qīngchu 분명하다
□□ **看**清楚 kàn qīngchu 보고 분명하다, 분명하게 보다	□□ **听**清楚 tīng qīngchu 들어서 분명하다, 분명하게 듣다

A 短	B 重要	C 总是

1. 他每天（　　　　）第一个到公司，最后一个离开。

2. 这次会议的时间比较（　　　　），大家就简单说说吧。

---

[1] 해설 및 정답 **문제 분석▼** 부사 **总是**는 '늘, 항상'이라는 뜻으로 주어 뒤 또는 술어 앞에 쓰고, 의미상 '늘 첫 번째로 회사에 온다'는 표현이 적절하므로 보기 C가 정답이다.

他每天（ **C 总是** ）第一个到公司，最后一个离开。	그는 매일（ **C 늘** ）첫 번째로 회사에 도착해서, 마지막으로 떠난다.

단어 每天 měi tiān 매일 | ★总是 zǒngshì 🖫 늘, 항상 | 第一个 dì-yī ge 🖫 첫 번째, 맨 처음 | 到 dào 🖫 도착하다, 이르다 | 公司 gōngsī 🖫 회사 | ★最后 zuìhòu 🖫 제일 마지막, 결국 | ★离开 líkāi 🖫 떠나다, 벗어나다

---

[2] 해설 및 정답 **문제 분석▼** 부사 **比较**는 '비교적 (~한 편이다)'라는 뜻으로 형용사나 심리감정동사 앞에 써서 상태의 정도를 강조한다. 따라서 빈칸에 형용사 短을 쓰고 '比较短(비교적 짧다)'라는 표현을 완성하면 자연스럽다.

这次会议的时间比较（ **A 短** ），大家就简单说说吧。	이번 회의 시간은 비교적（ **A 짧아요** ），여러분 간단하게 이야기해 봅시다.

단어 ★会议 huìyì 🖫 회의 | 时间 shíjiān 🖫 시간 | ★比较 bǐjiào 🖫 비교적 | ★短 duǎn 🖲 짧다 | 大家 dàjiā 🖫 모두들, 여러분 | 就 jiù 🖫 곧, 바로 | ★简单 jiǎndān 🖲 간단하다 | 说 shuō 🖫 말하다

| 실전 트레이닝 1 |

제1부분

A 除了一位请假的同事，其他人都到了。

B 他可能不在办公室，你打他手机试试。

C 我不这么认为，我相信我们可以做到。

1. 奇怪，小张怎么一直不接电话?　　　　　　　　　(　　)

2. 要在这么短的时间里完成工作，还是比较难的。　(　　)

3. 大家都到了吗?　　　　　　　　　　　　　　　(　　)

제2부분

A 一直	**B** 完成	**C** 灯

4. 做好事不难，难的是(　　　)做下去。

5. 最后离开公司的同事不要忘了关(　　　)。

6. A: 小白，上次让你做的那件事情怎么样了?

   B: 您放心，经理，这个周末前就能(　　　)。

정답 및 해설_ 해설집 53쪽

실전 트레이닝 2

제3부분

1. 喂，我来这边主要是为了工作上的事情，忙完就马上回去，下次有机会再找你吃顿饭。

★ 他们这次：

A 都不太忙　　　　B 没时间见面　　　　C 打算一起玩儿

2. 今天会议上大家说的那两个办法，我同意试试第一个，因为它能更快地解决问题。

★ 他觉得第一个办法：

A 影响很大　　　　B 需要很长时间　　　　C 解决问题更快

3. 弟弟在一家电脑公司上班。他告诉我们那儿环境不错，同事也都很热情，他很喜欢现在的工作，会努力把它做好。

★ 根据这段话，可以知道弟弟：

A 工作不努力　　　　B 对公司很满意　　　　C 喜欢安静的环境

4. 这件事来得太突然了，我心里一点儿准备也没有，希望你能给我点儿时间，让我好好想想再做决定。

★ 说话人是什么意思？

A 都准备好了　　　　B 要求非常高　　　　C 需要时间想想

독해

4 동사의 호응 상점, 식당

新HSK에는 이렇게 출제된다! ▼

★ **상점**과 **식당** 토픽은 독해 영역에서 **상당 비중(27%)**을 차지한다. 독해 **제1, 2부분**에는 **상점** 관련 호응 표현이 많이 등장하고, 독해 **제2, 3부분**에는 **식당** 관련 호응 표현이 많이 출제된다.

★ **상점**과 **식당** 토픽에는 **선택, 구매, 결제, 주문, 평가, 기호**와 관련하여 다양한 명사, 동사, 형용사의 호응 표현이 등장한다.

★ 동사는 문장의 중심 기둥과 같아서, 중국어는 **동사**를 중심으로 **앞에는 주어**, **뒤에는 목적어**가 호응하여 기본 문장을 완성한다. 따라서 독해 영역에서도 동사를 묻는 문제가 많이 출제된다.

1 독해 빈출 호응 표현 상점

Track 73

번호	표현	뜻	예문
1	用信用卡 yòng xìnyòngkǎ	신용카드를 사용하다	这儿不能用信用卡。 Zhèr bù néng yòng xìnyòngkǎ. 여기에서는 신용카드를 사용할 수 없다.
1	刷信用卡 shuā xìnyòngkǎ	신용카드를 긁다	这里可以刷信用卡。 Zhèlǐ kěyǐ shuā xìnyòngkǎ. 이곳에서는 신용카드를 긁을 수 있다.
2	带钱 dài qián	돈을 지니다	对不起，我没带钱。 Duìbuqǐ, wǒ méi dài qián. 미안한데, 나 돈을 안 가져왔어.
3	去商店 qù shāngdiàn	상점에 가다	你要不要跟我一起去商店？ Nǐ yào bu yào gēn wǒ yìqǐ qù shāngdiàn? 나와 함께 상점에 갈래?
4	买东西 mǎi dōngxi	물건을 사다, 쇼핑을 하다	我想买东西。 Wǒ xiǎng mǎi dōngxi. 나는 물건을 사고 싶다.
5	送礼物 sòng lǐwù	선물을 주다	我要送他礼物。 Wǒ yào sòng tā lǐwù. 나는 그에게 선물을 주려고 한다.
6	价格贵 jiàgé guì	가격이 비싸다	这里的价格很贵。 Zhèlǐ de jiàgé hěn guì. 여기 가격이 비싸다.

7	**商店便宜** shāngdiàn piányi	상점이 저렴하다	这家商店比较便宜。 Zhè jiā shāngdiàn bǐjiào piányi. 이 상점은 비교적 저렴하다.
8	**衣服好看** yīfu hǎokàn	옷이 예쁘다	这件衣服很好看。 Zhè jiàn yīfu hěn hǎokàn. 이 옷은 매우 예쁘다.
9	**裤子长** kùzi cháng	바지가 길다	那条裤子有点儿长。 Nà tiáo kùzi yǒudiǎnr cháng. 그 바지는 좀 길다.
10	**旧鞋** jiù xié	낡은 신발	这是一双旧鞋。 Zhè shì yì shuāng jiù xié. 이것은 낡은 신발 한 켤레이다.

단어 不能 bù néng ~할 수 없다 | ★用 yòng 통 사용하다 | ★信用卡 xìnyòngkǎ 명 신용카드 | 对不起 duìbuqǐ 미안해요, 죄송해요 | 没(有) méi(yǒu) 부 ~하지 않았다 | ★带 dài 통 (몸에) 지니다, 가지다 | 钱 qián 명 돈 | ★跟 gēn 개 ~와 | 一起 yìqǐ 같이, 함께 | 商店 shāngdiàn 명 상점, 가게 | 想 xiǎng 조동 ~하고 싶다 | 买 mǎi 통 사다 | 东西 dōngxi 명 물건 | 送 sòng 통 선물하다, 주다 | ★礼物 lǐwù 명 선물 | 价格 jiàgé 명 가격 | 贵 guì 형 (가격이) 비싸다 | 商店 shāngdiàn 명 상점, 가게 | ★比较 bǐjiào 부 비교적 | 便宜 piányi 형 (값이) 싸다 | 件 jiàn 양 벌[옷 등을 세는 단위] | 衣服 yīfu 명 옷 | 好看 hǎokàn 형 예쁘다, 보기 좋다 | ★条 tiáo 양 바지·치마를 세는 단위 | ★裤子 kùzi 명 바지 | 有点儿 yǒudiǎnr 부 조금, 약간[부정적인 어투가 강함] | 长 cháng 형 (길이가) 길다 | ★双 shuāng 양 쌍, 켤레[쌍이나 짝을 이룬 물건을 세는 단위] | ★旧 jiù 형 낡다, 오래되다 | ★鞋 xié 명 신발

A 这家商店不能用信用卡。

B 还不错，但我觉得那条红色的更漂亮，你去试试。

1. 你看这件黑色的衣服怎么样?   (   )

2. 你带钱了吗? 先借我400块，好不好?   (   )

---

[1] 해설 및 정답   **문제 분석▼** 이 검은색 옷(这件黑色的衣服)이 어떠냐는 질문에는 '그럭저럭 괜찮다(还不错)' 는 긍정적인 대답과 '저 빨간 것(那条红色的)'도 입어 보라는 반응이 적절하다. 따라서 보기 **B**가 정답이다.

A: ❶你看这件黑色的衣服怎么样?
~는 어때?[상대방의 의사를 묻는 질문]

B: ❶还不错，但我觉得那条红色的更漂亮，
你去试试。

A: ❶ 네가 볼 때 이 검은색 옷은 어때?

B: ❶ 괜찮네, 근데 저 빨간색이 더 예쁜 것 같아, 한번 입어 봐.

단어 看 kàn 동 보다 | ★件 jiàn 양 벌[옷이나 상의를 세는 단위] | 黑色 hēisè 명 검은색 | 衣服 yīfu 명 옷 | 怎么样 zěnmeyàng 대 어떠하다 | 还 hái 부 그럭저럭, 꽤, 비교적 | 不错 búcuò 형 좋다, 괜찮다 | 但 dàn 접 그러나 | 觉得 juéde 동 ~라고 생각하다, 여기다 | 红色 hóngsè 명 빨간색 | ★更 gèng 부 더, 더욱 | 漂亮 piàoliang 형 예쁘다 | 去 qù 동 가다 | ★试 shì 동 시험 삼아 해보다, 시도하다

---

[2] 해설 및 정답   **문제 분석▼** 현금 400위안을 빌려 달라고 말하는 상황은 상점이나 식당에서 신용카드가 안 될 때(보기 A)를 떠오르게 하므로 서로 연결하기 적절하다.(*이 대화문은 한 사람이 하는 말로도 해석이 가능하다.)

A: ❹这家商店不能用信用卡。
~할 수 없다[상황적, 시간적 여건이 안 됨]

B: ❷你带钱了吗? 先借我400块，好不好?
~하는 거 어때?

A: ❹ 이 가게는 신용카드가 안 돼.

B: ❷ 너 돈 가져왔어? 우선 나에게 400위안 빌려 줄 수 있어?

단어 家 jiā 양 가게·상점 등을 세는 단위 | 商店 shāngdiàn 명 상점, 가게 | 能 néng 조동 ~할 수 있다 | ★用 yòng 동 사용하다, 쓰다 | ★信用卡 xìnyòngkǎ 명 신용카드 | ★带 dài 동 (몸에) 지니다 | 钱 qián 명 돈 | ★先 xiān 부 먼저 | ★借 jiè 동 빌리다 | 块 kuài 양 위안[중국 화폐의 기본 단위]

2 독해 빈출 포인트 동사

동사는 문장의 중심이고 목적어(명사)와 호응하여 쓴다. 보통 주어와 목적어에 따라 그에 적절한 동사가 함께 쓰이므로 중국어 문장을 볼 때 '누가/무엇이(주어)+~하다(동사)+누구를/무엇을(목적어)'에 주의하고, 그 밖에 다양한 동사 표현들도 기억하자.

他每个星期一都要参加会议。 그는 매주 월요일마다 회의에 참가해야 한다.
Tā měi ge xīngqīyī dōu yào cānjiā huìyì.

단어 每 měi 때 매, ~마다 | 星期一 xīngqīyī 월요일 | ★参加 cānjiā 통 참가하다 | ★会议 huìyì 명 회의

🗂 시험에 출제되는 동사 ✎ 필수체크

□□ 骑马 qí mǎ 말을 타다	□□ 像妈妈 xiàng māma 엄마를 닮다
□□ 过生日 guò shēngrì 생일을 지내다	□□ 讲故事 jiǎng gùshi 이야기를 하다
□□ 带好东西 dàihǎo dōngxi 물건을 잘 챙기다	□□ 花钱 huā qián 돈을 쓰다
□□ 发电子邮件 fā diànzǐ yóujiàn 이메일을 보내다	□□ 检查作业 jiǎnchá zuòyè 숙제를 검사하다
□□ 复习考试 fùxí kǎoshì 시험을 복습하다/준비하다	□□ 记得复习 jìde fùxí 복습하는 걸 기억하다
□□ 想办法 xiǎng bànfǎ 방법을 생각하다	□□ 完成事情 wánchéng shìqing 일을 완성하다
□□ 解决问题 jiějué wèntí 문제를 해결하다	□□ 回答问题 huídá wèntí 문제에 대답하다
□□ 提高成绩 tígāo chéngjì 성적을 향상시키다	□□ 提高水平 tígāo shuǐpíng 수준을 향상시키다
□□ 结束会议 jiéshù huìyì 회의를 마치다	□□ 参加会议 cānjiā huìyì 회의에 참가하다
□□ 举行比赛 jǔxíng bǐsài 경기를 개최하다	□□ 飞机起飞 fēijī qǐfēi 비행기가 이륙하다
□□ 放 fàng 놓다, 두다	□□ 相信 xiāngxìn 믿다
□□ 欢迎 huānyíng 환영하다	□□ 打算 dǎsuan 계획하다
□□ 注意 zhùyì 주의하다	□□ 在…见面 zài…jiànmiàn ~에서 만나다
□□ 在…留学 zài…liúxué ~에서 유학하다	□□ 对…了解 duì…liǎojiě ~에 대해 잘 알다

A 注意　　B 带　　C 或者

1. 请（　　　）好您的东西，欢迎下次再来。

2. A: 天气太热了！我很渴，你呢？

B: 我也是，我们去商店（　　　）超市买瓶饮料喝吧。

---

[1] 해설 및 정답

문제 분석▼ 동사 请은 본래 '청하다, 부탁하다'라는 뜻으로 뒤에 또 다른 동사가 있어서 '~하기를 청하다, 부탁하다'라고 써야 한다. 이 문장에서 명사 **东西** 앞에도 동사가 필요하므로 빈칸 안에 带를 써서 '请带东西(물건을 챙기세요)'라는 표현을 완성한다.

请（ **B 带** ）好您的**东西**，欢迎下次再　　　　　　물건을 잘 (**B 챙기시고**), 다음에 또 오세요.
　　　동사　　　　　　　목적어
来。

단어 请 qǐng 동 ~하세요, 청하다, 부탁하다 | ★带 dài 동 지니다, 챙기다 | 东西 dōngxi 명 물건, 것 | 欢迎 huānyíng 동 환영하다 | 下次 xiàcì 명 다음 번 | 再 zài 부 또, 다시 | 来 lái 동 오다

---

[2] 해설 및 정답

문제 분석▼ 或者는 'A或者B(A 혹은 B)' 형식으로 쓰여 'A와 B 둘 중에 하나'를 의미한다. 따라서 이 문장에서는 '商店或者超市(가게 혹은 슈퍼마켓)'이라고 할 수 있으므로 보기 C가 정답이다.

A: 天气太热了！我很渴，你呢？

B: 我也是，我们去商店（ **C 或者** ）超市
　　　　　　　　　　　A或者B : A 혹은 B
买瓶饮料喝吧。

A: 날씨가 너무 덥다! 나는 정말 목마른데, 너는?

B: 나도 그래, 우리 가게 (**C 혹은**) 슈퍼마켓에 가서 음료수를 사서 마시자.

단어 天气 tiānqì 명 날씨 | 太 tài 부 너무, 지나치게 | 热 rè 형 덥다 | ★渴 kě 형 목마르다 | 去 qù 동 가다 | 商店 shāngdiàn 명 상점, 가게 | ★或者 huòzhě 접 ~거나, 혹은 | ★超市 chāoshì 명 슈퍼마켓 | 买 mǎi 동 사다 | 瓶 píng 양 병 | ★饮料 yǐnliào 명 음료 | 喝 hē 동 마시다

문제 적용 훈련

학습일 _____ / _____

맞은 개수 _____

실전 트레이닝 1

제1부분

A 这条裙子好看吗?

B 怎么没见你穿过那条白色的裤子啊?

C 好的，能刷信用卡吗?

1. 买的时候没有试，回家后才发现太长了。 (   )

2. 小姐，这块儿手表3000元。 (   )

3. 我觉得比刚才那条好。 (   )

제2부분

A 欢迎	**B** 跟	**C** 旧

4. 这是您的鞋和包，请拿好，(   )下次再来。

5. 你那双黑皮鞋太(   )了。

6. A: 你不是不喜欢吃鸡蛋吗? 怎么还买了这么多?

B: 我最近在(   )朋友学做鸡蛋汤，需要用鸡蛋。

정답 및 해설_ 해설집 57쪽

| 실전 트레이닝 2 |

제3부분

1. 昨天我在第一超市看到一斤羊肉35元，后来又在第二超市看到羊肉一斤卖30元。所以我选择在第二超市买了两斤羊肉。

   ★ 他昨天买羊肉花了多少钱?

   A 30元　　　　　　**B** 35元　　　　　　**C** 60元

2. 你说的那本关于中国文化的书，我去书店看了，里面有很多词和句子我都不懂，有没有简单一点儿的?

   ★ 他觉得那本书怎么样?

   A 特别贵　　　　　**B** 比较难懂　　　　　**C** 对学习帮助不大

3. 我家附近有一家小商店，东西不太便宜。如果要买水果、饮料等吃的东西还可以，但要买盘子、碗等用的东西比较贵。

   ★ 他家附近的商店:

   A 牛肉贵　　　　　**B** 菜很新鲜　　　　　**C** 饮料不太贵

4. 小白的相机不见了，不知道被我放哪儿了。我只能再买一个还给她了。

   ★ 他打算:

   A 给小白送礼物　　**B** 向小白借铅笔　　**C** 再买个照相机

정답 및 해설_ 해설집 59쪽

독해

5 양사의 호응 상점, 식당

★ **상점**과 **식당** 토픽은 독해 영역에서 **상당 비중(27%)**을 차지한다. 독해 **제1, 2부분**에는 **상점** 관련 호응 표현이 자주 등장하고, 독해 **제2, 3부분**에는 **식당** 관련 호응 표현이 많이 출제된다.

★ **상점**과 **식당** 토픽에는 **물건을 세는 단위**와 **물건 혹은 맛에 대한 평가·소감의 표현**이 등장한다. 따라서 **명사**와 **특정한 단위(양사)**의 **호응**을 묻거나 그것을 힌트로 푸는 문제가 **반드시 출제**된다.

1 독해 빈출 호응 표현 식당

Track 74

1	看菜单 kàn càidān	메뉴를 보다	你先看看菜单。 Nǐ xiān kànkan càidān. 네가 먼저 메뉴를 좀 보렴.
2	点菜 diǎn cài	음식을 주문하다	您要点菜吗? Nín yào diǎn cài ma? 음식을 주문하시겠어요?
3	过生日 guò shēngrì	생일을 지내다	星期日我朋友过生日。 Xīngqīrì wǒ péngyou guò shēngrì. 일요일은 내 친구 생일이다.
	过节日 guò jiérì	명절(기념일)을 보내다	朋友们,节日过得好吗? Péngyoumen, jiérì guò de hǎo ma? 친구들아, 명절 잘 보냈니?
4	包饺子 bāo jiǎozi	만두를 빚다	我不会包饺子。 Wǒ bú huì bāo jiǎozi. 나는 만두를 빚을 줄 모른다.
5	菜新鲜 cài xīnxiān	채소가 신선하다	这里的菜都很新鲜。 Zhèlǐ de cài dōu hěn xīnxiān. 여기 채소는 모두 신선하다.
6	卖得好 mài de hǎo	잘 팔린다	这本书卖得好。 Zhè běn shū mài de hǎo. 이 책은 잘 팔린다.
7	吃得饱 chī de bǎo	배불리 먹다	我吃得太饱了。 Wǒ chī de tài bǎo le. 나는 너무 배불리 먹었다.

8	一碗米饭 yì wǎn mǐfàn	밥 한 그릇	我要一碗米饭。 Wǒ yào yì wǎn mǐfàn. 저는 밥 한 그릇을 원합니다.(밥 한 그릇 주세요.)
9	一杯水 yì bēi shuǐ	물 한 잔	我喝了一杯水。 Wǒ hēle yì bēi shuǐ. 나는 물 한 잔을 마셨다.
10	给…介绍 gěi…jièshào	~에게 소개하다	有什么好吃的，给我介绍一下。 Yǒu shénme hǎochī de, gěi wǒ jièshào yíxià. 맛있는 거 있으면, 나에게 소개 좀 해주세요.

단어 ★先 xiān 囝 먼저, 우선 | ★菜单 càidān 囲 메뉴 | 点 diǎn 동 (요리·음식을) 주문하다 | 菜 cài 囲 요리, 음식 | 星期日 xīngqīrì 囲 일요일 | 朋友 péngyou 囲 친구 | ★过 guò 동 보내다, 지내다 | 生日 shēngrì 囲 생일 | 会 huì 区동 ~할 줄 알다 | ★包 bāo 동 (종이나 베 혹은 기타 얇은 것으로) 싸다 | 饺子 jiǎozi 囲 만두 | ★新鲜 xīnxiān 囲 신선하다, 싱싱하다 | 卖 mài 동 팔다 | 得 de 区 ~하는 정도(상태)가 ~하다 | 吃 chī 동 먹다 | ★饱 bǎo 囲 배부르다 | 要 yào 동 원하다 | ★碗 wǎn 囮 그릇 | 米饭 mǐfàn 囲 쌀밥 | 喝 hē 동 마시다 | 杯 bēi 囮 잔, 컵 | 水 shuǐ 囲 물 | 有 yǒu 동 ~이 있다 | 什么 shénme 댸 무슨, 무엇 | 好吃 hǎochī 囲 (먹는 것이) 맛있다 | 给 gěi 개 ~에게 | 介绍 jièshào 동 소개하다 | 一下 yíxià 囮 동사 뒤에 쓰여 '좀 ~하다'의 뜻을 나타냄

공략 트레이닝 2 / 제3부분

1. 很多人都说我的饺子包得很好，其实我去中国留学以前都不会包饺子呢。吃自己做的饺子总是觉得很香，你也来试试。

   ★ 说话人：

   A 不会包饺子　　　B 不喜欢吃饺子　　　C 饺子包得很不错

2. 昨晚有我好朋友的生日晚会，我喝了很多啤酒和葡萄酒。回家的路上，我发现我的钱包不见了，可能忘在饭店里了。

   ★ 根据这段话，可以知道：

   A 他喝多了　　　B 昨天是他的生日　　　C 钱包被服务员拿走了

[1] 해설 및 정답　**문제 분석▼** '나는 만두를 잘 빚는다(我的饺子包得很好)'고 했으므로 만두를 잘 빚는다고 할 수 있다. 따라서 보기 C가 정답이다.

很多人都说我的饺子包得很好，其实
我去中国留学以前都不会包饺子呢。吃自
己做的饺子总是觉得很香，你也来试试。

많은 사람들이 내가 만두를 잘 빚는다고 하더라.
사실 나는 중국에 유학 가기 전에는 만두를 빚을 줄
몰랐어. 자기가 만든 만두를 먹는 건 항상 참 맛있는
것 같아. 너도 한번 해봐.

★ 说话人：

A 不会包饺子

B 不喜欢吃饺子

C 饺子包得很不错

★ 말하는 사람은:

A 만두를 빚을 줄 모른다

B 만두 먹는 것을 좋아하지 않는다

C 만두를 잘 만든다

(단어) 都 dōu 뿐 모두, 다 | 说 shuō 동 말하다 | ★包 bāo 동 (종이나 베 혹은 얇은 것으로) 싸다 | 饺子 jiǎozi
명 만두, 교자 | ★其实 qíshí 뿐 사실은 | 去 qù 동 가다 | 中国 Zhōngguó 고유 중국 | ★留学 liúxué 동
유학하다 | ★以前 yǐqián 명 이전 | 会 huì 조동 ~할 줄 알다 | 吃 chī 동 먹다 | ★自己 zìjǐ 대 자기, 자신,
스스로 | 做 zuò 동 하다 | ★总是 zǒngshì 뿐 늘, 항상 | 觉得 juéde 동 ~라고 생각하다, 여기다 | 香 xiāng
형 (음식이) 맛있다, 맛이 좋다 | 也 yě 뿐 ~도 역시 | 来 lái 동 오다 | ★试 shì 동 시험 삼아 해보다, 시도하다 |
喜欢 xǐhuan 동 좋아하다

[2] (해설 및 정답) **문제 분석▼** '나는 맥주와 포도주를 많이 마셨다(我喝了很多啤酒和葡萄酒)'고 했으므로 보
기 **A**가 정답이다.

昨晚有我好朋友的生日晚会，我喝了
很多啤酒和葡萄酒。回家的路上，我发现
我的钱包不见了，可能忘在饭店里了。

어제저녁 내 친한 친구가 생일 파티를 했어. 나는
맥주와 포도주를 많이 마셨어. 집으로 가는 길에 나
는 내 지갑이 없어졌다는 것을 발견했어. 아마 식당
에 두고 왔나 봐.

★ 根据这段话，可以知道：

A 他喝多了

B 昨天是他的生日

C 钱包被服务员拿走了

★ 이 글을 통해 알 수 있는 것은:

A 그가 많이 마셨다

B 어제는 그의 생일이었다

C 지갑은 종업원이 가져갔다

(단어) 昨晚 zuówǎn 명 어제저녁 | 朋友 péngyou 명 친구 | 生日 shēngrì 명 생일 | 晚会 wǎnhuì 명 파티 | 喝 hē
동 마시다 | 多 duō 형 (양이) 많다 | ★啤酒 píjiǔ 명 맥주 | 葡萄酒 pútáojiǔ 명 포도주, 와인 | 回家 huíjiā 동
집으로 돌아가다 | 路上 lùshang 명 길 가는 중, 도중 | ★发现 fāxiàn 동 발견하다 | 钱包 qiánbāo 명 지갑 |
不见 bújiàn 보이지 않다, 없어지다 | 可能 kěnéng 뿐 아마(도) | 忘在 wàngzài (잊고) ~에 두고 오다 |
饭店 fàndiàn 명 호텔, 식당 | 里 lǐ 안, 속 | ★根据 gēnjù 개 ~에 근거하여 | ★段 duàn 양 단락[사물의 한
부분을 나타냄] | 可以 kěyǐ 조동 ~할 수 있다 | 知道 zhīdào 동 알다, 이해하다 | ★被 bèi 개 ~에 의하여 (~를
당하다) | 服务员 fúwùyuán 명 종업원 | 拿走 názǒu 동 가지고 가다

2 독해 빈출 포인트 양사

양사는 사람, 사물, 시간, 동작을 세는 단위로, 적절한 명사와 함께 호응하여 쓴다. 따라서 독해 제2부분에서는 양사가 제시어로 등장하면 빈칸 뒤에 명사가 있을 것이라고 예상할 수 있다.

수사 + ? + 명사

↑
양사 자리

那两家超市的水果都很新鲜。 그 슈퍼마켓 두 곳의 과일은 모두 매우 싱싱하다.
Nà liǎng jiā chāoshì de shuǐguǒ dōu hěn xīnxiān.

단어 ★超市 chāoshì 몡 슈퍼마켓 | 的 de 조 ~의 | ★水果 shuǐguǒ 몡 과일 | ★新鲜 xīnxiān 혱 싱싱하다, 신선하다

📖 시험에 출제되는 양사 ✗ 필수체크

☐☐ 那位同事 nà wèi tóngshì 그(저) 동료	☐☐ 这只小狗 zhè zhī xiǎogǒu 이 강아지
☐☐ 一杯水 yì bēi shuǐ 물 한 잔	☐☐ 一瓶酒 yì píng jiǔ 술 한 병
☐☐ 一块蛋糕 yí kuài dàngāo 케이크 한 조각	☐☐ 一双筷子 yì shuāng kuàizi 젓가락 한 쌍
☐☐ 一件衣服 yí jiàn yīfu 옷 한 벌	☐☐ 一条裤子 yì tiáo kùzi 바지 하나
☐☐ 一条路 yì tiáo lù 길 하나	☐☐ 一部手机 yí bù shǒujī 휴대폰 한 대
☐☐ 一张画儿 yì zhāng huàr 그림 한 장	☐☐ 3层 sān céng 3층
☐☐ 这段时间 zhè duàn shíjiān 이 (일정 기간의) 시간	☐☐ 再看一会儿 zài kàn yíhuìr 잠시 (동안) 더 보다

A 而且　　B 张　　C 一会儿

1. 这家面包店不但好吃，（　　　）价格也不贵。

2. A: 昨天我生日，儿子送给我一（　　　）他画的画儿。

   B: 是吗? 那你一定很高兴吧?

---

[1] 해설 및 정답　　**문제 분석▼** 而且(게다가)는 뒤 문장의 맨 앞에 놓여 앞 문장의 不但과 호응하여 '不但…, 而且…(~할 뿐만 아니라 게다가 ~하다)'의 형식으로 자주 쓴다. 따라서 보기 **A**가 정답이다.

这家面包店<u>不但</u>好吃，（ A <u>而且</u> ）价格也 不贵。 〜할 뿐만 아니라 게다가 ~하다	이 빵 가게는 맛이 있을 뿐만 아니라, （ A 게다가 ） 가격도 비싸지 않다.

단어　家 jiā 양 가게·상점 등을 세는 단위 | 面包店 miànbāodiàn 명 빵집 | ★不但…而且… búdàn…érqiě… 접 ~할 뿐만 아니라 게다가 ~하다 | 好吃 hǎochī 형 (먹는 것이) 맛있다 | 价格 jiàgé 명 가격 | 也 yě 부 ~도 역시 | 贵 guì 형 (가격이) 비싸다

---

[2] 해설 및 정답　　**문제 분석▼** 기본적으로 양사는 수사 다음에 쓴다. 양사 张은 종이를 세는 단위로, 종이와 관련 있는 명사 画儿(그림) 앞에 쓰는 것이 적절하므로 보기 **B**가 정답이다.

A: 昨天我生日，儿子送给我一（　B 张　） 　　　　　　　　　　　수사+양사+명사 他画的<u>画儿</u>。 B: 是吗? 那你一定很高兴吧?	A: 어제가 제 생일이었는데, 아들이 (직접) 그린 그림 　한 （ B 장 ）을 제게 선물했어요. B: 그래요? 그럼 분명 기쁘셨겠어요?

단어　昨天 zuótiān 명 어제 | 生日 shēngrì 명 생일 | 儿子 érzi 명 아들 | 送 sòng 동 선물하다 | 给 gěi 개 ~에게 동 주다 | ★张 zhāng 양 장[종이를 세는 단위] | ★画 huà 동 (그림을) 그리다 | 画儿 huàr 명 그림 | 那 nà 접 그럼, 그러면 | ★一定 yídìng 부 반드시, 꼭 | 很 hěn 부 매우 | 高兴 gāoxìng 형 기쁘다 | 吧 ba 조 ~이지?

---| **실전 트레이닝 1** |---

제1부분

A 我也是第一次来。先看看菜单，一会儿再让服务员介绍一下。

B 这边有椅子，快过来坐吧。

C 你不能喝啤酒，我们点其他饮料吧。

1. 不了，我中午吃了两碗面条，吃得太饱了，先站一会儿。 (   )

2. 好，我要喝杯绿茶，你呢? (   )

3. 这家饭店什么比较好吃? (   )

제2부분

A 生日	**B** 放	**C** 块

4. 饭前我吃了几 (   ) 西瓜，所以不太饿。

5. 香蕉 (   ) 进冰箱后容易变黑，而且会坏得更快。

6. A: 下星期六我同事过 (   )，我还没想好送他什么。

   B: 车站附近有一家中国餐厅，你请他去那儿吃顿饭，怎么样?

정답 및 해설_ 해설집 62쪽

| 실전 트레이닝 2 |

제3부분

1. 虽然这家饭馆的菜比别的地方贵一点儿，但是更新鲜，所以我常常来这里吃饭。

★ 那家饭店的菜：

A 很甜　　　　　　B 很新鲜　　　　　　C 贵得多

2. 这家店的蛋糕非常好吃，特别是香蕉蛋糕。我觉得香蕉蛋糕又好吃又新鲜。来买的人很多，很难买到。

★ 那家店蛋糕：

A 太贵了　　　　　B 不太新鲜　　　　　C 卖得很好

3. 中国的绿茶在世界上很有名，如果你要去中国旅游，可以带一些回来，送给家人和朋友，我觉得他们一定会很喜欢的。

★ 说话人是什么意思？

A 咖啡好喝　　　　B 不同意去旅游　　　C 绿茶是不错的礼物

4. 上个周末我家人去新开的餐厅吃饭了，点的菜很多。我们点了肉、鱼、面条、炒饭，还点了啤酒、果汁等等，一共才花了80块。

★ 那家餐厅：

A 很有名　　　　　B 刚开的　　　　　　C 不便宜

新HSK에는 이렇게 출제된다! ▼

★ **시간**과 **날씨** 토픽은 독해 영역에서 적은 비중(6%)을 차지한다. 독해 **제1, 2부분**에는 **계절**과 **날씨** 호응 표현이 자주 등장하고, 독해 **제3부분**에는 **시간, 요일, 날짜** 문제가 많이 출제된다.

★ **명사**는 중국어 문장에서 다양한 역할을 한다. **동사**와 **호응**하여 **주어** 혹은 **목적어 역할**을 하거나, **형용사**와 **호응**하여 **주어 역할**을 하거나, **관형어**와 **호응**하여 **문장의 의미**를 더욱 **정확**하게 만드는 **역할**도 한다. 따라서 명사를 묻는 문제는 자주 출제될 수밖에 없다.

1 독해 빈출 호응 표현 날씨&계절

Track 75

1	习惯天气 xíguàn tiānqì	날씨에 익숙해지다	我不习惯这里的天气。 Wǒ bù xíguàn zhèlǐ de tiānqì. 나는 여기 날씨에 익숙해지지가 않는다.
2	下雨 xiàyǔ	비가 오다	雨越下越大。 Yǔ yuè xià yuè dà. 비가 올수록 많이 내린다.
3	刮风 guāfēng	바람이 불다	风刮得很大。 Fēng guā de hěn dà. 바람이 세게 분다.
4	怕冷 pà lěng	추위를 타다	我怕冷，不喜欢冬天。 Wǒ pà lěng, bù xǐhuan dōngtiān. 난 추위를 타서 겨울을 좋아하지 않는다.
5	到春天 dào chūntiān	봄이 되다	快到春天了。 Kuài dào chūntiān le. 곧 봄이다.
6	带伞 dài sǎn	우산을 챙기다	下雨了，你带伞吧。 Xiàyǔ le, nǐ dài sǎn ba. 비가 내리니, 우산을 챙겨라.
7	夏天热 xiàtiān rè	여름은 덥다	夏天很热。 Xiàtiān hěn rè. 여름은 덥다.
8	外面冷 wàimian lěng	밖이 춥다	外面一直很冷。 Wàimian yìzhí hěn lěng. 바깥이 줄곧 춥다.

9	**天气不错** tiānqì búcuò	날씨가 좋다	这里的天气很不错。 Zhèlǐ de tiānqì hěn búcuò. 이곳의 날씨는 아주 좋다.
10	**风大** fēng dà	바람이 세다	风还是很大，别出去了。 Fēng háishi hěn dà, bié chūqu le. 바람이 여전히 세니까, 나가지 마라.

단어 习惯 xíguàn 동 익숙해지다 | 天气 tiānqì 명 날씨 | 下雨 xiàyǔ 동 비가 오다 | ★越…越… yuè…yuè… 부 ~(할)수록 ~하다 | 大 dà 형 (비·눈이) 많다. 크다. (바람이) 세다 | ★刮风 guāfēng 동 바람이 불다 | 怕 pà 동 ~에 약하다 | 冷 lěng 형 춥다 | 喜欢 xǐhuan 동 좋아하다 | 冬天 dōngtiān 명 겨울 | 快…了 kuài…le 곧 ~하다 | 到 dào 동 이르다 | 春天 chūntiān 명 봄 | 夏天 xiàtiān 명 여름 | 热 rè 형 덥다 | ★一直 yìzhí 부 줄곧 | 风 fēng 명 바람 | ★还是 háishi 부 여전히, 아직도 | 别 bié 부 ~하지 마라 | 出去 chūqu 동 나가다

공략 트레이닝 1 / 제2부분

A 可能   B 段   C 机会

1. 经过这（   ）时间的努力，他的学习成绩提高了不少。

2. A: 你要出去吗? 晚上（   ）会下雨。

　 B: 没关系，我带伞了。

---

[1] 해설 및 정답 **문제 분석▼** '这(이)/那(그, 저)/哪(어느)＋양사＋명사' 순서로 쓰이므로, 빈칸에는 양사가 필요하다. 양사 段(보기 B)은 일정 기간이나 시간을 세는 단위이므로 빈칸에 적합하다.

经过这（ **B 段** ）时间的努力，他的学习
　　└ 这/那+양사+명사 ┘
成绩提高了不少。

그 (**B 동안**)의 노력을 통해 그의 학업 성적은 많이 향상되었다.

단어 ★经过 jīngguò 동 (활동·사건을) 경험하다, 거치다 | ★段 duàn 양 얼마간의[일정 기간이나 시간을 세는 양사] | 时间 shíjiān 명 시간 | ★努力 nǔlì 명동 노력(하다) | 学习 xuéxí 동 공부하다 | ★成绩 chéngjì 명 성적 | ★提高 tígāo 동 향상되다 | 不少 bùshǎo 형 적지 않다, 많다

해설 및 정답 **문제 분석▼** 부사 可能은 '아마도'라는 뜻으로 추측이나 예측을 의미한다. 따라서 미래의 가능성을 예측하는 조동사 会와 같이 可能会(아마도 ~할 것이다)라고 자주 쓰인다.

A: 你要出去吗? 晚上 (**A 可能**) 会 　　　　　　　　부사(可能)+조동사(会) : 아마 ~할 것이다 下雨。 B: 没关系，我带伞了。	A: 너 나가려고? 밤에 (**A 아마**) 비가 올 거야. B: 괜찮아, 우산 챙겼어.

단어 要 yào 조동 ~하고자 하다 | 出去 chūqu 동 나가다 | 晚上 wǎnshang 명 저녁 | 可能 kěnéng 부 아마(도) | 会 huì 조동 ~할 것이다 | 下雨 xiàyǔ 동 비가 내리다 | 没关系 méi guānxi 괜찮아요, 상관없어요 | ★带 dài 동 (몸에) 지니다, 챙기다 | ★伞 sǎn 명 우산

2 독해 빈출 포인트 명사

명사는 다양한 동사 혹은 형용사와 호응한다. 명사를 외울 때 자주 호응하는 동사와 형용사를 묶어서 함께 공부하면 더 잘 기억된다. HSK 3급에서는 일반적인 사물명사 외에 추상명사가 등장하기 시작하고 자주 출제된다.

시험에 출제되는 명사 ✗ 필수체크

□□ 长个子 zhǎng gèzi 키가 자라다	□□ 找地方 zhǎo dìfang 장소를 찾다
□□ 有机会 yǒu jīhuì 기회가 있다	□□ 需要帮忙 xūyào bāngmáng 도움을 필요로 하다
□□ 关灯 guān dēng 등을 끄다	□□ 拿帽子 ná màozi 모자를 들다
□□ 穿皮鞋 chuān píxié 구두를 신다	□□ 说普通话 shuō pǔtōnghuà 표준어를 말하다
□□ 关系好 guānxi hǎo 관계가 좋다	□□ 对…的关心 duì…de guānxīn ~에 대한 관심
□□ 过节(日) guò jiérì 명절(기념일)을 보내다	□□ 看节目 kàn jiémù 프로그램을 보다

A 女儿去年买的裤子今年穿就短了。

B 快十一点了。你得马上走了。

1. 十四五岁是长个子的时候。 ( )

2. 带表了吗? 几点了? ( )

---

[1] 해설 및 정답 **문제 분석▼** 딸이 작년에 산 바지가 올해 짧아졌다는 말(보기 **A**)과 14, 15살은 키가 클 때라는 말이 어울린다.

A: **Ⓐ女儿去年买的裤子今年穿就短了。**	A: **Ⓐ**딸이 작년에 산 바지를 올해 입었는데 짧아졌어.
B: **❶十四五岁是长个子的时候。**	B: **❶**열네다섯 살은 키가 클 때잖아.

단어 女儿 nǚ'ér 명 딸 | 去年 qùnián 명 작년 | 买 mǎi 동 사다 | ★裤子 kùzi 명 바지 | 今年 jīnnián 명 올해 | 穿 chuān 동 (옷을) 입다 | 就 jiù 부 곧, 바로 | ★短 duǎn 형 (길이가) 짧다 | 岁 suì 양 살, 세[나이를 세는 단위] | ★长 zhǎng 동 자라다, 크다 | ★个子 gèzi 명 (사람의) 키 | 时候 shíhou 명 때

---

[2] 해설 및 정답 **문제 분석▼** 몇 시냐는 질문에는 곧 11시가 된다는 대답(보기 **B**)이 적절하다.

A: **❷带表了吗? 几点了?**	A: **❷**시계 가지고 있어? 몇 시야?
B: **Ⓑ快十一点了。你得马上走了。** 곧 ~이다[임박을 나타냄]	B: **Ⓑ**곧 11시야. 넌 바로 가야 해.

단어 ★带 dài 동 (몸에) 지니다, 가지다 | 表 biǎo 명 시계 | 点 diǎn 양 시[시간을 나타냄] | 快 kuài 부 곧, 머지않아 | 得 děi 조동 ~해야 한다 | ★马上 mǎshàng 부 곧, 바로 | 走 zǒu 동 가다, 떠나다

| 실전 트레이닝 1 |

제1부분

A 别着急，还有15分钟就做好了。

B 奇怪，刚才还是晴天，这会儿就阴了。

C 我这边还没结束呢，你再等我几分钟吧。

1. 我看快下雨了，你带伞了没有? （　　　　）

2. 午饭什么时候才能做好呢? 我都饿了。 （　　　　）

3. 那我们8点一刻走，怎么样? （　　　　）

제2부분

A 节	B 虽然	C 担心

4. 今天是9月10日，教师（　　　　）! 这是为老师准备的。

5. （　　　　）已经是春天了，但天气还是很冷。

6. A: 下雨了，你还在那里?

   B: 别（　　　　），今天不忙，我早点儿回家。

정답 및 해설_ 해설집 66쪽

| 실전 트레이닝 2 |

1. 这儿的夏天天气变化特别快，有时候上午还是晴天，中午就突然下起雨来，所以我出门前总会在包里放一把伞。

   ★ 他出门时：

   A 会带伞　　　　　　B 没带钱包　　　　　　C 很不快乐

2. 今天天气不错，不像昨天风刮得那么大。我们去爬山怎么样？

   ★ 根据这段话，可以知道：

   A 现在是冬天　　　　B 昨天风很大　　　　　C 他们要去公园

3. 不同的季节可以用不同的颜色来表示，我们用蓝色表示夏季，那秋季呢？

   ★ 蓝色常被用来表示：

   A 夏天　　　　　　　B 秋天　　　　　　　　C 冬天

4. 过去的几十年，爸爸一直很努力地工作，现在已经是他们学校的校长了。他告诉我，要想做出成绩，除了认真工作，没有其他选择。

   ★ 根据这段话，可以知道爸爸：

   A 不喜欢工作　　　　B 工作了很长时间　　　C 多和同事聊天儿

정답 및 해설_ 해설집 68쪽

독해

7 개사의 호응

여가, 건강, 여행

新HSK에는 이렇게 출제된다! ▼

★ **여가, 건강, 여행** 토픽은 독해 영역에서 **상당 비중(22%)**을 차지하고, 특히 독해 **제3부분**에는 **여가, 건강** 관련 호응 표현이 **자주 등장**한다.

★ **개사**는 **장소**(~에서/~까지), **대상**(~에(게)) 등을 의미하며, 동작, 상태, 상황을 보다 정확하게 표현할 때 쓴다. 따라서 독해 영역에서는 **개사가 어떤 표현(동사/형용사/명사)과 호응**하는지 묻거나 그것을 힌트로 푸는 문제가 출제된다.

1 독해 빈출 호응 표현 여가&건강

Track 76

1	锻炼身体 duànliàn shēntǐ	몸을 단련하다, 운동하다	他每天早上锻炼身体。 Tā měi tiān zǎoshang duànliàn shēntǐ. 그는 매일 아침 운동한다.
2	感兴趣 gǎn xìngqù	관심이 있다, 흥미를 느끼다	我对画画儿很感兴趣。 Wǒ duì huà huàr hěn gǎn xìngqù. 나는 그림 그리기에 관심이 많다.
3	参加比赛 cānjiā bǐsài	경기에 참가하다	我打算参加足球比赛。 Wǒ dǎsuan cānjiā zúqiú bǐsài. 나는 축구 경기에 참가할 계획이다.
4	学游泳 xué yóuyǒng	수영을 배우다	我想学游泳。 Wǒ xiǎng xué yóuyǒng. 나는 수영을 배우고 싶다.
5	看医生 kàn yīshēng	진료를 받다	感冒了，我要去看医生。 Gǎnmào le, wǒ yào qù kàn yīshēng. 감기에 걸려서 진료를 받으러 가려고 한다.
6	身体健康 shēntǐ jiànkāng	몸이 건강하다	身体健康最重要。 Shēntǐ jiànkāng zuì zhòngyào. 몸이 건강한 것이 가장 중요하다.
7	眼睛不舒服 yǎnjing bù shūfu	눈이 아프다	怎么了？眼睛不舒服吗？ Zěnme le? Yǎnjing bù shūfu ma? 왜 그래? 눈이 아파?
8	鼻子红 bízi hóng	코가 빨갛다	鼻子总是红红的，怎么办？ Bízi zǒngshì hónghóng de, zěnme bàn? 코가 항상 빨간데, 어떻게 하지?

☐☐ 9	对…好 duì…hǎo	~에 좋다	跑步对身体非常好。 Pǎobù duì shēntǐ fēicháng hǎo. 달리기는 몸에 매우 좋다.
☐☐ 10	对…感兴趣 duì…gǎn xìngqù	~에 관심이 있다	我对音乐很感兴趣。 Wǒ duì yīnyuè hěn gǎn xìngqù. 나는 음악에 관심이 많다.

단어 ★锻炼 duànliàn 통 단련하다 | 身体 shēntǐ 명 몸, 신체 | 对 duì 개 ~에 (대해) | 画画儿 huà huàr 그림을 그리다 | ★感兴趣 gǎn xìngqù 관심이 있다, 흥미를 느끼다 | ★打算 dǎsuan 통 계획하다 | ★参加 cānjiā 통 참가하다 | 足球 zúqiú 명 축구 | ★比赛 bǐsài 명 경기, 시합 | 想 xiǎng 조동 ~하고 싶다 | 学 xué 배우다 | 游泳 yóuyǒng 명통 수영(을 하다) | ★感冒 gǎnmào 통 감기에 걸리다 | 要 yào 조동 ~하고자 하다 | 医生 yīshēng 명 의사 | ★健康 jiànkāng 형 건강하다 | 最 zuì 부 가장, 제일 | ★重要 zhòngyào 형 중요하다 | 怎么了 zěnme le 무슨 일이야, 왜 그래 | 眼睛 yǎnjing 명 눈[신체 부위] | ★舒服 shūfu 형 편안하다 | ★鼻子 bízi 명 코 | ★总是 zǒngshì 부 항상 | 红 hóng 형 붉다, 빨갛다 | 怎么 zěnme 대 어떻게 | 办 bàn 통 하다, 처리하다 | 跑步 pǎobù 통 달리기를 하다, 조깅을 하다 | 非常 fēicháng 부 굉장히, 아주 | ★音乐 yīnyuè 명 음악

공략 **트레이닝 1** / 제3부분 /

1. 游泳前可以吃点儿东西、喝点儿水，但是不要吃太多。如果吃得太饱去游泳，就会很不舒服。

   ★ 这段话主要想告诉我们：

   A 游泳对身体好　　　B 游泳时容易饿　　　C 游泳前别吃太饱

2. 爬山时一定要小心，注意自己脚下，别走太快了。

   ★ 爬山时：

   A 很容易渴　　　　　B 别穿皮鞋　　　　　C 不要走太快

[1] (해설 및 정답) **문제 분석▼** 수영 전(游泳前)에 너무 많이 먹지 말아야 한다(不要吃太多)고 했으므로 보기 **C**가 정답이다.

游泳前可以吃点儿东西、喝点儿水，但是不要吃太多。如果吃得太饱去游泳，就会很不舒服。

~하지 마라

수영하기 전에 음식을 먹거나 물을 마셔도 된다. 하지만 너무 많이 먹지 말아야 한다. 만약 너무 배불리 먹고 수영을 하면 아주 불편할 수 있다.

★ 这段话主要想告诉我们：

A 游泳对身体好

B 游泳时容易饿

C 游泳前别吃太饱

★ 이 글이 우리에게 알려 주는 주된 내용은：

A 수영은 건강에 좋다

B 수영할 때 쉽게 배고프다

C 수영 전에는 너무 배불리 먹지 마라

（단어） 游泳 yóuyǒng 명동 수영(을 하다) | 前 qián 명 앞, 전 | 可以 kěyǐ 조동 ~할 수 있다, ~해도 된다 | 吃 chī 동 먹다 | (一)点儿 (yì)diǎnr 양 약간, 조금[불확정적인 수량] | 东西 dōngxi 명 물건, 것 | 喝 hē 동 마시다 | 水 shuǐ 명 물 | 但是 dànshì 접 그러나 | 不要 búyào 조동 ~하지 마라, ~해서는 안 된다 | ★如果 rúguǒ 접 만약 | 太 tài 부 너무 | ★饱 bǎo 형 배부르다 | 就 jiù 부 곧, 바로 | 会 huì 조동 ~할 것이다 | ★舒服 shūfu 형 편안하다 | ★段 duàn 양 단락[사물의 한 부분을 나타냄] | ★主要 zhǔyào 부 주로 | 告诉 gàosu 동 알리다, 말해 주다 | 对 duì 개 ~에 (대해) | 身体 shēntǐ 명 몸, 신체 | 时 shí 명 때, 시기 | ★容易 róngyì 형 쉽다 | ★饿 è 형 배고프다

[2] (해설 및 정답) **문제 분석▼** 등산할 때(爬山时)에는 너무 빨리 걷지 말라(别走太快了)고 했으므로 보기 **C**가 정답이다.

爬山时一定要小心，注意自己脚下，别走太快了。

등산할 때 반드시 조심해야 해. 자기 발 아래를 주의하고, 너무 빨리 걷지 마.

★ 爬山时：

A 很容易渴

B 别穿皮鞋

C 不要走太快

★ 등산할 때 ：

A 쉽게 목마르다

B 구두를 신지 마라

C 너무 빨리 걷지 마라

（단어） ★爬山 páshān 동 등산하다 | 时 shí 명 때, 시기 | ★一定 yídìng 부 반드시, 꼭 | 要 yào 조동 ~해야 한다 | ★小心 xiǎoxīn 동 조심하다 | ★注意 zhùyì 동 주의를 기울이다, 신경 쓰다 | ★自己 zìjǐ 대 자기, 자신 | ★脚 jiǎo 명 (신체의) 발 | 别 bié 부 ~하지 마라 | 走 zǒu 동 걷다, 가다 | 快 kuài 형 (속도가) 빠르다 | ★容易 róngyì 형 쉽다 | ★渴 kě 형 목마르다 | 穿 chuān 동 (신발을) 신다 | ★皮鞋 píxié 명 구두

2 독해 빈출 포인트 개사

동사와 형용사는 문장의 중심이고, 개사구는 동작, 상태, 상황의 의미를 정확하게 하는 역할을 한다. 개사구는 보통 '개사＋(대)명사'로 구성되므로, 개사가 어떤 (대)명사, 동사, 형용사와 호응하는지에 주의해서 공부하면 도움이 많이 된다.

我**对**这里的服务员很满意。 난 이곳의 종업원이 마음에 든다.
Wǒ duì zhèlǐ de fúwùyuán hěn mǎnyì.

_{개사구} _{형용사}

단어 服务员 fúwùyuán 명 종업원 | ★满意 mǎnyì 형 (자신이 바라는 뜻에) 만족하다

시험에 출제되는 개사 *필수체크*

在	zài	～에서[동작이나 상황이 발생하는 장소를 나타냄]
为(了)	wèi(le)	～을 위하여[대상이나 목적을 나타냄]
向	xiàng	～을 향하여[방향을 나타냄]
跟	gēn	～와[함께 하는 대상을 나타냄]
比	bǐ	～보다[비교의 대상을 나타냄]
被	bèi	～에 의하여[동작의 행위자에 의해 피동적으로 당하는 의미를 강조함]
把	bǎ	～을[목적어를 강조하여 목적어에 가해진 동작과 그 처리 결과를 강조함]

[TIP] 让(ràng)은 '시키다, ～하게 하다'라는 의미의 동사이지만, 把(bǎ), 被(bèi)와 그 쓰임이 혼동되므로 문장을 해석할 때 주의해야 한다.

시험에 출제되는 개사와 호응 동사&형용사 *필수체크*

☐☐ 跟/和…**不同** gēn/hé…bù tóng ～와 다르다	☐☐ 跟…**学** gēn…xué ～에게 배우다
☐☐ 对…**有兴趣** duì…yǒu xìngqù ～에 흥미가 있다	☐☐ 对…**感兴趣** duì…gǎn xìngqù ～에 흥미를 느끼다
☐☐ 对…**满意** duì…mǎnyì ～에 만족하다, ～을 마음에 들어 하다	☐☐ 对…**好** duì…hǎo ～에 좋다

---

1. 最近公司的事情比较多，他一直忙着工作，几乎都没有好好睡过一晚，瘦了很多。我们都很担心他的身体。

   ★ 根据这段话，可以知道，他：

   A 很高兴   B 很爱干净   C 瘦了很多

2. 爸爸，您要多注意休息，人如果太累了，身体就会出问题的。别忘了，如果您觉得哪里不舒服就跟我说。

   ★ 他希望爸爸：

   A 多运动   B 多休息   C 去医院做检查

---

[1] ◁**해설 및 정답** **문제 분석▼** 그가 바쁘게 일하느라 잠을 못 자서 많이 말랐다(瘦了很多)고 했으므로 보기 C가 정답이다.

最近公司的事情比较多，他一直忙着工作，几乎都没有好好睡过一晚，瘦了很多。我们都很担心他的身体。 바쁘~하다, ~하느라 바쁘다 (忙着 아래)	최근 회사에 일이 비교적 많다. 그는 계속 바쁘게 일했는데, 거의 하룻밤도 제대로 자지 못했고 살이 많이 빠졌다. 우리는 모두 그의 몸을 걱정하고 있다.
★ 根据这段话，可以知道，他：	★ 이 글을 통해 알 수 있듯이, 그는：
A 很高兴	A 아주 기쁘다
B 很爱干净	B 매우 깔끔하다
C 瘦了很多	C 살이 많이 빠졌다

단어 ★最近 zuìjìn 명 최근, 요즘 | 公司 gōngsī 명 회사 | 事情 shìqing 명 일, 사건 | ★比较 bǐjiào 부 비교적 | 多 duō 형 (수량이) 많다 | ★一直 yìzhí 부 계속해서, 줄곧 | 忙 máng 형 바쁘다 | 工作 gōngzuò 명 일, 일자리 동 일하다 | ★几乎 jīhū 부 거의 | 都 dōu 부 모두, 다 | 好好 hǎohǎo 부 충분히, 잘 | 睡 shuì 동 (잠을) 자다 | 一晚 yì wǎn 하룻밤 | ★瘦 shòu 형 마르다, 여위다 | ★担心 dānxīn 동 걱정하다 | 身体 shēntǐ 명 몸, 신체 | ★根据 gēnjù 개 ~에 근거하여 | ★段 duàn 양 단락[사물의 한 부분을 나타냄] | 可以 kěyǐ 조동 ~할 수 있다, ~해도 된다 | 知道 zhīdào 동 알다, 이해하다 | 高兴 gāoxìng 형 기쁘다 | 爱 ài 동 몹시 좋아하다 | ★干净 gānjìng 형 깨끗하다

해설 및 정답 **문제 분석▼** 아버지(爸爸)에게 휴식에 많이 신경 써야 한다(**要多注意休息**)고 했으므로, 그는 아버지가 많이 쉬시길 바란다. 따라서 보기 **B**가 정답이다.

爸爸，您要多注意休息，人如果太
累了，身体就会出问题的。别忘了，如果
　　　　　 만약 ~한다면, 곧 ~하다
您觉得哪里不舒服就跟我说。

★ 他希望 爸爸：

A　多运动

B　多休息

C　去医院做检查

아버지, 휴식에 많이 신경 쓰세요. 사람이 너무 피곤하면 몸에 문제가 생겨요. 만약에 어디가 불편하시면 저한테 바로 말씀하시는 것 잊지 마세요.

★ 그는 아버지 가 어떠하기를 바라는가:

A　운동을 많이 하기를

B　**많이 쉬기를**

C　병원에 가서 검사하기를

단어 爸爸 bàba 몡 아빠 | 要 yào 조롱 ~해야 한다 | ★注意 zhùyì 롱 주의를 기울이다. 신경 쓰다 | 休息 xiūxi 롱 쉬다, 휴식하다 | ★如果 rúguǒ 젭 만약 | 累 lèi 휑 피곤하다, 힘들다 | 身体 shēntǐ 몡 몸, 신체 | 就 jiù 뷔 곧, 바로 | 会 huì 조롱 ~할 것이다 | 出 chū 롱 나타나다, 드러나다 | 问题 wèntí 몡 문제 | 别 bié 뷔 ~하지 마라 | 忘 wàng 롱 잊다 | 觉得 juéde 롱 ~라고 생각하다, 여기다 | 哪里 nǎlǐ 데 어디, 어느 곳 | ★舒服 shūfu 휑 편안하다 | ★跟 gēn 게 ~와 | 说 shuō 롱 말하다 | 希望 xīwàng 롱 바라다, 희망하다 | 运动 yùndòng 롱 운동하다 | 医院 yīyuàn 몡 병원 | ★检查 jiǎnchá 롱 검사하다

실전 트레이닝 1

제1부분

A 很多，像读书、画画儿、游泳，我都很感兴趣。

B 说了就没意思了，你自己看吧。故事很短，一两天就能看完。

C 今天我跟朋友一起去吃晚饭。

1. 这本书写得怎么样? 里面讲的是什么? ( )

2. 除了打篮球，你还有什么爱好? ( )

3. 是吗? 你们去哪儿吃? ( )

제2부분

A 除了	**B** 健康	**C** 有名

4. 只有经常运动，才能有一个 ( ) 的身体。

5. 李医生在我们医院最 ( )，有机会我介绍你们认识。

6. A: 这几句话你读懂了吗?

   B: ( ) 最后一句，其他的我都明白。

정답 및 해설_ 해설집 70쪽

| 실전 트레이닝 2 |

제3부분

1. 吃完饭不要马上坐下，可以出去走走，这样不容易发胖，对身体也好。

   ★ 这句话主要想告诉我们：

   A 要相信自己   B 吃点儿药才行   C 饭后走走最健康

2. 白小姐，你要多睡觉，如果睡得不好，身体就会出问题的。您听明白了吗?

   ★ 他希望白小姐：

   A 多休息   B 多运动   C 多睡觉

3. 我对历史很感兴趣，经常会去图书馆借几本关于历史的书来看。我觉得书上写的很多历史故事都非常有趣。

   ★ 他喜欢看什么书?

   A 介绍节日的   B 介绍历史的   C 介绍音乐的

4. 啤酒不但可以喝，而且也可以用来洗头发。它能让头发长得更快，对头发非常好。

   ★ 啤酒：

   A 很贵   B 可用来做饭   C 对头发很好

정답 및 해설_ 해설집 73쪽

8 부사의 호응 여가, 건강, 여행

新HSK에는 이렇게 출제된다! ▼

★ **여가, 건강, 여행** 토픽은 독해 영역에서 **상당 비중(22%)**을 차지하고, 특히 독해 **제1, 3부분**에는 **여행** 관련 호응 표현이 자주 등장한다.

★ **부사**는 동사나 형용사 앞에서 **동작, 상태, 상황을 정확하게 표현**할 때 쓰기 때문에, 독해 지문에서 감초 역할을 한다. 따라서 부사가 어떤 의미이고 어떤 호응 표현으로 쓰이는지 묻거나 그것을 힌트로 푸는 문제가 출제된다.

1 독해 빈출 호응 표현 여가&여행

Track 77

1	买机票 mǎi jīpiào	비행기표를 사다	我要买去北京的机票。 Wǒ yào mǎi qù Běijīng de jīpiào. 나는 베이징에 가는 비행기표를 사려고 한다.
	买电影票 mǎi diànyǐng piào	영화표를 사다	我想买两张电影票。 Wǒ xiǎng mǎi liǎng zhāng diànyǐng piào. 나는 영화표 두 장을 사고 싶다.
2	下飞机 xià fēijī	비행기에서 내리다	我快下飞机了。 Wǒ kuài xià fēijī le. 나는 곧 비행기에서 내린다.
3	住宾馆 zhù bīnguǎn	호텔에 묵다	你住的宾馆很安静。 Nǐ zhù de bīnguǎn hěn ānjìng. 네가 묵는 호텔은 매우 조용하다.
4	拿房卡 ná fángkǎ	룸 카드 키를 들다/ 챙기다	请拿好房卡。 Qǐng náhǎo fángkǎ. 룸 카드 키를 잘 챙기세요.
5	检查行李箱 jiǎnchá xínglixiāng	트렁크를 검사하다	我来检查一下你的行李箱。 Wǒ lái jiǎnchá yíxià nǐ de xínglixiāng. 제가 당신의 트렁크를 좀 검사하겠습니다.
6	办护照 bàn hùzhào	여권을 발급하다	我的护照还没办好。 Wǒ de hùzhào hái méi bànhǎo. 내 여권이 아직 발급되지 않았다.
7	搬行李 bān xíngli	짐을 옮기다	请把我的行李搬到门口，好吗? Qǐng bǎ wǒ de xíngli bāndào ménkǒu, hǎo ma? 제 짐을 문 입구까지 옮겨 주시겠어요?

□□ 8	带手机 dài shǒujī	휴대폰을 지니다	别忘了带手机出门。 Bié wàngle dài shǒujī chūmén. 휴대폰 가지고 나가는 거 잊지 마.
□□ 9	照(拍)照片 zhào(pāi) zhàopiàn	사진을 찍다	这张照片照得很漂亮。 Zhè zhāng zhàopiàn zhào de hěn piàoliang. 이 사진은 예쁘게 찍었다.
□□ 10	头发短 tóufa duǎn	머리가 짧다	我很喜欢短头发。 Wǒ hěn xǐhuan duǎn tóufa. 나는 단발머리를 좋아한다.

단어 要 yào 조동 ~하고자 하다 | 买 mǎi 동 사다 | 北京 Běijīng 고유 베이징, 북경 | 机票 jīpiào 명 비행기표, 항공권 | 张 zhāng 양 장[종이를 세는 단위] | 快 kuài 부 곧, 머지않아 | 下 xià 동 내리다, 하차하다 | 飞机 fēijī 명 비행기 | 住 zhù 동 묵다, 숙박하다 | 宾馆 bīnguǎn 명 호텔 | ★安静 ānjìng 형 조용하다 | 拿好 náhǎo 잘 들다 | 房卡 fángkǎ 명 (호텔 등의) 룸 카드 키 | 来 lái 동 다른 동사 앞에 쓰여 어떤 일을 하려는 것을 나타냄 | ★检查 jiǎnchá 동 검사하다 | ★行李箱 xínglixiāng 트렁크 | ★护照 hùzhào 명 여권 | 还 hái 부 아직 | 办 bàn 동 하다, 처리하다 | 行李 xíngli 명 짐, 여행짐 | 搬到 bāndào ~로 옮기다 | 到 dào 동 도착하다, 이르다 | 门口 ménkǒu 명 문 입구 | 别 bié 부 ~하지 마라[금지를 나타냄] | 忘 wàng 동 잊다 | ★带 dài 동 (몸에) 지니다, 가지다 | 手机 shǒujī 명 휴대폰 | 出门 chūmén 동 외출하다, 집을 나서다 | 照片 zhàopiàn 명 사진 | 照 zhào 동 (사진을) 찍다 | 得 de 조 ~하는 정도(상태)가 ~하다 | 漂亮 piàoliang 형 예쁘다 | 喜欢 xǐhuan 동 좋아하다 | ★短 duǎn 형 (길이가) 짧다 | ★头发 tóufa 명 머리카락

공략 트레이닝 1 / 제1부분 /

> A 你好，请问我的护照什么时候能办好?
>
> B 放心吧，该带的东西我都带了。
>
> 1. 再检查一下行李箱，看看有没有什么忘记拿的。 ( )
>
> 2. 一个星期后就可以了。 ( )

[1] **해설 및 정답** **문제 분석▼** 짐을 검사해 보라(检查一下行李箱)는 말은 다 챙겼다(我都带了)는 반응(보기 B)과 어울린다.

A: ❶再检查一下行李箱，看看有没有什么 （다시 ~해보다） 忘记拿的。	A: ❶ 다시 여행 가방을 살펴봐 봐, 잊고 안 가지고 가는 것이 있는지.
B: ❷放心吧，该带的东西我都带了。	B: ❷ 걱정하지 마, 챙길 것은 다 챙겼어.

再 zài 뷘 또, 다시 | ★检查 jiǎnchá 튕 검사하다, 점검하다 | ★行李箱 xínglixiāng 뎽 트렁크, 캐리어 | 什
么 shénme 덴 무엇, 무슨 | ★忘记 wàngjì 튕 잊다 | ★拿 ná 튕 잡다, 들다 | ★放心 fàngxīn 안심하다,
마음을 놓다 | 该 gāi 조동 ~해야 한다 | ★带 dài 튕 (몸에) 지니다, 챙기다 | 东西 dōngxi 뎽 물건, 것

---

[2] 해설 및 정답 **문제 분석▼** 여권이 언제(什么时候) 다 되냐고 묻는 질문(보기 **A**)과 일주일 후(一个星期后)
면 된다는 대답이 서로 어울린다.

A: **Ⓐ** 你好，请问我的护照什么时候能办好?	A: **Ⓐ** 안녕하세요, 제 여권은 언제 다 되나요?
B: **❷** 一个星期后就可以了。	B: **❷** 일주일 후에 돼요.

请问 qǐngwèn 튕 말씀 좀 여쭙겠습니다 | ★护照 hùzhào 뎽 여권 | 什么时候 shénme shíhou 언제 | 能
néng 조동 ~할 수 있다 | 办好 bànhǎo 잘 처리하다 | 一个星期 yí ge xīngqī 일주일 | 后 hòu 뎽 (~한) 후 |
就 jiù 뷘 곧, 바로 | 可以 kěyǐ 조동 ~할 수 있다, ~해도 된다

---

2 독해 빈출 포인트 일반부사

동사와 형용사는 문장의 중심이고, 부사는 동작, 상태, 상황의 의미를 정확하게 하는
역할을 한다. 부사는 단독으로 쓰일 때도 있지만 그 의미를 강조하기 위해 호응하여 쓰
는 짝꿍이 있으므로 함께 묶어서 기억하는 것이 좋다.

시험에 출제되는 일반부사 ✦ 필수체크

□□ **一共** yígòng 모두 (합쳐서) ✦	□□ **总是** zǒngshì 늘, 언제나 ✦
□□ **一直** yìzhí 계속해서 ✦	□□ **还** hái ① 여전히, 아직도 ② 또한
□□ **才** cái 겨우, 비로소 ✦	□□ **必须** bìxū 반드시 ✦

시험에 출제되는 일반부사와 호응 표현 ✦ 필수체크

□□ **越…越…** yuè…yuè… ~할수록 (점점) ~하다	□□ **一定要…** yídìng yào… ① 반드시 ~하고자 하다 ② 반드시 ~해야 한다
□□ **可能会…** kěnéng huì… 아마도 ~할 것이다	□□ **(马上)就要…了** (mǎshàng) jiùyào…le 곧 ~하다
□□ **快要…了** kuàiyào…le 곧 ~하다	□□ **终于…了** zhōngyú…le 마침내 ~했다
□□ **已经…了** yǐjīng…le 이미 ~했다	□□ **从来没…过** cónglái méi…guo 지금껏 ~한 적 없다

□□ 一…就… yī…jiù… ~하자마자/했다 하면 ~하다	□□ 一边…一边… yìbiān…yìbiān… ~하면서 (동시에) ~하다

공략 트레이닝 2 /제3부분/

1. 妈，我已经下飞机了。这边人很多，听不清楚您说的话。我拿的东西不多，自己坐出租车去就可以了。您给我准备点儿吃的，好不好? 我太饿了。

★ 他可能在:

A 机场　　　　　　B 电影院　　　　　　C 火车站

2. 听说小李下个星期就要离开北京回国了。因为我要出差，没办法去送他了。请你把这个小熊猫送给他，让他明年再到中国来。

★ 根据这段话，可以知道小李:

A 想学习汉语　　　B 担心中国有变化　　　C 下星期不在北京

---

[1] **해설 및 정답**　**문제 분석▼** 비행기에서 이미 내렸고(我已经下飞机了), 이곳(这边)에 사람이 많다고 했으므로, 그가 공항에 있다는 것을 알 수 있다.

妈，我已经下飞机了。这边人很多，听不清楚您说的话。我拿的东西不多，自己坐出租车去就可以了。您给我准备点儿吃的，好不好? 我太饿了。

★ 他可能在:

A 机场　　B 电影院　　C 火车站

엄마, 저 이미 비행기에서 내렸어요. 여기 사람이 많아서, 엄마 말소리가 잘 안 들려요. 제가 들고 있는 물건은 많지 않으니까, 혼자서 택시 타고 가면 돼요. 엄마는 제가 먹을 것 좀 준비해 줄 수 있어요? 저 너무 배고파요.

★ 그는 아마도 어디에 있겠는가:

A 공항　　B 영화관　　C 기차역

단어 已经 yǐjīng 🖩 이미, 벌써 | 下 xià 🖩 내리다, 하차하다 | 飞机 fēijī 🖩 비행기 | 这边 zhèbiān 🖩 이곳, 여기, 이쪽 | 听不清楚 tīng bu qīngchu 들어도 분명하지 않다, 분명하게 안 들리다 | 说话 shuōhuà 🖩 말을 하다 | 东西 dōngxi 🖩 물건, 것 | ★自己 zìjǐ 🖩 자기, 자신, 스스로 | 坐 zuò 🖩 (차나 비행기를) 타다 | 出租车 chūzūchē 🖩 택시 | 就 jiù 🖩 곧, 바로 | 可以 kěyǐ 🖩 ~해도 된다 | 给 gěi 🖩 ~에게 | 准备 zhǔnbèi 🖩 준비하다 | (一)点儿 (yì)diǎnr 🖩 약간, 조금[불확정적인 수량] | 吃 chī 🖩 먹다 | ★饿 è 🖩 배고프다 | 可能

kěnéng 囝 아마(도) | 在 zài 图 ~에 있다 | 机场 jīchǎng 명 공항 | 电影院 diànyǐngyuàn 명 영화관 | 火车站 huǒchēzhàn 명 기차역

[2] **해설 및 정답** **문제 분석▼** 샤오리(小李)는 '다음 주에 베이징을 떠나 귀국할 것이다(下个星期就要离开北京回国了)'라고 했으므로, 그가 다음 주에는 베이징에 없음을 유추할 수 있다. 따라서 보기 C가 정답이다.

听说 小李 下个星期 就要 离开北京回
国 了。因为我要出差，没办法去送他了。
请你把这个小熊猫送给他，让他明年再到
中国来。

끝 ~하다[임박을 나타냄]

★ 根据这段话，可以知道 小李 :

A 想学习汉语

B 担心中国有变化

C 下星期不在北京

샤오리는 다음 주에 베이징을 떠나 귀국한다고
하더라. 나는 출장 가야 해서 배웅하러 못 가. 이 새
끼 판다를 그에게 주고, 내년에 다시 중국에 오라고
해줘.

★ 이 글을 통해 알 수 있듯 샤오리는:

A 중국어를 배우고 싶어 한다

B 중국이 변화한 것을 걱정한다

C 다음 주에 베이징에 없다

단어 听说 tīngshuō 동 듣자(하)니 | 下星期 xià xīngqī 다음 주 | 就要…了 jiùyào…le 곧 ~하다 | ★离开 líkāi 동 떠나다, 벗어나다 | 北京 Běijīng 고유 베이징, 북경 | 回国 huíguó 동 귀국하다 | 因为 yīnwèi 접 왜냐하면 | 出差 chūchāi 동 출장 가다 | 办法 bànfǎ 명 방법 | 送 sòng 동 보내다, 배웅하다 | 请 qǐng 동 청하다, 부탁하다 | ★把 bǎ 개 ~을 | 小熊猫 xiǎo xióngmāo 새끼 판다 | 送给 sònggěi 선물해 주다 | 让 ràng 동 (~로 하여금) ~하게 하다 | 明年 míngnián 명 내년 | 再 zài 부 또, 다시 | 中国 Zhōngguó 고유 중국 | ★根据 gēnjù 개 ~에 근거하여 | ★段 duàn 양 단락[사물의 한 부분을 나타냄] | 可以 kěyǐ 조동 ~할 수 있다 | 知道 zhīdào 동 알다, 이해하다 | 想 xiǎng 조동 ~하고 싶다 | 学习 xuéxí 동 공부하다 | 汉语 Hànyǔ 명 중국어 | ★担心 dānxīn 동 걱정하다 | ★变化 biànhuà 명동 변화(하다) | 在 zài 동 ~에 있다

| 실전 트레이닝 1 |

제1부분

A 欢迎你再次来上海。

B 没有，我又办了一个新的。

C 银行马上就要关门了。

1. 王经理，您的护照找到了吗？ ( )

2. 没关系，我明天去也可以。 ( )

3. 谢谢。几年不见，你的变化很大啊。 ( )

제2부분

A 已经	**B** 清楚	**C** 附近

4. 您可以选择火车站（ ）的宾馆，住那儿会更方便。

5. 小姐，您的行李（ ）搬到房间里了，这是您的房卡。

6. A: 手机照得不太（ ），你看这张怎么样？

   B: 很好，照得不错。

정답 및 해설_ 해설집 75쪽

실전 트레이닝 2

제3부분

1. 这辆公共汽车有上下两层，很多人都愿意坐上边那层，因为坐得高，眼睛看得远，一路上经过的地方，你都可以看得更清楚。

　　★ 关于这辆公共汽车，可以知道：

　　A 司机很好　　　　　　B 一共有两层　　　　　C 上层没有人坐

2. 客人们已经住进宾馆了，他们对那里的环境和服务都很满意，我已经跟他们说好了，明天早上9点半带他们坐船游长江。

　　★ 客人们明天会去：

　　A 看花　　　　　　　　B 爬山　　　　　　　　C 游长江

3. 以前我要去一个不认识的地方，总是要问别人才能找到。现在有了手机地图，我想去哪儿，它就能带我去哪儿，方便多了。

　　★ 根据这段话，我们可以知道：

　　A 他喜欢去旅游　　　B 他很喜欢用旧的　　　C 手机地图很方便

4. 没关系，我哭是因为看了一个电影，这个电影使我突然想起了很多过去的事情。

　　★ 他为什么哭？

　　A 想起了过去　　　　B 鼻子不舒服　　　　　C 不想说再见

정답 및 해설_ 해설집 77쪽

9 관형어의 쓰임

길 찾기, 교통수단

新HSK에는 이렇게 출제된다! ▼

★ **길 찾기**와 **교통수단** 토픽은 독해 영역에서 적은 **비중(8%)**을 차지하고, 독해 **제2, 3부분**에 상대적으로 **자주 출제**된다.

★ **길 찾기**와 **교통수단** 토픽은 시험에 **자주 출제되는 호응 표현**이 **제한**되어 있으므로, 독해 지문에도 항상 비슷하게 등장한다.

★ **관형어**는 명사 앞에서 명사를 수식하는 문장 성분으로 **구조조사(…的)**를 **사용**하거나 **사용하지 않는 경우**가 있는데, 독해 영역에서는 관형어를 힌트로 뒤에 등장할 명사를 찾는 문제가 많이 출제된다.

1 독해 빈출 호응 표현 길 찾기 & 교통수단

Track 78

1	起飞 qǐfēi	(비행기가) 이륙하다	飞机马上就要起飞了。 Fēijī mǎshàng jiùyào qǐfēi le. 비행기가 곧 이륙한다.
2	叫出租车 jiào chūzūchē	택시를 부르다	我帮你叫出租车。 Wǒ bāng nǐ jiào chūzūchē. 내가 (너를 도와) 택시를 부를게.
3	走路 zǒu lù	걷다	我走错路了。 Wǒ zǒucuò lù le. 나는 길을 잘못 들었다.
4	拿行李 ná xíngli	짐을 들다	请大家拿好行李。 Qǐng dàjiā náhǎo xíngli. 모두들 짐을 잘 챙기세요.
5	送孩子 sòng háizi	아이를 배웅하다	她每天送孩子上学。 Tā měi tiān sòng háizi shàngxué. 그녀는 매일 아이를 학교에 바래다준다.
	接朋友 jiē péngyou	친구를 마중하다	我要去机场接朋友。 Wǒ yào qù jīchǎng jiē péngyou. 나는 친구를 마중하러 공항에 가야 한다.
6	找地方 zhǎo dìfang	장소를 찾다	我找不到地方坐。 Wǒ zhǎo bu dào dìfang zuò. 나는 앉을 곳을 찾을 수가 없다.
	找宾馆 zhǎo bīnguǎn	호텔을 찾다	你先找一家宾馆吧。 Nǐ xiān zhǎo yì jiā bīnguǎn ba. 너 먼저 호텔 하나를 찾아라.

7	坐车方便 zuò chē fāngbiàn	차를 타기가 편리하다	这里坐车很方便。 Zhèlǐ zuò chē hěn fāngbiàn. 이곳은 차를 타기에 편리하다.
8	往前走 wǎng qián zǒu	앞으로 가다	往前走就能到车站。 Wǎng qián zǒu jiù néng dào chēzhàn. 앞쪽으로 걸어가면 바로 정거장에 도착할 수 있다.
9	向右拐 xiàng yòu guǎi	오른쪽으로 돌다	从这儿向右拐就能到。 Cóng zhèr xiàng yòu guǎi jiù néng dào. 여기에서 오른쪽으로 돌면 바로 도착합니다.
10	一条路(街) yì tiáo lù(jiē)	길 하나	这条路能到学校。 Zhè tiáo lù néng dào xuéxiào. 이 길로 (가면) 학교에 도착할 수 있다.

단어 飞机 fēijī 몡 비행기 | ★马上 mǎshàng 뷔 곧 | 就要…了 jiùyào…le 곧 ~하다 | ★起飞 qǐfēi 됭 (비행기가) 이륙하다 | 帮 bāng 됭 돕다 | 叫 jiào 됭 부르다 | 出租车 chūzūchē 몡 택시 | 走错 zǒucuò (길을) 잘못 들다 | 路 lù 몡 길 | 请 qǐng 됭 (상대가 어떤 일을 하길 바라는 의미로) ~하세요 | 大家 dàjiā 때 모두들 | 拿好 náhǎo 잘 들다 | 行李 xíngli 몡 짐 | 上学 shàngxué 됭 학교에 다니다 | 要 yào 조동 ~해야 한다 | 机场 jīchǎng 몡 공항 | ★接 jiē 됭 마중하다 | 朋友 péngyou 몡 친구 | 找不到 zhǎo bu dào 찾을래야 찾을 수 없다 | ★地方 dìfang 몡 장소 | 坐 zuò 됭 앉다 | ★先 xiān 뷔 먼저 | 车 chē 몡 차 | ★方便 fāngbiàn 톙 편리하다 | 往 wǎng 깨 ~쪽으로 | 前 qián 몡 앞 | 就 jiù 뷔 곧, 바로 | 能 néng 조동 ~할 수 있다 | 到 dào 됭 도착하다 | 车站 chēzhàn 몡 정거장 | 从 cóng 깨 ~에서, ~로부터 | ★向 xiàng 깨 ~을 향해 | 右 yòu 몡 우측, 오른쪽 | 拐 guǎi 됭 방향을 바꾸다 | ★条 tiáo 양 (길·강·물고기 등) 가늘고 긴 형상 또는 물건을 세는 단위

공략 트레이닝 1 / 제2부분 /

A 地方   B 条   C 送

1. 是不是就东边这(   )路能到车站? 从地图上看是这样的。

2. A: 对不起, 王经理, 我来晚了。

   B: 没关系, 先找个(   )坐吧。

[1] 🔖해설 및 정답 **문제 분석▼** '这(이)/那(그, 저)/哪(어느)+양사+명사' 순서로 쓰이므로, 빈칸에는 양사가 필요하다. 양사 条(보기 B)는 길, 바지, 치마처럼 가늘고 긴 사물을 셀 때 쓰는 단위이므로 빈칸에 적합하다.

是不是就东边这(**B 条**)路能到车站? └ 这/那+양사+명사 ┘ 从地图上看是这样的。	동쪽 이 길로 정류장에 도착할 수 있지? 지도에서 보면 그래.

📢단어 就 jiù 🔲 곧, 바로 │ 东边 dōngbian 🔲 동쪽 │ ★条 tiáo 🔲 (바지·치마·길·강 등) 가늘고 긴 물건을 세는 단위 │ 路 lù 🔲 길, 도로 │ 能 néng 🔲 ~할 수 있다 │ 到 dào 🔲 도착하다, 이르다 │ 车站 chēzhàn 🔲 정류장 │ 从 cóng 🔲 ~에서, ~로부터 │ ★地图 dìtú 🔲 지도 │ 上 shàng 🔲 위 │ 看 kàn 🔲 보다 │ 这样 zhèyàng 🔲 이렇다, 이와 같다

[2] 🔖해설 및 정답 **문제 분석▼** 동사 找(찾다)의 목적어로 명사 地方(곳, 장소)가 적당하고, '양사(个)+명사(地方)'의 순서로 쓰이므로 보기 A가 정답이다.

A: 对不起，王经理，我来晚了。	A: 죄송합니다, 왕 사장님. 제가 늦었네요.
B: 没关系，先找个(**A 地方**)坐吧。 동사+양사+목적어(명사)	B: 괜찮아요, 먼저 (**A 자리**)를 찾아서 앉으세요.

📢단어 对不起 duìbuqǐ 미안해요, 죄송해요 │ ★经理 jīnglǐ 🔲 사장, 책임자 │ 来晚 láiwǎn 늦게 오다 │ 没关系 méi guānxi 괜찮아요, 상관없어요 │ ★先 xiān 🔲 우선, 먼저 │ 找 zhǎo 🔲 찾다 │ ★地方 dìfang 🔲 곳, 장소 │ 坐 zuò 🔲 앉다

---

2 독해 빈출 포인트 구조조사 的+명사

명사 앞에는 수식하는 말(관형어)을 자주 쓴다. 대부분 '구조조사(…的)'를 사용하는 경우가 많고, 표현에 따라서는 사용하지 않기도 한다. 따라서 문장을 읽다가 '구조조사(…的)'가 등장하면 뒤에 명사가 올 가능성이 아주 높다는 것을 미리 예측하면 빠르고 정확한 독해가 가능하다.

🖊 시험에 출제되는 …的+명사 ☆ 필수체크

❶ (대)명사的+명사

(今天的)节目 오늘의 프로그램
jīntiān de jiémù

谢谢(你的)关心 관심 가져 줘서 고마워
xièxie nǐ de guānxīn

❷ 형용사구的＋명사

(最好的)办法 가장 좋은 방법
zuì hǎo de bànfǎ

(有名的)地方 유명한 곳
yǒumíng de dìfang

(安静的)城市 조용한 도시
ānjìng de chéngshì

❸ 동사구的＋명사

(喝茶的)习惯 차를 마시는 습관
hē chá de xíguàn

(上班的)路上 출근하는 길에
shàngbān de lùshang

中国人有(喝茶的)习惯。 중국인은 차를 마시는 습관이 있다.
Zhōngguórén yǒu hē chá de xíguàn.

단어 有 yǒu 통 ～이 있다 | 喝 hē 통 마시다 | 茶 chá 명 차, tea | ★习惯 xíguàn 명 습관

💡 **구조조사 的를 생략하고 명사를 수식하는 표현** ✕

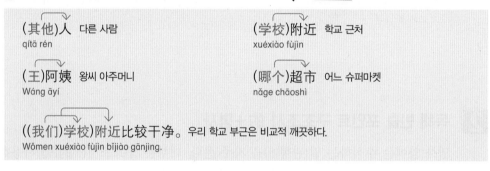

(其他)人 다른 사람
qítā rén

(王)阿姨 왕씨 아주머니
Wáng āyí

(学校)附近 학교 근처
xuéxiào fùjìn

(哪个)超市 어느 슈퍼마켓
nǎge chāoshì

((我们)学校)附近比较干净。 우리 학교 부근은 비교적 깨끗하다.
Wǒmen xuéxiào fùjìn bǐjiào gānjìng.

단어 学校 xuéxiào 명 학교 | ★附近 fùjìn 명 부근, 근처 | ★比较 bǐjiào 부 비교적 | ★干净 gānjìng 형 깨끗하다

1. 对不起，先生，我们的飞机马上就要起飞了，请您关上手机，谢谢。

    ★ 那位先生最可能在做什么？

    A 玩儿手机　　　　B 用铅笔写字　　　　C 用电脑发邮件

2. 请大家带好护照等重要东西，记住我的手机号码。如果走错路了，找不到宾馆时，就给我打电话。

    ★ 他们可能：

    A 在医院　　　　B 在打电话　　　　C 在火车站

---

[1] 해설 및 정답 **문제 분석▼** 본문에서 先生에게 휴대폰을 꺼달라(请您关上手机)고 당부하고 있으므로, 先生은 휴대폰을 사용하는 중이라는 것을 알 수 있다. 따라서 보기 **A**가 정답이다.

对不起，先生，我们的飞机马上就
要起飞了，请您关上手机，谢谢。
_{곧 ~하다}

★ 那位先生最可能在做什么？

A 玩儿手机

B 用铅笔写字

C 用电脑发邮件

선생님, 죄송합니다. 저희 비행기는 곧 이륙합니다. 휴대폰을 꺼주세요. 감사합니다.

★ 그 선생님은 아마도 무엇을 하고 있었나?

A 휴대폰을 하다

B 연필로 글씨를 쓰다

C 컴퓨터로 이메일을 보내다

단어 对不起 duìbuqǐ 미안해요, 죄송해요 | 先生 xiānsheng 몡 선생님, 씨[성인 남성에 대한 존칭] | 飞机 fēijī 몡 비행기 | ★马上 mǎshàng 倶 곧, 바로 | 就要…了 jiùyào…le 곧 ~하다 | ★起飞 qǐfēi 동 (비행기 등이) 이륙하다 | 请 qǐng 동 ~하세요, 청하다, 부탁하다 | ★关 guān 동 (기계를) 끄다 | 手机 shǒujī 휴대폰 | 谢谢 xièxie 동 고마워요, 감사해요 | ★位 wèi 양 분[사람을 세는 단위] | 最 zuì 倶 가장, 제일 | 可能 kěnéng 倶 아마(도) | 在 zài 동 ~하는 중이다, ~하고 있다 | 做 zuò 동 하다 | 什么 shénme 때 무엇 | 玩儿 wánr 동 놀다 | ★用 yòng 동 사용하다, 쓰다 | 铅笔 qiānbǐ 몡 연필 | 写字 xiě zì 동 글씨를 쓰다 | 电脑 diànnǎo 몡 컴퓨터 | 发邮件 fā yóujiàn 이메일을 보내다

[2] 〈해설 및 정답〉 **문제 분석▼** 여권 등 귀중품을 잘 챙기고 길을 잃지 않을 것을 당부하는 말은 가이드가 역에서 여행자들에게 하는 말일 가능성이 가장 높다. 따라서 보기 **C**가 정답이다.

请大家带好护照等重要东西，记住我
的手机号码。如果走错路了，找不到宾馆
时，就给我打电话。

★ 他们可能：

A 在医院

B 在打电话

C 在火车站

여러분 여권 등 귀중품을 잘 챙기시고, 제 휴대폰 번호를 기억하세요. 만약에 길을 잘못 들어서 호텔을 찾지 못할 때는 저에게 전화하세요.

★ 그들은 아마도：

A 병원에 있다

B 전화를 하고 있다

C 기차역에 있다

단어 请 qǐng 통 ~하세요, 청하다, 부탁하다 | 大家 dàjiā 대 모두들, 여러분 | 带好 dàihǎo 잘 챙기다 | ★护照 hùzhào 명 여권 | 等 děng 조 등, 따위 | ★重要 zhòngyào 형 중요하다 | 东西 dōngxi 명 물건, 것 | 记住 jìzhu 통 확실히 기억해 두다 | 手机 shǒujī 명 휴대폰 | 号码 hàomǎ 명 번호, 숫자 | ★如果 rúguǒ 접 만약 | 走错 zǒucuò (길을) 잘못 들다 | 找不到 zhǎo bu dào 찾을래야 찾을 수 없다 | 宾馆 bīnguǎn 명 호텔 | 时 shí 명 때, 시기 | 就 jiù 부 곧, 바로 | 给 gěi 개 ~에게 | 打电话 dǎ diànhuà 전화를 걸다, 전화하다 | 可能 kěnéng 부 아마(도) | 医院 yīyuàn 명 병원 | 火车站 huǒchēzhàn 명 기차역

[TIP] 가장 답이 아닌 것부터 하나하나 지워 나가는 '소거법'을 사용해도 좋다. 본문을 읽어 보면 그들 (他们)은 전화를 하고 있거나(보기 A), 병원에 있을(보기 B) 가능성이 희박하므로 보기 C를 답 으로 선택할 수 있다.

문제 적응 훈련

┤ 실전 트레이닝 1 ├

제1부분

A 天黑了，你一个人回家我不放心，你就叫出租车吧。

B 可以。你累不累? 坐下来喝点儿饮料，怎么样?

C 不是，右边也可以。

1. 只有中间的这个电梯能坐吗? ( )

2. 没关系，我打电话让我哥来接我。 ( )

3. 还有多远? 太阳下山前我们能到吗? ( )

제2부분

A 关心	**B** 向	**C** 街道

4. 谢谢你的( )，我做完事情后再找你。

5. 春天了，( )两边的花儿都开了。

6. A: 我该换钱了，你知道附近哪里有中国银行吗?

   B: 这家饭馆旁边就有一个，出门( )前走一百米就到了。

정답 및 해설_ 해설집 79쪽

| 실전 트레이닝 2 |

제3부분

1. 外面刚下过雪，街道还没人打扫。你回去的时候一定要小心点儿，慢点儿开车，注意看路。

★ 根据这段话，可以知道：

A 车坏了　　　　　B 要小心开车　　　　C 他开车开得很慢

2. 这条街很干净，路两边都是花草，每年春天开花的时候，都非常漂亮，所以我很喜欢在这条路上跑步。

★ 关于那条路，可以知道什么？

A 干净漂亮　　　　B 离车站很近　　　　C 不方便买菜

3. 我在离家很远的地方上大学，以前每次去学校，我都要先坐一个多小时的汽车到火车站，然后再坐10多个小时的火车。后来我家这边有了机场，去学校就快多了。

★ 为什么后来他去学校快多了？

A 可以坐火车　　　B 可以坐飞机　　　　C 已经毕业了

4. 早上我在车站等了40多分钟，也没等到我要坐的那辆公共汽车。我担心再等下去会迟到，就坐出租车来公司了。

★ 他今天早上：

A 迟到了　　　　　B 起床晚了　　　　　C 打车上班的

정답 및 해설_ 해설집 81쪽

第一部分 ★ 第1-5题

A 去洗洗手，准备碗筷吧。你妈妈呢？

B 那我再换个大一点儿的包，这个包放不下了。

C 这双运动鞋是新买的？多少钱买的？

D 找个时间去医院检查检查吧。

E 当然。我们先坐公共汽车，然后换地铁。

F 这位就是我的新男朋友。

例如：你知道怎么去那儿吗？ （ **E** ）

1. 把这几个苹果也拿上吧。 （ ）

2. 我的牙越来越疼了。 （ ）

3. 800多块，虽然比较贵，但穿着很舒服。 （ ）

4. 方便给我们介绍一下吗？他是谁啊？ （ ）

5. 她在看电视，我去叫她。 （ ）

★ 第6-10题

A 昨天的雨下得非常大，我没带伞。

B 别担心，我坐出租车去，10分钟就到学校了。

C 爸，您不是说给我带礼物了吗? 是什么? 让我看看。

D 没关系，我觉得你这样更好看。健康才是最重要的。

E 天气太热了，我们喝杯绿茶吧。

6. 快点儿吧，再有一个小时就要考试了。   (   )

7. 你看，我又胖了三公斤。   (   )

8. 在行李箱里呢，你自己去拿吧。   (   )

9. 好的，我也有点儿渴了。   (   )

10. 你怎么又生病了?   (   )

第二部分

★ 第11-15题

| A 为了 | B 留学 | C 机会 | D 年轻 | E 声音 | F 结束 |

例如：她说话的（ **E** ）多好听啊！

11. 我和丈夫是在国外（　　　）时认识的。

12. （　　　）更好地解决问题，必须提高自己的水平。

13. 会议10点半能（　　　）吗? 外面有人找你。

14. 别难过了，以后还有很多（　　　）。

15. 现在的（　　　）人结婚越来越晚了。

★ 第16-20题

| A 简单 | B 地方 | C 疼 | D 爱好 | E 帮忙 | F 借 |

例如：A: 你有什么（ **D** ）?

　　　B: 我喜欢体育。

16. A: 我觉得这次的考试题比较（　　　）。

　　　B: 真的吗? 但是我有好几个题不知道该怎么回答。

17. A: 晚上在哪儿见面?

　　　B: 就上次我们去过的那个（　　　），那儿附近有一家咖啡馆很安静。

18. A: 你怎么买了这么多东西，需要（　　　）吗？

B: 你给我开一下门吧，谢谢。

19. A: 学校图书馆一次可以（　　　）几本书？

B: 5本，一个月后还就可以。

20. A: 你都很长时间没锻炼了，下午和我去爬山吧。

B: 我昨天刚打了篮球，今天腿还（　　　）呢。

第三部分　★ 第21–30题

21. 三年级的足球赛明天下午开始，第一个就是我们班和3班的比赛，有兴趣的同学可以早点儿到运动场去看看。

★ 说话人：

A 是学生　　　　　　　B 回答问题　　　　　　　C 认真地工作

22. 别看小李年轻，他已经在这儿工作10年了。你有什么不明白的事情或者不知道该怎么解决的问题，都可以问他。

★ 如果有什么不懂的，可以：

A 迟到　　　　　　　　B 查词典　　　　　　　　C 问小李

23. 喂? 你在哪儿呢? 你声音大一点儿，好吗? 我刚才没听清楚你在说什么。

★ 那个人的声音：

A 很大　　　　　　　　B 有点儿小　　　　　　　C 比较清楚

24. 他在我感冒的时候照顾过我，在我遇到问题的时候帮助过我，在我心中，他是我最好的朋友。

★ 我遇到问题时，他：

A 非常生气　　　　　B 身体不舒服　　　　　C 帮我解决问题

25. 每年10月4日，这个城市都会举行"啤酒节"，会有很多国家的人来参加。啤酒节上，除了喝酒外，这里的表演更是好看，你还会在这儿遇到很多名人。

★ 在啤酒节上：

A 不能喝酒　　　　　B 能看到表演　　　　　C 一共有几千种啤酒

26. 小张上午脸色不太好，同学们以为他病了，问他怎么了，他笑着回答说："昨晚看电影，两点才睡觉。"

★ 小张昨天晚上：

A 发烧了　　　　　　B 看电影了　　　　　　C 玩儿电脑了

27. 新买的这个冰箱比以前那个旧的好多了，它的声音非常小，几乎没有声音，不会影响我们的工作和休息。

★ 新冰箱怎么样？

A 声音很小　　　　　B 用电不多　　　　　　C 出现了问题

28. 学过的东西，如果不经常看，很容易就会忘记。所以，要想把学过的东西记住，每过一段时间就应该复习一下。

★ 为了记住学过的东西，应该：

A 经常复习　　　　　B 不懂就问　　　　　　C 认真完成作业

29. 猫和人不同，它们不怕黑，因为它们的眼睛在晚上更容易看清楚东西。我们家的那只猫就总是习惯白天睡觉，晚上出来走动。

★ 关于那只猫，可以知道什么？

A 不喜欢晚上　　　　**B** 害怕换环境　　　　**C** 喜欢白天休息

30. 你好，我今天才发现，昨天从你们这儿拿回去的衣服不是我的，裙子和皮鞋都不是我的，这双皮鞋太大了，你帮我看一下，是谁拿错了。

★ 根据这段话，可以知道她：

A 非常高兴　　　　**B** 是卖衣服的　　　　**C** 拿错了东西

정답 및 해설_ 해설집 84쪽

쓰기

书写

유형
파악

★ 총 10문제 / 15분

	제**1**부분	제**2**부분
문제 유형	주어진 어휘를 조합하여 문장 만들기	빈칸에 알맞은 한자 쓰기
미리 보기	例如: 小船　上　一　河　条　有 河上有一条小船。	guān 例如: 没（ 关 ）系，别难过，高兴点儿。
문항 수	5	5
시험 시간	15 분	

정답이 보이는 **핵 심 공 략**

쓰기 제1부분

쓰기 제1부분은 제시어를 배열하여 올바른 문장을 완성하는 문제로, 출제 문제의 52%는 동사와 관련 있는 어법 요소(쓰기 1-6/핵심 1-6)가 출제되고, 48%는 부사어와 관련 있는 어법 요소(쓰기 7-11/핵심 7-10)가 출제된다. 따라서 시험에 대비하여 모든 어법 요소를 공부하기보다 자주 출제되는 동사, 부사어와 관련 있는 어법 요소들을 집중적으로 공부하는 것이 효과적이다.

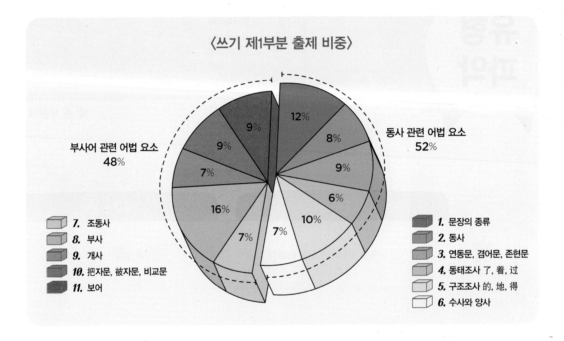

〈쓰기 제1부분 출제 비중〉

부사어 관련 어법 요소 48%

동사 관련 어법 요소 52%

12% 8% 9% 6% 10% 7% 7% 16% 7% 9% 9%

7. 조동사
8. 부사
9. 개사
10. 把자문, 被자문, 비교문
11. 보어

1. 문장의 종류
2. 동사
3. 연동문, 겸어문, 존현문
4. 동태조사 了, 着, 过
5. 구조조사 的, 地, 得
6. 수사와 양사

핵심1 술어가 될 가능성이 높은 동사나 형용사를 찾는다.

핵심2 술어가 동사일 때에는 목적어를 찾고, 그 다음에 주어를 찾는다.

핵심3 동사가 여러 개 등장할 때에는 기본적으로 시간 발생 순서대로 배열해 본다.

핵심4 어기조사(吗ma, 吧ba, 呢ne, 啊a 등)는 문장 맨 끝에 위치한다.

핵심5 동태조사(了le, 着zhe, 过guo)는 일반적으로 동사 바로 뒤에 붙는다.

핵심6 양사는 명사 앞, 동사 혹은 형용사 뒤에 위치한다.

핵심7 부정문을 만드는 요소(不bù, 没méi, 不要búyào, 别bié 등)는 조동사 바로 앞에 쓴다.

핵심8 정도부사(很hěn, 太tài, 非常fēicháng, 最zuì, 比较bǐjiào 등)는 형용사 바로 앞에 쓴다.

핵심9 여러 요소를 겹쳐 쓸 때에는 보통 '부사+조동사+개사구'의 순서로 쓴다.

핵심10 보어는 술어(동사/형용사) 뒤에서 그 동작이나 상태에 대해 보충 설명하여 문장의 의미를 더 정확하게 만든다.

★핵심 적용 예시★

火车站	不想	她	去	接她弟弟
huǒchēzhàn	bù xiǎng	tā	qù	jiē tā dìdi
기차역	~하고 싶지 않다	그녀	가다	그녀의 남동생을 마중하다

Step 1. 술어가 될 가능성이 높은 **동사나 형용사**를 찾는다.

火车站　　　不想　　　她　　　去　　　接她弟弟

Step 2. 술어가 동사일 때에는 목적어를 찾고, 그 다음에 주어를 찾는다.

주어	술어	목적어
她	去	火车站

Step 3. **동사가 여러 개** 등장할 때에는 기본적으로 **시간 발생 순서**대로 배열해 본다.

	동사1	동사2
她	去火车站	接她弟弟

Step 4. 부정문을 만드는 요소(不, 没, 不要, 别)는 **술어 앞쪽**에 위치한다.

她　　　不想　　　去火车站　　　接她弟弟

∴ **她不想去火车站接她弟弟。**　　그녀는 남동생을 데리러 기차역에 가고 싶지 않다.
Tā bù xiǎng qù huǒchēzhàn jiē tā dìdi.

쓰기 제2부분

쓰기 제2부분은 문장 속 빈칸에 들어갈 한자를 쓰는 문제로, 출제 문제의 75%는 **동사, 명사, 형용사**에서 출제된다.

핵심1 평소 동사, 명사, 형용사 단어를 외울 때 한자 쓰기에 더욱 신경 쓴다.

핵심2 시험 전에는 비슷하게 생긴 한자끼리 혼동하지 않도록 비교하며 확인해 본다.

1 문장의 종류
평서문, 의문문, 명령문, 감탄문

新HSK에는 이렇게 출제된다! ▼

★ 문장의 **기본 형식**과 **어순**을 아는 것은 기본이자 필수이다. 중국어 문장에는 어떤 것들이 있고, 어떤 특징이 있는지 알아야 한다.

★ **의문문**, **명령문**, **감탄문**임을 알 수 있도록 도와주는 표현에는 어떤 것들이 있는지 체크하며 공부하는 것이 효과적이다.

1 평서문(긍정문-부정문)

사람, 사물, 사건, 상황에 대해 서술하는 문장으로, 문장 끝에 마침표(。)를 쓴다.

1. 동작을 서술하는 문장 동사술어문

술어가 동사인 문장으로, 뒤에 목적어를 쓸 수 있다. 동작의 부정형은 不 혹은 没(有)를 쓴다.

긍정문	부정문
주어　술어(동사) 我　吃。 Wǒ　chī.	주어　부사　술어(동사) 我　**不**　吃。 Wǒ　bù　chī.
나는 먹는다/먹겠다.	나는 안 먹는다/먹겠다.
주어　술어(동사)　조사 我　吃　**了**。 Wǒ　chī　le.	주어　부사　술어(동사) 我　**没(有)**　吃。 Wǒ　méi(yǒu)　chī.
나는 먹었다.	나는 안 먹었다.
주어　술어(동사)　목적어 我　是　中国人。 Wǒ　shì　Zhōngguórén.	주어　부사　술어(동사)　목적어 我　**不**　是　中国人。 Wǒ　bú　shì　Zhōngguórén.
나는 중국인이다.	나는 중국인이 아니다.
주어　술어(동사)　목적어 我　有　弟弟。 Wǒ　yǒu　dìdi.	주어　부사　술어(동사)　목적어 我　**没**　有　弟弟。 Wǒ　méi　yǒu　dìdi.
나는 남동생이 있다.	나는 남동생이 없다.

[TIP] ❶ 了는 동작의 완료를 나타내고, 没는 동작이 발생하지 않았음을 나타낸다.

❷ 동사 是의 부정형은 不是, 동사 有의 부정형은 没有를 쓴다.

2. 상태나 성질을 묘사하는 문장 형용사술어문

술어가 형용사인 문장으로, 보통 앞에 정도부사(很, 太, 非常)를 쓴다. 과거, 현재, 미래에 상관없이 부정문에 부사(不)를 쓴다는 점에 주의하자.

긍정문	부정문
주어　부사　술어(형용사) **我**　**很**　**忙。** Wǒ　hěn　máng.	주어　　부사어　　부사　술어(형용사) **我**　**今天**　**不**　**忙。** Wǒ　jīntiān　bù　máng.
	나는 오늘 안 바쁘다.
나는 바쁘다.	주어　　부사어　　부사　술어(형용사) **我**　**昨天**　**不**　**忙。** Wǒ　zuótiān　bù　máng.
	나는 어제 안 바빴다.

공략 트레이닝 1

喜欢	我	吃	不	西瓜

해설

Step 1. 먼저 술어가 될 동사나 형용사를 찾고, 그다음에 술어가 동사라면 적절한 목적어를 찾는다.

我 + 喜欢 + ?　　나는 ?을 좋아한다　　｜　　我 + 吃 + 西瓜　　나는 수박을 먹는다
주어　술어(동사)　목적어　　　　　　　　　　　　주어　술어(동사)　목적어

Step 2. 기본 문장을 완성한다.

我 + 喜欢 + 吃 + 西瓜　　　　　　　　나는 수박 먹는 것을 좋아한다
주어　술어(동사)　　목적어

Step 3. 부사 不는 술어 앞에 써서 부정문을 만든다.

我 + [不] + 喜欢 + 吃 + 西瓜　　　　나는 수박 먹는 것을 안 좋아한다
└──────┘ 안 좋아하다

정답　**我不喜欢吃西瓜。**　　나는 수박 먹는 것을 좋아하지 않는다.
Wǒ bù xǐhuan chī xīguā.

단어　不 bù 튄 ~하지 않(았)다 | 喜欢 xǐhuan 동 좋아하다 | 吃 chī 동 먹다 | 西瓜 xīguā 명 수박

2 의문문

질문하는 문장으로, 문장 끝을 살짝 올려 읽고 물음표(?)를 쓴다.

1. 일반 의문문

평서문 문장 맨 끝에 吗, 吧, 呢를 써서 의문문을 만든다.

❶ 吗 ma ▶ '~니?, ~까?'라는 뜻으로 몰라서 물어볼 때 쓴다.

你是医生吗?　당신은 의사입니까?
Nǐ shì yīshēng ma?

❷ 吧 ba ▶ '~이지?'라는 뜻으로 추측하면서 물어볼 때 쓴다.

你是医生吧?　당신은 의사죠?
Nǐ shì yīshēng ba?

❸ 呢 ne ▶ '~는요?'라는 뜻으로 질문이 반복되어 질문 내용을 생략하고 물어볼 때 쓴다.

我是医生，你呢?　나는 의사예요, 당신은요?
Wǒ shì yīshēng, nǐ ne?

2. 의문대명사를 사용한 의문문

의문대명사를 사용한 의문문은 문장 끝에 吗나 吧를 쓸 필요가 없다.

📂 의문문을 만드는 표현 ✏️ *필수체크*

谁 shéi	누구	你是谁?　너는 누구니? Nǐ shì shéi?
什么 shénme	무슨, 무엇	你叫什么名字?　너는 이름이 뭐니? Nǐ jiào shénme míngzi?
哪儿 nǎr	어디, 어느 곳	你在哪儿?　너는 어디에 있니? Nǐ zài nǎr? *같은 표현으로 哪里 nǎlǐ, 什么地方 shénme dìfang이 있다.
什么时候 shénme shíhou	언제	你们是什么时候认识的?　너희는 언제 알게 되었니? Nǐmen shì shénme shíhou rènshi de?
为什么 wèishénme	왜	你为什么不吃西瓜?　너는 왜 수박을 안 먹니? Nǐ wèishénme bù chī xīguā?
怎么 zěnme	어떻게, 어째서, 왜	你们是怎么认识的?　너희는 어떻게 알게 되었니? Nǐmen shì zěnme rènshi de?

怎么样 zěnmeyàng	어떠하다	你的男朋友怎么样? 너의 남자친구는 어때? Nǐ de nánpéngyou zěnmeyàng?
怎么了 zěnme le	왜 그래, 무슨 일이야?	你怎么了? 너 왜 그래?(무슨 일이야?) Nǐ zěnme le?
多少 duōshao	얼마(나)	这件衣服多少钱? 이 옷은 얼마인가요? Zhè jiàn yīfu duōshao qián?
几 jǐ	몇	你家有几口人? 너희 가족은 몇 명이니? Nǐ jiā yǒu jǐ kǒu rén? *10 이하의 적은 수량을 물어볼 때에는 보통 几를 사용한다.
多(么) duō(me)	얼마나	你儿子有多高? 네 아들은 (키가) 얼마나 크니? Nǐ érzi yǒu duō gāo?

3. 정반의문문(A하니, 안 A하니?)

동사, 형용사, 조동사의 긍정형(A)과 부정형(不A)을 연결하여 만드는 의문문(A不A)으로, 문장 끝에 吗나 吧를 쓸 필요가 없다.

你是不是医生? 당신은 의사입니까 아닙니까?
Nǐ shì bu shì yīshēng?

你忙不忙? 너는 바쁘니 안 바쁘니?
Nǐ máng bu máng?

3 명령문

명령이나 금지를 나타내는 문장으로, 문장 끝에 마침표(。)나 느낌표(!)를 쓴다.

❶ 请 qǐng ▶ 청하다, ~하세요, ~해 주세요

请喝茶。 차를 드세요.
Qǐng hē chá.

❷ 别 bié ▶ ~하지 마라(=不要 búyào)

别睡觉。 잠을 자지 마.
Bié shuìjiào.

4 감탄문

감탄, 놀람 등의 감정을 표현하는 문장으로, 문장 끝에 느낌표(!)를 쓰기도 한다.

❶ 太 tài ▶ 너무, 지나치게

太好了!　너무 잘 됐다!
Tài hǎo le!

❷ 真 zhēn ▶ 정말, 진짜

真好!　정말 좋다!
Zhēn hǎo!

공략 트레이닝 2

吧	节目	有意思	那个

해설 *Step 1.* 먼저 술어가 될 동사나 형용사를 찾고, 그다음에 술어가 동사라면 적절한 목적어를 찾는다.

节目 ＋ 有意思	프로그램이 재미있다
주어　　　술어(형용사)	

Step 2. 양사 **个**는 사람이나 사물을 세는 일반적인 단위이고, **조사 吧**는 문장 끝에 쓰여 의문문을 만든다.

(那个) ＋ 节目 ＋ 有意思 ＋ 吧	그 프로그램은 재미있지?
└─┘　　　　　　　　↓	
그 프로그램　　　　　~이지?	

정답 **那个节目有意思吧?**　그 프로그램은 재미있지?
　　　Nàge jiémù yǒu yìsi ba?

단어 ★节目 jiémù 몡 프로그램 | 有意思 yǒu yìsi 혱 재미있다

쓰기 실력 트레이닝
문장 완성하기 ❶

★ 다음 단어를 중국어 어순에 따라 배열해 보세요.

❶ 葡萄　　　很　　　这些　　　新鲜

✎ [관형어] + (주어) + (부사어) + (술어)。

❷ 鼻子　　　你丈夫　　　怎么了　　　的

✎ [관형어] + 的 + (주어) + (술어)?

❸ 什么时候　　　会议　　　举行　　　这次

✎ [관형어] + (주어) + (부사어) + (술어)?

❹ 是　　　你的　　　多少　　　房间号码

✎ [관형어] + (주어) + (술어) + (목적어)?

❺ 正在　　　爷爷　　　看　　　呢　　　报纸

✎ (주어) + (부사어) + (술어) + (목적어) + 呢。

단어 葡萄 pútao 몡 포도 | ★新鲜 xīnxiān 휑 싱싱하다, 신선하다 | ★鼻子 bízi 몡 코 | ★会议 huìyì 몡 회의 |
举行 jǔxíng 됭 개최하다, 개최되다

정답 | ❶ 这些葡萄很新鲜。 Zhèxiē pútao hěn xīnxiān. 이 포도들은 매우 싱싱하다. | ❷ 你丈夫的鼻子怎么了? Nǐ zhàngfu de bízi zěnme le? 네 남편 코가 왜 그래 이랬니? | ❸ 这次会议什么时候举行? Zhècì huìyì shénme shíhou jǔxíng? 이번 회의는 언제 열리니? | ❹ 你的房间号码是多少? Nǐ de fángjiān hàomǎ shì duōshao? 네 방 번호가 몇이니? | ❺ 爷爷正在看报纸呢。 Yéye zhèngzài kàn bàozhǐ ne. 할아버지는 지금 신문을 보고 있다.

쓰기 ❶ 문장의 종류　159

쓰기 제1부분

실전에 강한

제한 시간 10분

문제 적응 훈련

⎸ 실전 트레이닝 ⎹

1. 很　　　他们　　　这件事　　　关心

   ✎ _____

2. 你　　　怎么现在　　　来　　　才

   ✎ _____

3. 经常　　　爷爷　　　打电话　　　给他儿子

   ✎ _____

4. 真　　　这个地方　　　啊　　　安静

   ✎ _____

5. 他是　　　体育　　　三年级的　　　老师

   ✎ _____

정답 및 해설_ 해설집 97쪽

2 동사

新HSK에는 이렇게 출제된다! ▼

★ **동사**는 중국어 문장의 **뼈대** 역할을 한다. 따라서 쓰기 제1부분 문제를 풀 때 **제시어 중에 동사가 있는 지 가장 먼저 생각**해 보는 것이 우선이다.

★ **동사**에는 **어떤 것**들이 있고 **어떤 특징**을 가지고 있는지 **알면**, 문장을 해석하거나 이해할 때 많은 도움이 된다.

1 동사의 특징

1. 동사 뒤에는 일반적으로 목적어가 오고, 목적어의 형식은 다양하다.

술어(동사)   목적어

他   看   书。   그는 책을 본다.
Tā   kàn   shū.

                     목적어

술어(동사)   동사+목적어

他   喜欢   看   书。   그는 책 보는 것을 좋아한다.
Tā   xǐhuan   kàn   shū.

2. 동사가 명사를 수식할 때에는 的 de와 함께 쓴다.

$$\boxed{동사} + 的 + \boxed{명사}$$

喜欢的课   좋아하는 과목
xǐhuan de kè

她准备的考试   그녀가 준비하는 시험
tā zhǔnbèi de kǎoshì

단어 课 kè 몡 수업, 과목 | 准备 zhǔnbèi 통 준비하다 | 考试 kǎoshì 몡 시험

3. 동작동사는 정도부사 很 hěn, 太 tài, 非常 fēicháng의 수식을 받을 수 없다.

정도부사 동작동사
很 吃 (X)

2 동사의 종류

1. 동작동사

가장 일반적인 동사로 동작이나 행위를 의미한다.

听 tīng 듣다　　看 kàn 보다　　吃 chī 먹다　　喝 hē 마시다

他听汉语课。 그는 중국어 수업을 듣는다.
Tā tīng Hànyǔ kè.

2. 감정동사

마음이나 감정을 나타내는 동사로, 정도부사 很 hěn, 太 tài, 非常 fēicháng의 수식을 받을 수 있는 특징이 있다.

꼭 알아야 하는 감정동사 필수체크

□□ 喜欢 xǐhuan 좋아하다	□□ 担心 dānxīn 걱정하다★
□□ 爱 ài 사랑하다, 몹시 좋아하다	□□ 生气 shēngqì 화를 내다★
□□ 相信 xiāngxìn 믿다★	□□ 怕 pà 무서워하다
□□ 愿意 yuànyì 원하다★	□□ 害怕 hàipà 무서워하다★

정도부사 감정동사
他 [很] 喜欢 汉语课。 그는 중국어 수업을 매우 좋아한다.
Tā hěn xǐhuan Hànyǔ kè.

3 이합동사

이합동사는 2음절(AB) 동사로 '동사(A) + 목적어(B)'의 구조로 이루어져 있다. 이합동사에는 이미 목적어가 있기 때문에 또 다른 목적어를 쓸 수 없다는 점에 주의하자.

我要帮忙朋友。（X）

💡 이합동사에 목적어 쓰는 법

방법1 목적어 부분(B)을 수식하는 **관형어**의 형태로 쓴다.

我帮忙你。（X）➡ 我帮(你的)忙。（O）　내가 너를 도와줄게.
　　　　　　　　　　Wǒ bāng nǐ de máng.

방법2 의미적으로 적절한 **개사**를 사용한다.

我见面她。（X）➡ 我[跟她]见面。（O）　나는 그녀와 만난다.
　　　　　　　　　Wǒ gēn tā jiànmiàn.

🗂 꼭 알아야 하는 이합동사 ✖️ 필수체크

□□ **唱歌** chànggē 노래를 부르다	□□ **结婚** jiéhūn 결혼을 하다 ✖
□□ **跳舞** tiàowǔ 춤을 추다	□□ **毕业** bìyè 졸업을 하다
□□ **游泳** yóuyǒng 헤엄을 치다, 수영을 하다	□□ **聊天** liáotiān 수다를 떨다 ✖
□□ **散步** sànbù 산책을 하다	□□ **上课** shàngkè 수업을 하다
□□ **睡觉** shuìjiào 잠을 자다	□□ **跑步** pǎobù 뛰다, 달리기를 하다

4 이중목적어를 갖는 동사

동사 중에는 목적어를 두 개 취하는 이중목적어 동사도 있다.

📖 꼭 알아야 하는 이중목적어를 취하는 동사

☐☐ 告诉 gàosu 알려 주다		☐☐ 给 gěi 주다	
☐☐ 问 wèn 질문하다, 묻다		☐☐ 教 jiāo 가르치다 ✦	
☐☐ 送 sòng 보내다, 배웅하다		☐☐ 找 zhǎo (잔돈을) 거슬러 주다	

주어 + 동사 + 목적어1(~에게) + 목적어2(~을)

我问你一个问题。 나는 너에게 질문(문제) 하나를 묻겠다.
Wǒ wèn nǐ yí ge wèntí.

我告诉你我的电话号码。 나는 너에게 내 전화번호를 알려 주겠다.
Wǒ gàosu nǐ wǒ de diànhuà hàomǎ.

공략 **트레이닝 1**

> 忘了　　　　手机　　　　带　　　　她

해설 **Step 1.** 먼저 술어가 될 동사나 형용사를 찾고, 그다음에 술어가 동사라면 적절한 목적어를 찾는다.

她 + 忘了 + ? 　그녀는 ?을 잊었다	带 + 手机 　휴대폰을 가져오다
주어 　술어(동사) 목적어	동사 　목적어

Step 2. 의미를 생각해 보고 전체 문장을 마무리한다.

她 + 忘了 + 带 + 手机	그녀는 휴대폰 가져오는 것을 잊었다
주어 　술어(동사) 　동사 + 목적어	
목적어	

정답 **她忘了带手机。** 　그녀는 휴대폰 가져오는 것을 잊었다.
Tā wàngle dài shǒujī.

단어 忘 wàng 동 (지난 일을) 잊다, 망각하다 | ★带 dài 동 (몸에) 지니다, 챙기다 | 手机 shǒujī 명 휴대폰

| 爱 | 喝 | 都 | 小狗和小猫 | 牛奶 |

해설 *Step 1.* 먼저 술어가 될 동사나 형용사를 찾고, 그다음에 주어와 목적어를 찾는다.

小狗和小猫 + 爱 + ? 　강아지와 고양이는 ┊ 喝 + 牛奶 　우유를 마시다
　주어　　　술어(동사) 목적어 ? 을 좋아한다 ┊ 술어(동사) 목적어

Step 2. 기본 문장을 완성한다.

小狗和小猫 + 爱 + 喝 + 牛奶 　　　강아지와 고양이는 우유 마시는 것을 몹시 좋아한다
　주어　　　술어(동사) 동사 + 목적어
　　　　　　　　　　 목적어

Step 3. 부사 都는 '모두, 다'의 의미로 술어 앞에 쓰고, 복수의 개념인 주어 뒤에 쓴다.

小狗和小猫 + [都] + 爱 + 喝 + 牛奶 ┊ 강아지와 고양이는 모두 우유 마시는 것을 몹시 좋아한다
　　　　　└─────→ 복수의 개념+都 : 강아지와 고양이 모두

정답 **小狗和小猫都爱喝牛奶。** 　강아지와 고양이는 모두 우유 마시는 것을 몹시 좋아한다.
Xiǎogǒu hé xiǎomāo dōu ài hē niúnǎi.

단어 小狗 xiǎogǒu 명 강아지 | 和 hé 접 ~와, ~랑 | 小猫 xiǎomāo 명 고양이 | 都 dōu 부 모두, 다 | 爱 ài 동 사랑하다, 몹시 좋아하다 | 喝 hē 동 마시다 | 牛奶 niúnǎi 명 우유

쓰기 제1부분

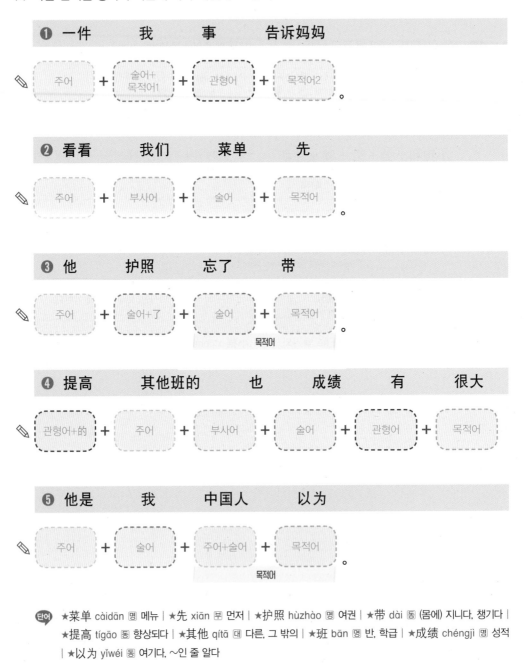

쓰기 실력 트레이닝
문장 완성하기 ❷

★ 다음 단어를 중국어 어순에 따라 배열해 보세요.

❶ 一件　　我　　事　　告诉妈妈

✎ 　주어　＋　술어+목적어1　＋　관형어　＋　목적어2　。

❷ 看看　　我们　　菜单　　先

✎ 　주어　＋　부사어　＋　술어　＋　목적어　。

❸ 他　　护照　　忘了　　带

✎ 　주어　＋　술어+了　＋　술어　＋　목적어　。
　　　　　　　　　　　　└─ 목적어 ─┘

❹ 提高　　其他班的　　也　　成绩　　有　　很大

✎ 　관형어+的　＋　주어　＋　부사어　＋　술어　＋　관형어　＋　목적어　。

❺ 他是　　我　　中国人　　以为

✎ 　주어　＋　술어　＋　주어+술어　＋　목적어　。
　　　　　　　　　　　└─ 목적어 ─┘

단어　★菜单 càidān 圐 메뉴 | ★先 xiān 뎸 먼저 | ★护照 hùzhào 圐 여권 | ★带 dài 圐 (몸에) 지니다, 챙기다 |
★提高 tígāo 圐 향상되다 | ★其他 qítā 뎮 다른, 그 밖의 | ★班 bān 圐 반, 학급 | ★成绩 chéngjì 圐 성적
| ★以为 yǐwéi 圐 여기다, ~인 줄 알다

정답 | ❶ 我要告诉妈妈一件事。 Wǒ gàosu māma yí jiàn shì. 나는 엄마에게 일 한 가지를 말하려 한다. ❷ 我们先看看菜单。
Wǒmen xiān kànkan càidān. 우리 먼저 메뉴 좀 보자. ❸ 他忘了带护照。 Tā wàngle dài hùzhào. 그는 여권 챙기는 것을 잊었다. ❹ 其他班的成绩也有很大提高。 Qítā bān de chéngjì yě yǒu hěn dà tígāo. 다른 반의 성적도 크게 향상됐다. ❺ 他以为我是中国人。 Tā yǐwéi wǒ shì Zhōngguórén. 그는 내가 중국인인 줄 알았다.

문제 적응 훈련

학습일 _____ / _____

맞은 개수 _____

실전 트레이닝

1. 她最后　　　　卖了　　　　决定　　　　把自行车

　　✎ _____

2. 用铅笔做作业　　　　喜欢　　　　我　　　　不

　　✎ _____

3. 先　　　　照片　　　　大家　　　　看看

　　✎ _____

4. 很大　　　　有　　　　也　　　　提高　　　　其他学生的成绩

　　✎ _____

5. 很多　　　　他们　　　　已经　　　　办法　　　　想了

　　✎ _____

정답 및 해설_ 해설집 99쪽

3 동사가 여러 개인 문장

연동문, 겸어문, 존현문

新HSK에는 이렇게 출제된다! ▼

★ 한 문장에 여러 개의 동사를 배열할 때에는 기본적으로 **시간 발생 순서의 원칙**에 따라 먼저 발생해야 하는 동작부터 순서대로 쓴다.

★ **연동문**과 **겸어문**에 제시된 예문을 볼 때에는 동사 간에 어떤 **시간 발생의 순서**가 존재하는지 생각해 보면 쉽게 어순을 정할 수 있다.

우선, 다음 두 문장에는 어떤 동사가 있고, 그 동사 간에 어떤 시간 발생의 순서가 존재하는지 생각해 보자.

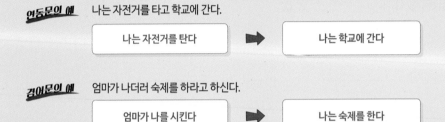

연동문의 예   나는 자전거를 타고 학교에 간다.

| 나는 자전거를 탄다 | ➡ | 나는 학교에 간다 |

겸어문의 예   엄마가 나더러 숙제를 하라고 하신다.

| 엄마가 나를 시킨다 | ➡ | 나는 숙제를 한다 |

★ 동사 **在, 有, 是**를 이용한 **존현문**은 장소 표현을 동사 앞에 쓸지, 뒤에 쓸지가 중요하다. 동사 在, 有, 是 마다 차이가 있으니 주의하여 기억해 두면 실수를 피할 수 있다.

1 연동문

한 문장 안에 하나의 주어와 여러 개의 동사가 있는 문장이다.

/. 두 개 이상의 동작이 연속해서 발생함

동사1 + … + 동사2 + …

동사1하고(서) 동사2하다

	동사1	동사2[연속]		
他	出去	关门	了。	그는 나가서 문을 닫았다.
Tā	chūqu	guān mén	le.	

2. 동사2가 동사1(来 lái / 去 qù)의 목적을 나타냄

$$\boxed{동사1(来 / 去)} \ + \ \cdots \ + \ \boxed{동사2[목적]} \ + \ \cdots$$

동사2하러 가다/오다

	동사1		동사2		
他	去	书店	买	书。	그는 책을 사러 서점에 간다.
Tā	qù	shūdiàn	mǎi	shū.	

3. 동사1이 동사2의 방식을 나타냄

$$\boxed{동사1(坐 zuò / 骑 qí / 用 yòng)[방식 / 수단]} \ + \ \cdots \ + \ \boxed{동사2} \ + \ \cdots$$

동사1하여/하고 동사2하다

	동사1[방식]		동사2		
我	坐	公共汽车	去	学校。	나는 버스를 타고 학교에 간다.
Wǒ	zuò	gōnggòng qìchē	qù	xuéxiào.	

	동사1[수단]		동사2		
我	用	电脑	做	作业。	나는 컴퓨터를 이용해서 숙제를 한다.
Wǒ	yòng	diànnǎo	zuò	zuòyè.	

공략 트레이닝 1

你　　　问问　　　老师　　　吧　　　去

해설

Step 1. 먼저 술어가 될 동사나 형용사를 찾고, 그다음에 술어가 동사라면 적절한 목적어를 찾는다.

你 + 问问 + 老师　너는 선생님에게 물어본다　你 + 去　너는 간다
주어　술어(동사)　목적어　　　　　　　　　　주어　술어(동사)

Step 2. 한 문장에 여러 개의 동사가 등장하면 시간 발생 순서의 원칙대로 배열한다.

你 + 去 + 问问 + 老师　　　　　　　너는 가서 선생님께 묻는다
　　　동사1　동사2(목적)

Step 3. 조사 吧는 '~해라, ~하자'의 의미로 문장 맨 끝에 쓴다.

你 + 去 + 问问 + 老师 + 吧　　　　너는 가서 선생님께 여쭤 봐라
　　　　　　　　　　　　너는 ~해라

정답 **你去问问老师吧。** 너는 가서 선생님께 여쭤 봐라.
Nǐ qù wènwen lǎoshī ba.

단어 去 qù 통 가다 | 问 wèn 통 묻다, 질문하다 | 老师 lǎoshī 명 선생님

2 겸어문

한 문장 안에서 첫 번째 동사의 목적어가 두 번째 동사의 주어 역할을 겸하는 문장이다.

1. 동사1이 让ràng / 叫jiào인 경우

동사1(让 / 叫) + 겸어 + 동사2 + …

동사2하도록 시키다

	동사1	주어2 목적어1		동사2[연속]	
公司	叫	她	马上	回国。	회사가 그녀에게 시킨다 → 그녀는 곧 귀국한다
Gōngsī	jiào	tā	mǎshàng	huíguó.	

회사는 그녀더러 곧 귀국하라고 한다.

2. 동사1이 请qǐng인 경우

동사1(请) + 겸어 + 동사2 + …

동사2하도록 청하다, 동사2해 주세요

	동사1	주어2 목적어1	동사2[연속]	
我	请	你	来我家玩儿。	나는 너에게 청한다 → 너는 우리 집에 놀러 와라
Wǒ	qǐng	nǐ	lái wǒ jiā wánr.	

우리 집에 놀러 오세요.

请我	哥哥	看	电影

해설 **Step 1.** 먼저 술어가 될 동사나 형용사를 찾고, 그다음에 술어가 동사라면 적절한 목적어를 찾는다.

请我 나에게 청한다 술어(동사)+목적어	看 + 电影 영화를 본다 술어(동사) 목적어

Step 2. 한 문장에 여러 개의 동사가 등장하면 시간 발생 순서의 원칙대로 배열한다.

哥哥 + 请我 + 看 + 电影 　　　동사1　동사2	오빠(형)가 나더러 영화를 보자고 한다

정답 **哥哥请我看电影。** 오빠(형)가 나더러 영화를 보자고 한다.
Gēge qǐng wǒ kàn diànyǐng.

단어 哥哥 gēge 몡 오빠, 형 | 请 qǐng 동 청하다, 부탁하다 | 看 kàn 동 보다 | 电影 diànyǐng 몡 영화

3 존현문

어떤 장소에 무언가 존재한다는 표현을 할 때에는 동사 在zài, 有yǒu, 是shì를 쓴다. 각 동사를 사용할 때 존재하는 장소의 위치에 주의해서 어순을 기억하자.

1. 동사 在로 존재 표현을 할 때에는 반드시 장소 표현을 在 뒤에 써야 한다.

사람/사물 + 在/동사在 + 장소

我姐姐在中国。 우리 언니(누나)는 중국에 있다.
Wǒ jiějie zài Zhōngguó.

我姐姐住在中国。 우리 언니(누나)는 중국에 산다.
Wǒ jiějie zhùzài Zhōngguó.

2. 동사 有로 존재 표현을 할 때에는 반드시 장소 표현을 有 앞에 써야 한다.

장소 + 有/동사着 + 사람/사물

医院里有很多医生。 병원에 많은 의사가 있다.
Yīyuàn li yǒu hěn duō yīshēng.

医院里坐着很多医生。 병원에 많은 의사가 앉아 있다.
Yīyuàn li zuòzhe hěn duō yīshēng.

3. 동사 是로 존재 표현을 할 때에는 반드시 장소 표현을 是 앞에 써야 한다.

장소 + 是 + 사람/사물

医院右边是学校。 병원 오른쪽은 학교이다.(병원 오른쪽에 학교가 있다.)
Yīyuàn yòubian shì xuéxiào.

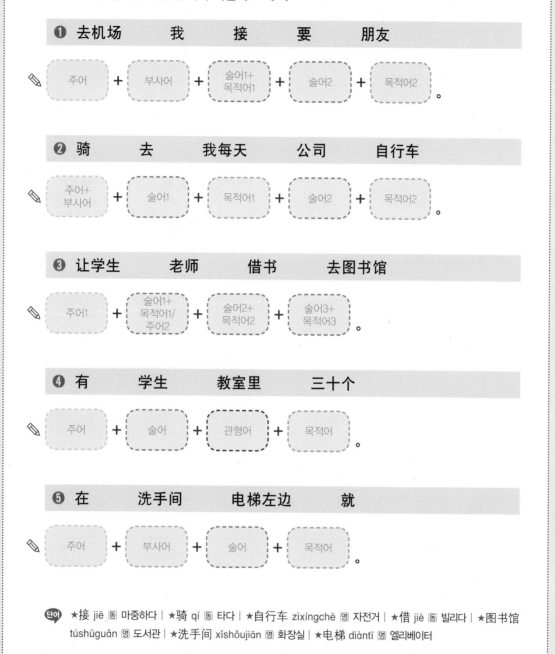

쓰기 실력 트레이닝
문장 완성하기 ❸

★ 다음 단어를 중국어 어순에 따라 배열해 보세요.

❶ 去机场　　我　　接　　要　　朋友

✎ [주어] + [부사어] + [술어1+목적어1] + [술어2] + [목적어2] 。

❷ 骑　　去　　我每天　　公司　　自行车

✎ [주어+부사어] + [술어1] + [목적어1] + [술어2] + [목적어2] 。

❸ 让学生　　老师　　借书　　去图书馆

✎ [주어1] + [술어1+목적어1/주어2] + [술어2+목적어2] + [술어3+목적어3] 。

❹ 有　　学生　　教室里　　三十个

✎ [주어] + [술어] + [관형어] + [목적어] 。

❺ 在　　洗手间　　电梯左边　　就

✎ [주어] + [부사어] + [술어] + [목적어] 。

★接 jiē 툉 마중하다 | ★骑 qí 툉 타다 | ★自行车 zìxíngchē 몡 자전거 | ★借 jiè 툉 빌리다 | ★图书馆 túshūguǎn 몡 도서관 | ★洗手间 xǐshǒujiān 몡 화장실 | ★电梯 diàntī 몡 엘리베이터

정답 ❶ 我要去机场接朋友。 Wǒ yào qù jīchǎng jiē péngyou. 나는 친구를 마중하러 공항에 갈 것이다. ❷ 我每天骑自行车去公司。 Wǒ měi tiān qí zìxíngchē qù gōngsī. 나는 매일 자전거를 타고 회사에 간다. ❸ 老师让学生去图书馆借书。 Lǎoshī ràng xuéshēng qù túshūguǎn jiè shū. 선생님이 학생에게 책 빌리러 도서관에 가라고 시킨다. ❹ 教室里有三十个学生。 Jiàoshì li yǒu sānshí ge xuéshēng. 교실 안에는 학생 30명이 있다. ❺ 洗手间就在电梯左边。 Xǐshǒujiān jiù zài diàntī zuǒbian. 화장실은 엘리베이터 바로 왼쪽에 있다.

문제 적응 훈련

학습일 ____/____

맞은 개수 _____

| 실전 트레이닝 |

1. 我的小猫　　　　房间　　　　在　　　　里

   ✎ _____

2. 接她孩子　　　她　　　去　　　每天都　　　学校

   ✎ _____

3. 让我　　　你　　　吧　　　想一想

   ✎ _____

4. 你　　　开　　　上班　　　敢不敢　　　车

   ✎ _____

5. 多少　　　有　　　你们学校　　　学生

   ✎ _____

정답 및 해설_ 해설집 102쪽

4 동태조사   동작의 완료 了, 지속 着, 경험 过

新HSK에는 이렇게 출제된다! ▼

★ **동태조사(了, 着, 过)**는 문장의 술어를 찾게 해주는 **중요한 키워드**이다. 이렇게 찾은 술어를 중심으로 주어, 목적어를 찾아 문장의 기본 뼈대를 완성할 수 있다.

★ **동태조사 着와 过는 무조건 동사 바로 뒤에 쓰고, 了는 동사 바로 뒤,** 혹은 **문장 맨 끝에도 쓸 수 있다**는 것을 기억해 두면 문장의 중심을 쉽게 잡을 수 있다.

---

1 동작의 완료 了(~했다)

了는 동사 바로 뒤나 문장 끝에 쓰여 동작이나 상황의 완료를 나타내는데, 과거뿐만 아니라 미래에도 쓸 수 있다.

1. 동사 뒤의 了는 동작이 이미 완료되었음을 나타내고, 목적어 앞에는 보통 관형어(특히, '수사 +양사' 구조)가 온다.

동사 + 了 + 수사+양사 + 목적어

我　昨天　<u>买了</u>（一件）<u>衣服</u>。 나는 어제 옷을 한 벌 샀다.
Wǒ　zuótiān　mǎile　yí jiàn　yīfu.

목적어 앞에 관형어가 없을 때에는 문장 끝에 쓰기도 한다.

他　<u>回</u>　<u>家</u>　了。 그는 집에 돌아갔다.
Tā　huí　jiā　le.

2. 어기조사 了와 구분하여 기억해야 한다. 어기조사 了는 문장 끝에 쓰여 특별한 의미 없이 어투를 강조하거나, 새로운 상황의 출현이나 변화를 나타낸다.

今天太热了。 오늘은 너무 덥구나.
Jīntiān tài rè le.

快上课了。 곧 수업한다.
Kuài shàngkè le.

새로운 상황의 임박을 나타내는 표현은 HSK 3급에 자주 등장한다. ✗ 필수체크

$$주어 \quad + \quad [要_{yào} / 就要_{jiùyào} / 快(要)_{kuài(yào)}] \quad + \quad \cdots \quad + \quad 了$$

곧 ~하다

电影要开始了。   영화가 곧 시작한다.
Diànyǐng yào kāishǐ le.

공략 트레이닝 1

买了	她	葡萄	几斤	去

해설

Step 1. 먼저 술어가 될 동사나 형용사를 찾고, 그다음에 술어가 동사라면 적절한 목적어를 찾는다.

她 + 买了 + 葡萄   그녀는 포도를 샀다   她 + 去   그녀는 간다
주어   술어(동사)   목적어

Step 2. 한 문장에 여러 개의 동사가 등장하면 시간 발생 순서의 원칙대로 배열한다.

她 + 去 + 买了 + 葡萄   그녀는 가서 포도를 샀다
     동사1 동사2(목적)

Step 3. 양사 斤은 무게를 세는 단위로 명사 앞에 쓴다.

她 + 去 + 买了 + (几斤) + 葡萄   그녀는 가서 몇 근의 포도를 샀다
                    └─→ 몇 근의 포도

정답 **她去买了几斤葡萄。**   그녀는 가서 포도를 몇 근 샀다.
Tā qù mǎile jǐ jīn pútao.

단어 去 qù 통 가다 | 买 mǎi 통 사다 | 几 jǐ 수 몇 | 斤 jīn 양 근 | ★葡萄 pútao 명 포도

2 동작의 지속 着(~하는 중이다, ~한 상태이다)

着는 동사 바로 뒤에 쓰여 동작이 발생한 후 그 상태가 지속되고 있음을 나타낸다.

$$\boxed{동사} + 着 + \cdots + \boxed{목적어}$$

	동사着	목적어	
他	穿着	鞋。	그는 신발을 신고 있다.(그는 신발을 신은 상태이다.)
Tā	chuānzhe	xié.	

부사 在, 正在와 함께 써서 동작이 진행되고 있음을 강조할 수 있다.

$$[正 \text{ zhèng} / 在 \text{ zài} / 正在 \text{ zhèngzài}] + \boxed{동사} + (着) + \cdots + (呢)$$

~하고 있다, ~하는 중이다

		동사	목적어		
我	[正]	学习	汉语	呢。	나는 중국어를 배우는 중이다.
Wǒ	zhèng	xuéxí	Hànyǔ	ne.	

3 동작의 경험 过(~한 적 있다)

过는 동사 바로 뒤에 쓰여 동작의 경험을 나타낸다.

	동사过	목적어
我	去过	中国。
Wǒ	qùguo	Zhōngguó.

나는 중국에 간 적 있다.(나는 중국에 가봤다.)

공략 트레이닝 2

学	我	过	汉语	一年

해설

Step 1. 먼저 술어가 될 동사나 형용사를 찾고, 그다음에 술어가 동사라면 적절한 목적어를 찾는다.

我 + 学 + 汉语	나는 중국어를 배운다
주어 술어(동사) 목적어	

Step 2. 조사 过는 동사 바로 뒤에 써서 경험(~한 적 있다)을 나타낸다.

我 + 学 + 过 + 汉语	나는 중국어를 배운 적 있다
└──┘ 배운 적 있다	

Step 3. 一年은 동작이 발생한 시간의 양을 의미하고 동사 뒤, 목적어(명사) 앞에 쓴다.

我 + 学 + 过 + 〈一年〉 + 汉语。	나는 1년 동안 중국어를 배운 적 있다
술어(동사) 시간의 양 목적어(명사)	

정답 **我学过一年汉语。** 나는 중국어를 1년 배운 적 있다.
Wǒ xuéguo yì nián Hànyǔ.

단어 学 xué 图 배우다, 학습하다 | 过 guo 图 ~한 적 있다[경험을 나타냄] | 年 nián 阁 년[시간을 나타냄] | 汉语 Hànyǔ 阁 중국어

문장 완성하기 ❹

★ 다음 단어를 중국어 어순에 따라 배열해 보세요.

❶ 过　　　我　　　见　　　你妈妈　　　从来没

✎ [주어] + [부사어] + [술어] + 过 + [관형어+
목적어] 。

❷ 我　　　了　　　半个多小时　　　等了

✎ [주어] + [술어+了] + [보어] + 了。

❸ 换了　　　那家　　　新菜单　　　饭馆

✎ [관형어] + [주어] + [술어+了] + [관형어+
목적어] 。

❹ 复习　　　他们　　　哪一课　　　在

✎ [주어] + [부사어] + [술어] + [관형어+
목적어] ?

❺ 同意　　　他　　　了　　　终于

✎ [주어] + [부사어] + [술어] + 了。

 从来 cónglái 📖 (과거부터) 지금까지, 여태껏[주로 부정형으로 쓰임] | ★换 huàn 图 바꾸다 | ★菜单 càidān
📖 메뉴 | ★复习 fùxí 图 복습하다 | ★同意 tóngyì 图 동의하다 | ★终于 zhōngyú 📖 결국

정답 | ❶ 我从来没见过你妈妈。 Wǒ cónglái méi jiànguo nǐ māma. 나는 지금까지 너의 엄마를 만나 본 적이 없다. ❷ 我等了
半个多小时了。 Wǒ děngle bàn ge duō xiǎoshí le. 나는 30여 분째 기다리고 있다. ❸ 那家饭馆换了新菜单。 Nà jiā fànguǎn
huànle xīn càidān. 그 식당은 새로운 메뉴로 바꿨다. ❹ 他们在复习哪一课? Tāmen zài fùxí nǎ yì kè? 그들은 몇 과를 복습하고
있어? ❺ 他终于同意了。 Tā zhōngyú tóngyì le. 그는 결국 동의했다.

실전에
강한

제한 시간
10분

문제 적응 훈련

학습일 _____/_____

맞은 개수 _____

┤ 실전 트레이닝 ├

1. 呢　　　他们　　　吃　　　在　　　面条

　　✎ _____

2. 吧　　　现在　　　快　　　了　　　10点

　　✎ _____

3. 着　　　几件衣服　　　放　　　床上

　　✎ _____

4. 还没　　　她　　　去　　　欧洲　　　过

　　✎ _____

5. 终于　　　考试　　　了　　　结束

　　✎ _____

정답 및 해설_ 해설집 105쪽

5 구조조사 的, 地, 得

新HSK에는 이렇게 출제된다! ▼

★ **구조조사(的, 地, 得)**는 중국어 학습자들이 매우 헷갈려 하는 부분인데다가 발음도 같아서, 회화에서는 그다지 신경 쓰지 않고 쓰는 경우가 많다. 하지만 시험에는 이 세 가지를 반드시 구분해서 써야 하기 때문에 주의해야 한다.

★ 각각의 **구조조사(的, 地, 得)**가 **어떤 문장 구조를 만들 때 도움을 주는 역할을 하는지 생각**하면서 공부하면 효과적이다.

1 관형어를 만드는 的

구조조사 的는 명사나 대명사를 수식하는 관형어 성분을 만든다. 이때 관형어 성분은 명사, 대명사, 형용사, 동사, 절 등 다양하다.

1. 명사 앞에 쓰여, 어떤 것 혹은 어떤 사람인지 특정 지을 수 있다.

(…＋的)＋ 명사

(我的)作业　나의 숙제
wǒ de zuòyè

(可爱的)小猫　귀여운 고양이
kě'ài de xiǎomāo

[TIP] 뒤의 명사를 생략하고 的가 명사적인 의미로 쓰여 '~한 것, ~한 사람'의 뜻을 나타낸다. 그 자체를 명사적인 의미로 쓸 수 있다.

我的　나의 것, 나의 사람 | 可爱的　귀여운 것, 귀여운 사람
wǒ de   kě'ài de

[TIP] 1음절 형용사나 很多, 很大는 的를 생략하고 명사를 수식할 수 있다.

(红)帽子　빨간 모자 | (很多)人　많은 사람들 | (很大)影响　큰 영향
hóng màozi   hěn duō rén   hěn dà yǐngxiǎng

2. '(是)…的' 구문은 이미 발생한 동작의 시간, 장소, 방식 등을 강조할 때 쓴다.

$$(是) + \boxed{\text{시간/장소/방식/행위자}} + \cdots 的$$

他(是)昨天来的。 그는 어제 왔다.(→다른 날이 아니라 어제 왔다)
Tā (shì) zuótiān lái de.

他(是)从中国来的。 그는 중국에서 왔다.(→다른 곳이 아니라 중국에서 왔다)
Tā (shì) cóng Zhōngguó lái de.

他(是)坐飞机来的。 그는 비행기를 타고 왔다.(→다른 방식이 아니라 비행기를 타고 왔다)
Tā (shì) zuò fēijī lái de.

공략 **트레이닝 1**

白色	王医生的头发	是	的

해설 *Step 1.* 먼저 술어가 될 동사나 형용사를 찾고, 그다음에 술어가 동사라면 적절한 목적어를 찾는다.

A + 是 + B 주어 술어 목적어	A는 B이다

Step 2. 的는 '~의'라는 의미로 명사 앞에 쓸 수도 있고, '~의 것'이라는 의미로 명사를 대신할 수도 있다.

王医生的头发 + 是 + 白色 + 的 ～의 하얀 색의 것	닥터 왕의 머리카락은 흰색(의 것)이다

정답 **王医生的头发是白色的。**   닥터 왕의 머리카락은 흰색이다.
Wáng yīshēng de tóufa shì báisè de.

단어 王 Wáng [고유] 왕[성씨] | 医生 yīshēng [명] 의사 | 头发 tóufa [명] 머리카락 | 白色 báisè [명] 흰색

2 부사어를 만드는 地

구조조사 地는 동사를 수식하는 부사어 성분을 만든다. 이때 부사어 성분은 주로 형용사이다. 동사 앞에 쓰여, 그 동작이 어떻게 발생하는지 정확하게 표현할 수 있다.

형용사 + 地 + 동사

他[生气地]说。 그는 화내며 말한다.
Tā shēngqì de shuō.

3 정도보어를 만드는 得

구조조사 得는 동사나 형용사 뒤에 쓰여, 동작이 발생한 후 그 동작에 대한 묘사, 평가, 소감을 보충 설명할 수 있다.

술어(동사) + 得 + 정도보어(형용사)

　　　동사 得　　형용사
他　写得　很　好。 그는 (글씨를) 잘 쓴다.
Tā　xiě de　hěn　hǎo.

[TIP] 형용사 뒤에 쓰여 상태의 정도가 심함을 강조하는 정도보어에는 极了, 死了가 있다

술어(형용사) + 极了 jíle / 死了 sǐle

他高兴极了。 그는 너무 기뻐한다.
Tā gāoxìng jíle.

热死了。 더워 죽겠다.
Rè sǐle.

他的汉字   写   很漂亮   得

해설 **Step 1.** 먼저 술어가 될 동사나 형용사를 찾고, 그다음에 술어가 동사라면 적절한 목적어를 찾는다.

? + 写 + 他的汉字

주어   술어(동사)   목적어

└─────────┘ 그의 한자를 쓰다(?)

⚠ 주의 '그의 한자를 쓰다'라는 해석도 다소 이상하고 제시어 중에 한자를 쓰는 동작의 주체(주어)도 없으므로, '동사+목적어'로 쓰는 것이 부적절하다는 것을 알 수 있다.

Step 2. '동사得'는 동작이 발생한 후 그 동작에 대한 묘사, 평가, 소감을 표현할 때 쓴다. 따라서 동작을 묘사할 수 있는 표현(형용사)이 제시어 중에 있는지 살펴보아야 한다.

写 + 得 + 〈很漂亮〉

└────────↑

동사得 + 〈형용사〉

예쁘게 쓰다 / 쓴 게 예쁘다

Step 3. 他的汉字는 이 문장에서 주어 역할을 하고 피동 의미로 해석된다.

他的汉字 + 写 + 得 + 〈很漂亮〉

주어   술어

그의 한자는 예쁘게 쓰여졌다

정답 **他的汉字写得很漂亮。**   그는 한자를 예쁘게 쓴다.
Tā de Hànzì xiě de hěn piàoliang.

단어 汉字 Hànzì 명 한자 | 写 xiě 동 (글씨를) 쓰다 | 漂亮 piàoliang 형 예쁘다

쓰기 실력 트레이닝
문장 완성하기 ⑤

★ 다음 단어를 중국어 어순에 따라 배열해 보세요.

❶ 是　　　小猫的　　　都　　　黑色的　　　眼睛和耳朵

✎ [관형어+的] + [주어] + [부사어] + [술어] + [목적어+的] 。

❷ 他的　　　得　　　画　　　挺好看　　　画儿

✎ [관형어+的] + [주어] + [술어] + 得 + [보어] 。

❸ 写日记的　　　有　　　我弟弟　　　习惯

✎ [관형어+주어] + [술어] + [관형어+的] + [목적어] 。

❹ 写的　　　这个菜单　　　是　　　用汉语

✎ [관형어+주어] + 是 + [술어1+목적어1] + [술어2+的] 。

❺ 开心　　　吃得　　　大家　　　都　　　很

✎ [주어] + [부사어] + [술어+得] + [부사어] + [술어] 。
　　　　　　　　　　　　　　　　　　　　　　보어

단어 ★耳朵 ěrduo 몡 귀 | 日记 rìjì 몡 일기 | ★习惯 xíguàn 몡 습관 | ★菜单 càidān 몡 메뉴 | ★用 yòng 동 사용하다 | 开心 kāixīn 혱 즐겁다

정답 ❶ 小猫的眼睛和耳朵都是黑色的。 Xiǎomāo de yǎnjing hé ěrduo dōu shì hēisè de. 고양이의 귀와 눈은 모두 검정색이다. ❷ 他的画儿画得挺好看。 Tā de huàr huà de tǐng hǎokàn. 그는 그림을 아주 예쁘게 그린다. ❸ 我弟弟有写日记的习惯。 Wǒ dìdi yǒu xiě rìjì de xíguàn. 내 남동생은 일기를 쓰는 습관이 있다. ❹ 这个菜单是用汉语写的。 Zhège càidān shì yòng Hànyǔ xiě de. 이 메뉴는 중국어로 쓴 것이다. ❺ 大家都吃得很开心。 Dàjiā dōu chī de hěn kāixīn. 모두들 아주 즐겁게 먹었다.

문제 적응 훈련

학습일 _____/_____

맞은 개수 _____

실전 트레이닝

1. 的　　　丈夫　　　怎么了　　　眼镜　　　你

　✎ _____

2. 裤子和裙子　　　都　　　白色的　　　我姐姐的　　　是

　✎ _____

3. 得　　　不太　　　快　　　她　　　跑

　✎ _____

4. 高兴地　　　大家　　　唱歌跳舞　　　都

　✎ _____

5. 坐飞机　　　来　　　他　　　是　　　的

　✎ _____

정답 및 해설_ 해설집 108쪽

6 수사와 양사 (양의 개념)

新HSK에는 이렇게 출제된다! ▼

★ **양사**는 사람이나 사물을 세는 **명량사**, 시간의 양을 세는 **시량사**, 동작의 양을 세는 **동량사**가 있다. 모두 **양의 개념**을 나타내는 요소들이다.

★ 중국어 문장에서 **양사**는 기본적으로 **명사 앞**, 동사 혹은 **형용사 뒤**에 **위치**한다는 점을 기억하자.

1 수사

수사에는 기수, 서수, 어림수가 있고, 보통 양사와 함께 '수사＋양사'의 형식으로 쓴다.

1. 기수

기본수로서 숫자 '1, 2, 3⋯⋯'과 '일, 십, 백⋯⋯'의 자릿수를 가리킨다.

零	一	二	三	四	五	六	七	八	九	十
líng	yī	èr	sān	sì	wǔ	liù	qī	bā	jiǔ	shí
0, 영	1, 하나	2, 둘	3, 셋	4, 넷	5, 다섯	6, 여섯	7, 일곱	8, 여덟	9, 아홉	10, 열

一百 yìbǎi 백, 100   一千 yìqiān 천, 1,000   一万 yíwàn 만, 10,000

수사는 주로 양사와 함께 '수사+양사'의 형식으로 쓰고, '这/那/哪＋수사＋양사'의 형식으로도 자주 쓰인다.

这 zhè / 那 nà / 哪 nǎ ＋수사＋양사 ＋ 명사

我有两个弟弟。 나는 남동생이 두 명 있다.
Wǒ yǒu liǎng ge dìdi.

那位先生是我的历史老师。 저 남성분은 나의 역사 선생님이다.
Nà wèi xiānsheng shì wǒ de lìshǐ lǎoshī.

[TIP] '양의 개념'으로 숫자 '2'를 표현할 때에는 '两 liǎng'을 쓴다.

两个苹果　사과 두 개
liǎng ge píngguǒ

2. 서수

순서를 나타내고 일반적으로 '第dì+수사(~번째)'로 표현한다.

第一　첫 번째 | 第二个学生　두 번째 학생
dì-yī　　　　　dì-èr ge xuésheng

3. 어림수

대략적인 수를 나타내며, 어림수를 표현하는 방법에는 여러 가지가 있다.

❶ **左右** zuǒyòu | **前后** qiánhòu ▶ 약간 적거나 많음을 나타낸다.

一个小时左右　1시간 정도
yí ge xiǎoshí zuǒyòu

生日前后　생일 즈음
shēngrì qiánhòu

李医生今年三十岁左右。　닥터 리는 올해 30세 정도 된다.
Lǐ yīshēng jīnnián sānshí suì zuǒyòu.

❷ **多** duō ▶ 약간 많음을 의미한다.

수사(1-9)　+　양사　+　多　+　명사

一个多小时　1시간 남짓
yí ge duō xiǎoshí

수사(0)　+　多　+　양사　+　명사

十多个小时　10시간 남짓
shí duō ge xiǎoshí

我有三千多块钱。　나는 3000여 위안을 가지고 있다.
Wǒ yǒu sānqiān duō kuài qián.

| 很 | 这些 | 西瓜 | 新鲜 |

해설

Step 1. 먼저 술어가 될 동사나 형용사를 찾고, 그음에 술어가 동사라면 적절한 목적어를 찾는다.

| 西瓜 + 新鲜
주어　　술어(형용사) | 수박은 싱싱하다 |

Step 2. 양사 些는 불특정한 복수를 나타내는 단위로 명사 앞에 쓰고, **부사 很**은 형용사나 감정동사 앞에 쓴다.

| (这些) + 西瓜 + [很] + 新鲜
　　　↑ 이 수박들　↑ 매우 싱싱하다 | 이 수박들은 매우 싱싱하다 |

정답
> **这些西瓜很新鲜。** 　이 수박들은 아주 싱싱하다.
> Zhèxiē xīguā hěn xīnxiān.

단어 这些 zhèxiē 때 이것들 | 西瓜 xīguā 명 수박 | ★新鲜 xīnxiān 형 신선하다, 싱싱하다

2 양사

양사는 수를 세는 단위로, 명량사, 동량사, 시량사가 있다.

1. 명량사

명사(사람/사물)의 양을 세는 단위로, 보통 동사 혹은 형용사 뒤, 명사 앞에 쓴다.

		수사+양사	명사	
我	吃了	(一个)	面包。	나는 빵 하나를 먹었다.
Wǒ	chīle	yí ge	miànbāo.	

❶ **种** zhǒng ▶ 종류, 가지[종류를 세는 단위]

他的桌子上有几种东西。　그의 테이블에는 물건이 몇 가지 있다.
Tā de zhuōzi shang yǒu jǐ zhǒng dōngxi.

❷ 些 xiē ▸ 조금, 약간, 몇

咖啡店里有一些人。 카페 안에는 몇몇 사람이 있다.
Kāfēidiàn li yǒu yìxiē rén.

❸ 点 diǎn ▸ 약간, 조금

晚上我只吃了一点。 저녁에 나는 조금만 먹었다.
Wǎnshang wǒ zhǐ chīle yìdiǎn.

❹ 口 kǒu ▸ 식구[가족을 세는 단위]

我家有五口人。 우리 집에는 다섯 식구가 있다.
Wǒ jiā yǒu wǔ kǒu rén.

❺ 位 wèi ▸ 분[사람의 수를 세는 단위]

客人一共有几位？ 손님은 총 몇 분인가요?
Kèrén yígòng yǒu jǐ wèi?

❻ 岁 suì ▸ 세, 살[나이를 세는 단위]

我孩子已经七岁了。 우리 애는 벌써 일곱 살이 되었어요.
Wǒ háizi yǐjīng qī suì le.

❼ 公斤 gōngjīn ▸ 킬로그램[무게를 세는 단위]

我又胖了3公斤。 나는 또 3킬로그램이 쪘어.
Wǒ yòu pàngle sān gōngjīn.

*斤 jīn 양 근[무게를 세는 단위]

❽ 只 zhī ▸ 마리

他养一只小狗和两只小猫。 그는 강아지 한 마리와 고양이 두 마리를 키운다.
Tā yǎng yì zhī xiǎogǒu hé liǎng zhī xiǎomāo.

❾ 元 yuán = **块** kuài ▸ 위안[중국 화폐의 기본 단위]

我的手机是花了6000元(块)买的。 내 휴대폰은 6000위안에 산 것이다.
Wǒ de shǒujī shì huāle liùqiān yuán(kuài) mǎi de.

*角 jiǎo 양 자오[중국 화폐 단위의 하나, 1元=10角]

⑩ 层 céng ▶ 층, 겹[건물의 층수를 세는 단위]

你住在几层? 너 몇 층에 살아?
Nǐ zhùzài jǐ céng?

⑪ 家 jiā ▶ 가게·기업 등 이윤 추구가 목적인 곳을 세는 단위

결합 명사 饭馆 fànguǎn 식당 | 商店 shāngdiàn 상점, 가게 | 银行 yínháng 은행 | 公司 gōngsī 회사

这家咖啡店很漂亮。 이 커피숍은 매우 예쁘다.
Zhè jiā kāfēidiàn hěn piàoliang.

⑫ 本 běn ▶ 권[책을 세는 단위]

결합 명사 书 shū 책 | 杂志 zázhì 잡지 | 词典 cídiǎn 사전

这本书很有意思。 이 책은 매우 재미있다.
Zhè běn shū hěn yǒu yìsi.

⑬ 张 zhāng ▶ 장[종이·침대 등을 세는 단위]

결합 명사 票 piào 표, 티켓 | 纸 zhǐ 종이 | 照片 zhàopiàn 사진 | 桌子 zhuōzi 테이블, 탁자 | 床 chuáng 침대

她的房间里有一张桌子和一张床。 그녀의 방에는 책상 하나와 침대 하나가 있다.
Tā de fángjiān li yǒu yì zhāng zhuōzi hé yì zhāng chuáng.

⑭ 辆 liàng ▶ 대[차량을 세는 단위]

결합 명사 车 chē 차 | 自行车 zìxíngchē 자전거 | 公共汽车 gōnggòng qìchē 버스

我有两辆自行车。 나는 자전거가 두 대 있다.
Wǒ yǒu liǎng liàng zìxíngchē.

⑮ 碗 wǎn ▶ 그릇, 공기

결합 명사 米饭 mǐfàn 쌀밥

我饿了，要吃两碗米饭。 나 배고파, 밥 두 그릇을 먹어야겠어.
Wǒ è le, yào chī liǎng wǎn mǐfàn.

⑯ 杯 bēi ▶ 컵, 잔

결합 명사 水 shuǐ 물 | 茶 chá 차, tea | 咖啡 kāfēi 커피 | 牛奶 niúnǎi 우유

我要一杯牛奶。 나는 우유 한 잔을 원한다.
Wǒ yào yì bēi niúnǎi.

⑰ 双 shuāng ▶ 쌍, 켤레[쌍이나 짝을 이룬 물건을 세는 단위]

결합 명사 鞋 xié 신발 | 手 shǒu 손

我已经有几双鞋，不能再买了。 나는 이미 신발이 몇 켤레 있어서, 더 사면 안 돼.
Wǒ yǐjīng yǒu jǐ shuāng xié, bù néng zài mǎi le.

⑱ 件 jiàn ▶ 옷·일·선물 등을 세는 단위

결합 명사 衣服 yīfu 옷 | 衬衫 chènshān 셔츠, 남방 | 大衣 dàyī 외투 | 事 shì 일 | 礼物 lǐwù 선물

我要买几件夏天的衣服。 나 여름 옷을 몇 벌 사야겠어.
Wǒ yào mǎi jǐ jiàn xiàtiān de yīfu.

⑲ 条 tiáo ▶ 가늘고 긴 모양의 물건을 세는 단위

결합 명사 裤子 kùzi 바지 | 裙子 qúnzi 치마 | 路 lù 길, 도로

我只有裤子，要买一条裙子。 나는 바지밖에 없어, 치마를 하나 사야겠어.
Wǒ zhǐ yǒu kùzi, yào mǎi yì tiáo qúnzi.

2. 동량사

동작의 양, 즉 동작이 몇 번 발생했는지 그 횟수를 세는 단위로, 보통 동사 뒤 또는 명사 앞에 쓴다.

次 cì ▶ 번, 차례[동작이 발생하는 횟수를 세는 단위]

동사+〈동작의 양〉

他们见过〈一次〉。 그들은 한 번 만난 적 있다.
Tāmen jiànguo yí cì.

동사+〈동작의 양〉+목적어(명사)

我看过〈一次〉中国电影。 나는 중국 영화를 한 번 본 적 있다.
Wǒ kànguo yí cì Zhōngguó diànyǐng.

3. 시량사 ✗ 필수체크

시간의 양, 즉 얼마 동안 발생했는지를 세는 단위로, 보통 동사 뒤 또는 명사 앞에 쓴다.

일 분	한 시간	하루
一分钟 yì fēnzhōng	一个小时 yí ge xiǎoshí	一天 yì tiān
일주일	한 달	일 년
一个星期 yí ge xīngqī	一个月 yí ge yuè	一年 yì nián
잠시, 잠깐	한 시간 반	일 년 반
一会儿 yíhuìr	一个半小时 yí ge bàn xiǎoshí	一年半 yì nián bàn

동사 + 〈시간의 양〉

他学过〈一年〉。 그는 일 년 동안 배운 적 있다.
Tā xuéguo yì nián.

공략 트레이닝 2

大熊猫　　　这　　　只　　　可爱　　　很

해설 **Step 1.** 먼저 술어가 될 동사나 형용사를 찾고, 그다음에 술어가 동사라면 적절한 목적어를 찾는다.

大熊猫 + 可爱 주어　　술어(형용사)	판다는 귀엽다

Step 2. 양사 只는 동물을 세는 단위로 명사 앞에 쓰고, **부사 很**은 형용사나 감정동사 앞에 쓴다.

（这 + 只）+ 大熊猫 + [很] + 可爱 这/那+양사+명사 : 이 판다　　정말 귀엽다	이 판다는 정말 귀엽다

정답 **这只大熊猫很可爱。** 이 판다는 정말 귀엽다.
Zhè zhī dàxióngmāo hěn kě'ài.

단어 ★只 zhī ⑱ 마리 | ★大熊猫 dàxióngmāo ⑲ 판다 | 可爱 kě'ài ⑲ 귀엽다

★ 다음 단어를 중국어 어순에 따라 배열해 보세요.

❶ 一万元　　　旅游　　　花了　　　这次

✎ [관형어] + [주어] + [술어+了] + [관형어+목적어] 。

❷ 107岁　　　那位老人　　　了　　　已经

✎ [관형어+주어] + [부사어] + [술어] + 了。

❸ 那只　　　可爱　　　小猫　　　非常

✎ [관형어] + [주어] + [부사어] + [술어] 。

❹ 一杯　　　他　　　牛奶　　　了　　　喝

✎ [주어] + [술어] + 了 + [관형어] + [목적어] 。

❺ 条　　　白裤子　　　怎么样　　　这

✎ [관형어] + [관형어] + [관형어+주어] + [술어] ?

단어 ★万 wàn 🔢 10,000, 만 | ★花 huā 🔵 (돈을) 쓰다, 소비하다 | ★位 wèi 🔷 분[사람의 수를 세는 단위] | ★只 zhī 🔷 마리 | ★可爱 kě'ài 🔶 귀엽다 | ★条 tiáo 🔷 바지·치마를 세는 단위 | ★裤子 kùzi 📛 바지

정답 | ❶ 这次旅游花了一万元。 Zhècì lǚyóu huāle yíwàn yuán. 이번 여행에서 1만 위안을 썼다. ❷ 那位老人已经107岁了。 Nà wèi lǎorén yǐjīng yìbǎi líng qī suì le. 그 노인은 벌써 107세가 되었다. ❸ 那只小猫非常可爱。 Nà zhǐ xiǎomāo fēicháng kě'ài. 그 고양이는 아주 귀엽다. ❹ 他喝了一杯牛奶。 Tā hēle yì bēi niúnǎi. 그는 우유 한 잔을 마셨다. ❺ 这条白裤子怎么样? Zhè tiáo bái kùzi zěnmeyàng? 이 흰색 바지는 어때?

実践에
강한

제한 시간
10분

문제 적응 훈련

학습일 ____ / ____

맞은 개수 _____

| 실전 트레이닝 |

1. 吃了　　　我　　　面包　　　好几个

   ＿＿＿＿＿＿＿＿＿＿＿＿＿＿＿＿＿＿＿

2. 一些　　　买了　　　我　　　吃的

   ＿＿＿＿＿＿＿＿＿＿＿＿＿＿＿＿＿＿＿

3. 去　　　你们　　　一会儿　　　坐　　　树下

   ＿＿＿＿＿＿＿＿＿＿＿＿＿＿＿＿＿＿＿

4. 多吃　　　吧　　　你　　　一点儿

   ＿＿＿＿＿＿＿＿＿＿＿＿＿＿＿＿＿＿＿

5. 安静　　　比较　　　那　　　咖啡馆　　　家

   ✎＿＿＿＿＿＿＿＿＿＿＿＿＿＿＿＿＿＿＿

정답 및 해설_ 해설집 111쪽

7 조동사

★ **조동사**는 일반적으로 **술어(동사)** 앞에 쓰여 동작의 의미를 정확하게 만들도록 돕는다. HSK 3급에서는 '**~하고 싶다(바람, 소망)**', '**~할 수 있다(능력, 가능)**', '**~해야 한다(의무)**' 세 종류의 조동사를 꼭 알아야 한다.

★ 조동사 외에 부사, 개사구를 함께 써야 할 경우, 보통 '**부사+조동사+개사구**'의 순서로 쓴다.

1 조동사의 특징

조동사는 기본적으로 주어 뒤, 술어(동사) 앞에 쓰여 동작의 의미를 정확하게 만들도록 돕는다.

1. ~하고 싶다(바람/소망): 想 xiǎng / 要 yào

我 [想] 去 中国。 나는 중국에 가고 싶다.
Wǒ xiǎng qù Zhōngguó.

我 [要] 吃饭。 나는 밥을 먹고 싶다.
Wǒ yào chīfàn.

바람이나 소망을 나타내는 표현 중에 愿意 yuànyì(원하다, 바라다)도 있다. 愿意는 동사이기 때문에 다양한 형식의 목적어를 취할 수 있다.

我 愿意 跟他结婚。 나는 그와 결혼하길 원한다.
Wǒ yuànyì gēn tā jiéhūn.

2. ~할 수 있다(능력/가능): 能 néng / 会 huì / 可以 kěyǐ

我 三点 [能] 上课。 나는 3시에 수업할 수 있다.
Wǒ sān diǎn néng shàngkè.

我 [会] 说 汉语。 나는 중국어를 할 줄 안다.
Wǒ huì shuō Hànyǔ.

조동사	개사구	동사		
我	[可以]	在这儿	休息	吗? 저 여기에서 쉬어도 되나요?
Wǒ	kěyǐ	zài zhèr	xiūxi	ma?

3. ~해야 한다(당위/의무): 要 yào / 得 děi / 应该 yīnggāi

	조동사	동사	
你	[要]	吃点儿	水果。 너는 과일을 좀 먹어야 한다.
Nǐ	yào	chī diǎnr	shuǐguǒ.

	조동사	동사	
我	[得]	复习。	나는 복습해야 한다.
Wǒ	děi	fùxí.	

	조동사	동사	
他	[应该]	准备	上课。 그는 수업할 준비를 해야 한다.
Tā	yīnggāi	zhǔnbèi	shàngkè.

💡 동사로도 쓰이는 조동사

❶ 要 yào 툉 원하다

我要水。 나는 물을 원한다.
Wǒ yào shuǐ.

❷ 想 xiǎng 툉 생각하다, 여기다

我想他不喜欢。 나는 그가 안 좋아한다고 생각한다.
Wǒ xiǎng tā bù xǐhuan.

❸ 得 dé 툉 얻다

我得病了。 나는 병에 걸렸다.
Wǒ dé bìng le.

2 조동사의 용법 비교

조동사는 해석이 비슷하기 때문에 용법을 분명하게 이해하기 어렵다. 정확한 의미 파악을 위해서 비슷한 조동사의 용법을 비교해서 기억하는 것이 좋다.

1. 想 xiǎng vs 要 yào

想 ~하고 싶다 바람, 심리적인 욕구를 나타냄	要 ~하고 싶다/~하고자 하다 바람, 심리적인 욕구를 나타내면서, 강한 의지를 표현함 (조동사 想보다 강한 의지를 나타냄)
我想喝水。 나는 물을 마시고 싶다. Wǒ xiǎng hē shuǐ.	我要喝水。 나는 물을 마시려고 한다. Wǒ yào hē shuǐ.

2. 会 huì vs 能 néng

会 ~할 수 있다/~할 줄 알다 학습을 통해 어떤 기능을 할 줄 알게 됨을 나타냄	能 ~할 수 있다 시간적, 상황적 여건이나 조건이 됨을 나타냄
我会说汉语。 나는 중국어를 할 줄 안다. Wǒ huì shuō Hànyǔ.	我明天能来。 나는 내일 올 수 있다. Wǒ míngtiān néng lái.

会 ~할 것이다 미래에 대한 추측과 짐작을 나타냄 (보통 문장 끝에 的를 함께 씀)	能 ~해도 된다 허가의 의미를 나타냄(＝可以)
他一定会来的。 그는 분명 올 것이다. Tā yídìng huì lái de.	我能休息吗? 저는 쉬어도 될까요? Wǒ néng xiūxi ma?

공략 트레이닝 1

不想	我	玩儿	跟你	了

해설 **Step 1.** 먼저 술어가 될 동사나 형용사를 찾고, 그다음에 술어가 동사라면 적절한 목적어를 찾는다.

我 + 玩儿 주어　술어(동사)	나는 논다

Step 2. 跟你는 동사(玩儿) 앞에 놓여 서로 호응해서 쓸 수 있다.

我 + [跟你] + 玩儿	나는 너와 논다

~와 놀다

Step 3. 不想은 '~하고 싶지 않다'의 의미로 술어 앞에 쓴다. 개사구와 함께 쓰일 때에는 보통 조동사를 먼저 쓴다.

我 + [不想] + [跟你] + 玩儿	나는 너와 놀고 싶지 않다
조동사　　개사구　술어(동사)	

Step 4. 조사 了는 조동사와 함께 쓸 경우, 문장 끝에 써서 새로운 상황의 출현이나 변화를 나타낸다.

我 + [不想] + [跟你] + 玩儿 + 了	나는 (이제) 너와 놀고 싶지 않다

~하고 싶지 않게 되다

(정답) **我不想跟你玩儿了。**　나는 너와 놀고 싶지 않다.
Wǒ bù xiǎng gēn nǐ wánr le.

(단어) 想 xiǎng 조동 ~하고 싶다 | ★跟 gēn 개 ~와 | 玩儿 wánr 동 놀다

공략 트레이닝 2

刮	可能	风	外边	会

(해설) *Step 1.* 먼저 술어가 될 동사나 형용사를 찾고, 그다음에 주어와 목적어를 찾는다.

? + 刮 + 风	바람이 분다
주어　술어(동사) 목적어	

Step 2. 外边은 '장소를 나타내는 말'로 주어 역할을 할 수 있다.

外边 + 刮 + 风	밖에 바람이 분다
주어　술어(동사) 목적어	

Step 3. 부사 可能과 조동사 会는 술어(동사) 앞에 쓴다.

外边 + [可能] + [会] + 刮 + 风	밖에 아마 바람이 불 것 같다
부사　　조동사　동사	

(정답) **外边可能会刮风。**　밖에 아마 바람이 불 것 같다.
Wàibian kěnéng huì guāfēng.

(단어) 外边 wàibian 명 밖, 바깥 | 可能会 kěnéng huì 아마(도) ~일지도 모른다, 아마(도) ~일 것이다 | ★刮风 guāfēng 동 바람이 불다

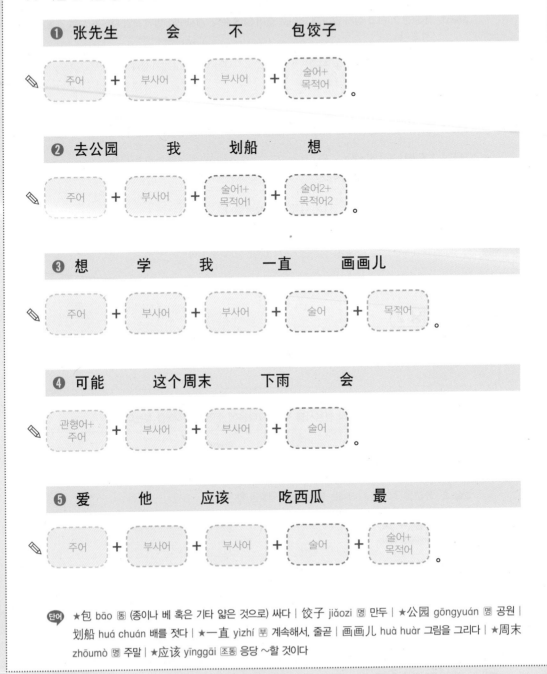

쓰 기 실 력 트 레 이 닝
문장 완성하기 7

★ 다음 단어를 중국어 어순에 따라 배열해 보세요.

❶ 张先生　　会　　不　　包饺子

✎ [주어] + [부사어] + [부사어] + [술어+목적어] 。

❷ 去公园　　我　　划船　　想

✎ [주어] + [부사어] + [술어1+목적어1] + [술어2+목적어2] 。

❸ 想　　学　　我　　一直　　画画儿

✎ [주어] + [부사어] + [부사어] + [술어] + [목적어] 。

❹ 可能　　这个周末　　下雨　　会

✎ [관형어+주어] + [부사어] + [부사어] + [술어] 。

❺ 爱　　他　　应该　　吃西瓜　　最

✎ [주어] + [부사어] + [부사어] + [술어] + [술어+목적어] 。

단어 ★包 bāo 동 (종이나 베 혹은 기타 얇은 것으로) 싸다 | 饺子 jiǎozi 명 만두 | ★公园 gōngyuán 명 공원 | 划船 huá chuán 배를 젓다 | ★一直 yìzhí 부 계속해서, 줄곧 | 画画儿 huà huàr 그림을 그리다 | ★周末 zhōumò 명 주말 | ★应该 yīnggāi 조동 응당 ~할 것이다

❺ 他应该最爱吃西瓜。 Tā yīnggāi zuì ài chī xīguā. 그는 응당 수박 먹는 걸 가장 좋아할 거야.

❹ 这个周末可能会下雨。 Zhège zhōumò kěnéng huì xiàyǔ. 이번 주말에 아마도 비가 내릴 것이다.

정답 | ❶ 张先生会不包饺子。 Zhāng xiānsheng huì bù bāo jiǎozi. 장 선생님은 만두를 싸는 걸 할 줄 모른다. | ❷ 我想去公园划船。 Wǒ xiǎng qù gōngyuán huá chuán. 나는 공원에 배를 타러 가고 싶다. | ❸ 我一直想学画画儿。 Wǒ yìzhí xiǎng xué huà huàr. 나는 줄곧 그림 그리기를 배우고 싶었다.

실전에
강한

제한 시간
10분

문제 적응 훈련

┤ 실전 트레이닝 ├

1. 不   做饭   会   我妈妈

 _____

2. 什么   能   来   你   时候

 _____

3. 可以   现在   走   了

 _____

4. 孩子   自己的   家长   要   关心

 _____

5. 不   你   在这儿   应该   拍照

 _____

정답 및 해설_ 해설집 114쪽

8 부사

★ **부사**는 일반적으로 **술어(동사/형용사)** 앞에 쓰여 동작의 의미를 정확하게 만든다. 종류가 많지만 그 뜻을 외워 두면 듣기, 독해, 쓰기 모든 영역에서 큰 도움을 받을 수 있다.

★ **부사**는 동사 혹은 형용사 뒤에는 **절대 위치할 수 없으며**, 부사에 따라 **동사와 형용사 앞에서의 위치가 비교적 자유로운 편**이다. 그러나 HSK 3급 쓰기 영역에서는 기본적인 어순을 잘 벗어나지 않으므로, 일반적인 어순(**부사+조동사+개사구**)을 기억하고, 예외가 되는 부사가 나타나면 체크해 두는 것이 좋다.

1 부사란?

술어 앞에 위치하여 문장의 의미를 정확하게 만드는 역할을 한다.

我去。 나는 간다.   ➡   부사 동사
Wǒ qù.   我常常去。 나는 자주 간다.
                         Wǒ chángcháng qù.

她漂亮。 그녀는 예쁘다.   ➡   부사 형용사
Tā piàoliang.   她最漂亮。 그녀는 제일 예쁘다.
                              Tā zuì piàoliang.

2 부사의 종류

/. 정도부사

주로 형용사와 감정동사 앞에서 그 정도를 강조하는 부사이다.

很 hěn	매우	我很高兴。 나는 매우 기쁘다. Wǒ hěn gāoxìng.
太 tài	매우, 아주	太多了。 너무 많다. Tài duō le.
非常 fēicháng	매우, 아주	这里的夏天非常热。 이곳의 여름은 무척 덥다. Zhèlǐ de xiàtiān fēicháng rè.

最 zuì	제일, 가장	他最喜欢看电影。 그는 영화 보는 것을 가장 좋아한다. Tā zuì xǐhuan kàn diànyǐng.
更✸ gèng	더, 더욱	他比我更大。 그는 나보다 더 나이가 많다. Tā bǐ wǒ gèng dà.

💡 정도부사의 호응 표현 ✸ 필수체크

太⋯了 tài⋯le 너무 ~하다

太好了! 정말 잘됐다.
Tài hǎo le!

多(么)⋯啊 duō(me)⋯a 얼마나 ~한가

多舒服啊! 얼마나 편한가!
Duō shūfu a!

2. 시간부사

시간(때/시점)을 나타내는 부사이다.

就 jiù	곧, 바로 [시간이 이른 것을 의미함]	我明天就回国了。 나는 내일 곧 귀국한다. Wǒ míngtiān jiù huíguó le.
才✸ cái	그제야, 겨우, 비로소 [시간이 늦음을 의미함]	我明天才回国。 나는 내일 비로소 귀국한다. Wǒ míngtiān cái huíguó.
马上✸ mǎshàng	곧, 바로, 즉시 [임박을 의미함]	火车马上就开了。 기차가 곧 출발한다. Huǒchē mǎshàng jiù kāi le.
总是✸ zǒngshì	늘, 항상	他总是很忙。 그는 늘 바쁘다. Tā zǒngshì hěn máng.
一直✸ yìzhí	계속해서, 줄곧	他的成绩一直很好。 그의 성적은 줄곧 좋다. Tā de chéngjì yìzhí hěn hǎo.
先✸ xiān	우선, 먼저	我先吃饭，然后做作业。 Wǒ xiān chīfàn, ránhòu zuò zuòyè. 나는 먼저 밥을 먹고, 그런 다음에 숙제를 한다.
已经 yǐjīng	이미, 벌써 [완료·결과를 강조함]	他已经到了。 그는 이미 도착했다. Tā yǐjīng dào le.
正在 zhèngzài	~하는 중이다 [진행을 강조함]	我正在看电视。 나는 TV를 보는 중이다. Wǒ zhèngzài kàn diànshì.

📁 **시간부사 비교** ✖ 필수체크

就 바로, 곧 시간+就: 시간이 이르다는 의미를 나타냄	才 그제서야, 비로소 시간+才: 시간이 늦다는 의미를 나타냄
我七点就起床。 나는 7시면 일어난다. Wǒ qī diǎn jiù qǐchuáng.	我七点才起床。 나는 7시에야 일어난다. Wǒ qī diǎn cái qǐchuáng.

💡 **시간부사의 호응 표현** ✖ 필수체크

已经⋯了 yǐjīng⋯le 이미 (~했다)

我已经到了。 난 이미 도착했다.
Wǒ yǐjīng dào le.

正在/在⋯(着)⋯(呢) zhèngzài/zài⋯(zhe)⋯(ne) 지금 ~하는 중이다

妈妈正在做饭呢。 엄마는 지금 요리하는 중이다.
Māma zhèngzài zuò fàn ne.

3. 부정부사와 긍정부사

不 bù	~하지 않다	我不吃。 난 안 먹어. Wǒ bù chī.
没 méi	~하지 않았다	我没吃。 나는 안 먹었어. Wǒ méi chī.
别 bié	~하지 마라	别看电视了。 TV를 보지 마. Bié kàn diànshì le.
一定✖ yídìng	반드시, 꼭	他明天一定来。 그는 내일 꼭 온다. Tā míngtiān yídìng lái.

💡 **부정부사와 긍정부사의 호응 표현** ✖ 필수체크

别⋯了 bié⋯le (이제는) ~하지 마라

你别走了。 너는 가지 마.
Nǐ bié zǒu le.

一定要 yídìng yào ❶ 꼭 ~해야 한다 ❷ 꼭 ~하고자 하다, 꼭 ~하려고 하다

你一定要看这个电影。 너는 이 영화를 꼭 봐야 한다.
Nǐ yídìng yào kàn zhège diànyǐng.

我一定要吃。 나는 꼭 먹겠다.
Wǒ yídìng yào chī.

一定会…的 yídìng huì…de 꼭 ~할 것이다[미래 예측]

你别担心，他一定会回来的。 걱정하지 마. 그는 반드시 돌아올 거야.
Nǐ bié dānxīn, tā yídìng huì huílai de.

4. 빈도부사

상황이나 동작이 얼마나 반복되는지 나타내는 부사이다.

常常 chángcháng 经常 jīngcháng✿	자주	我家人常常去看电影。 우리 가족은 자주 영화를 보러 간다. Wǒ jiārén chángcháng qù kàn diànyǐng.
再 zài	다시, 또	明天再说吧。 내일 다시 얘기하자. Míngtiān zài shuō ba.
又✿ yòu	다시, 또	我又感冒了。 나는 또 감기에 걸렸다. Wǒ yòu gǎnmào le.

📖빈도부사 비교 ✿필수체크

再 다시, 또 아직 일어나지 않은 일에 쓰임 (명령문이나 청유문에 많이 사용됨)		又 다시, 또 일반적으로 이미 발생한 일에 쓰임	
다시 ~하자 明天再说吧。 내일 다시 얘기하자. Míngtiān zài shuō ba.		또 ~했다 他又迟到了。 그는 또 늦었다. Tā yòu chídào le.	

5. 어기부사

也 yě	~도 또한, ~도 역시	我是韩国人，他也是韩国人。 Wǒ shì Hánguórén, tā yě shì Hánguórén. 나는 한국인이고, 그도 한국인이다.
终于✿ zhōngyú	마침내, 결국	他终于回来了。 그가 마침내 돌아왔다. Tā zhōngyú huílai le.
还 hái	여전히, 아직도	他还没起床。 그는 아직 일어나지 않았다. Tā hái méi qǐchuáng.
真 zhēn	정말로, 진짜로	你长得真漂亮。 너는 참 예쁘게 생겼구나! Nǐ zhǎng de zhēn piàoliang.

💡 어기부사의 호응 표현 ⭐ 필수체크

还没…(呢) hái méi…(ne) 아직 ~하지 않았다

我还没吃饭，太饿了！ 나는 아직 밥을 안 먹어서, 정말 배고파!
Wǒ hái méi chīfàn, tài è le!

终于…了 zhōngyú…le 마침내/드디어/결국 ~했다

他终于来了。 그가 마침내 왔다.
Tā zhōngyú lái le.

真…啊 zhēn…a 정말/참 ~하구나

真漂亮啊！ 정말 예쁘구나!
Zhēn piàoliang a!

6. 범위부사

동작의 범위를 제한하는 부사이다.

都 dōu	모두, 전부, 다	我们都是学生。 우리는 모두 학생이다. Wǒmen dōu shì xuésheng.
一起 yìqǐ	같이, 함께	我们一起去吃饭吧。 우리 같이 밥 먹으러 가자. Wǒmen yìqǐ qù chīfàn ba.
一共✱ yígòng	모두, 총 (합쳐서)	我一共有一百块钱。 나는 모두 합쳐서 100위안을 가지고 있다. Wǒ yígòng yǒu yìbǎi kuài qián.

💡 범위부사의 호응 표현 ⭐ 필수체크

跟/和…一起 gēn/hé…yìqǐ ~와 같이/함께

我跟他一起去吃饭。 나는 그와 같이 밥을 먹으러 간다.
Wǒ gēn tā yìqǐ qù chīfàn.

一共＋동사＋합친 수량

我一共有三百块钱。 나는 모두 합쳐서 300위안을 가지고 있다.
Wǒ yígòng yǒu sānbǎi kuài qián.

总是	很	爸爸妈妈	忙

해설 *Step 1.* 먼저 술어가 될 동사나 형용사를 찾고, 그다음에 술어가 동사라면 적절한 목적어를 찾는다.

爸爸妈妈 + 忙 　주어　　술어(형용사)	아빠 엄마는 바쁘다

Step 2. 부사인 总是와 很은 모두 술어 앞에 쓰는데, 특히 **정도부사 很**은 형용사 바로 앞에 쓴다.

爸爸妈妈 + [总是] + [很] + 忙 　　　　　　　　　　　很+형용사	아빠 엄마는 항상 매우 바쁘다

정답　**爸爸妈妈总是很忙。**　아빠 엄마는 항상 매우 바쁘다.
Bàba māma zǒngshì hěn máng.

단어　爸爸 bàba 몡 아빠 | 妈妈 māma 몡 엄마 | ★总是 zǒngshì 뿐 늘, 항상 | 忙 máng 톙 바쁘다

一个	有	也	这样的包	她

해설 *Step 1.* 먼저 술어가 될 동사나 형용사를 찾고, 그다음에 주어와 목적어를 찾는다.

她 + 有 + 这样的包 주어　술어(동사)　　목적어 　　　가방을 가지고 있다	그녀는 이런 가방을 가지고 있다

Step 2. 부사 也는 '~도 또한'의 의미로 술어 앞에 쓰고, **양사 个**는 사람이나 사물을 세는 일반적인 단위로 명사 앞에 쓴다.

她 + [也] + 有 + (一个) + 这样的包 　　~도 있다　　　한 개의 가방	그녀도 이런 가방을 하나 가지고 있다

정답　**她也有一个这样的包。**　그녀도 이런 가방이 하나 있다.
Tā yě yǒu yí ge zhèyàng de bāo.

단어　也 yě 뿐 ~도 또한 | 这样 zhèyàng 때 이렇다, 이와 같다 | ★包 bāo 몡 가방

★ 다음 단어를 중국어 어순에 따라 배열해 보세요.

❶ 比较　　上午的　　简单　　考试

✎ [관형어+的] + [주어] + [부사어] + [술어] 。

❷ 春天　　这个城市的　　刮风　　经常

✎ [관형어+的] + [주어] + [부사어] + [술어] 。

❸ 真　　今晚的　　啊　　月亮　　大

✎ [관형어+的] + [주어] + [부사어] + [술어] + 啊!

❹ 很　　我脚下的　　还　　长　　路

✎ [관형어+的] + [주어] + [부사어] + [부사어] + [술어] 。

❺ 不　　有点儿　　他身体　　舒服

✎ [주어+주어] + [부사어] + [부사어] + [술어] 。
　　　　　　　술어

단어　★比较 bǐjiào 🔳 비교적 | ★简单 jiǎndān 🔳 간단하다 | ★城市 chéngshì 🔳 도시 | ★经常 jīngcháng 🔳 자주 | ★刮风 guāfēng 🔳 바람이 불다 | ★月亮 yuèliang 🔳 달 | ★脚 jiǎo 🔳 (사람·동물의) 발 | ★舒服 shūfu 🔳 편안하다

실전에 강한
제한 시간 10분

문제 적응 훈련

학습일 ____/____

맞은 개수 _____

┤ 실전 트레이닝 ├

1. 别　　　　打电话　　　　忘了　　　　给我

　　✎ _____

2. 英语考试　　　　简单　　　　今天的　　　　比较

　　✎ _____

3. 啊　　　　这些　　　　多　　　　可爱　　　　孩子

　　✎ _____

4. 还　　　　孩子们　　　　没　　　　起床　　　　都

　　✎ _____

5. 环境　　　　一直　　　　好　　　　很　　　　他们学校的

　　✎ _____

정답 및 해설_ 해설집 117쪽

쓰기 제1부분

9 개사

★ **개사**는 일반적으로 **술어(동사/형용사) 앞**에 쓰여 동작의 의미를 정확하게 만든다. 종류가 많지 않으므로 그 뜻을 외우기 쉽고, 일단 외워 두면 문장을 이해하는 데 큰 도움을 받을 수 있다.

★ **개사**는 단독으로 쓸 수 없고, 명사 혹은 대명사와 함께 '**개사구(개사+명사/대명사)**'의 형식으로 써야 한다.

★ **개사구**는 일반적으로 **술어(동사/형용사) 앞**에 쓰고, 다른 요소와 함께 쓰일 경우에는 보통 '**부사+조동사+개사구**'의 순서로 쓴다.

1 개사란?

단독으로 쓸 수 없고, 명사나 대명사와 함께 '개사구(개사+명사/대명사)' 형식으로 쓰인다. 개사구는 술어 앞에 위치하여 문장의 의미를 정확하게 만드는 역할을 한다.

他回来了。 그는 돌아왔다. Tā huílai le.	➡ 개사구　동사 他[从中国]回来了。 그는 [중국에서] 돌아왔다. Tā cóng Zhōngguó huílai le.

2 개사의 종류

1. 시간, 장소를 나타내는 개사

在 zài	~에(서)	我在学校学习。 나는 학교에서 공부한다. Wǒ zài xuéxiào xuéxí.
		在周末玩儿吧。 주말에 놀자. Zài zhōumò wánr ba.

从 cóng	~에서, ~로부터	我是从中国来的。 나는 중국에서 왔다. Wǒ shì cóng Zhōngguó lái de. 我从1点开始上课。 나는 1시부터 수업을 시작한다. Wǒ cóng yī diǎn kāishǐ shàngkè.
到 dào	~까지	[到+목적지] 从我家到学校要半个小时。 Cóng wǒ jiā dào xuéxiào yào bàn ge xiǎoshí. 우리 집에서 학교까지 30분 걸린다. [到+도달 시점] 我从一点到两点上课。 Wǒ cóng yī diǎn dào liǎng diǎn shàngkè. 나는 1시부터 2시까지 수업을 한다.
离 lí	~에서, ~로부터	饭馆离学校很远。 식당은 학교에서 멀다. Fànguǎn lí xuéxiào hěn yuǎn. *A离B＋술어(近/远/시간의 소요): A는 B에서 가깝다/멀다/(시간이) 소요되다 饭馆离学校要半个小时。 식당은 학교에서 30분 걸린다. Fànguǎn lí xuéxiào yào bàn ge xiǎoshí.

2. 대상을 나타내는 개사

跟✤ gēn	~와, ~(이)랑	你跟我们一起去吧。 너 우리랑 같이 가자. Nǐ gēn wǒmen yìqǐ qù ba.
给 gěi	~에게	我给他打电话。 나는 그에게 전화를 건다. Wǒ gěi tā dǎ diànhuà.
为(了)✤ wèi(le)	~을 위하여	妈妈每天为我做饭。 엄마는 매일 나를 위해 밥을 해주신다. Māma měi tiān wèi wǒ zuò fàn. 为了解决问题，人们想了很多办法。 Wèile jiějué wèntí, rénmen xiǎngle hěn duō bànfǎ. 문제를 해결하기 위해서, 사람들은 많은 방법을 생각했다.
对 duì	~에 대하여	他对我很好。 그는 내게 잘 해준다. Tā duì wǒ hěn hǎo.
关于✤ guānyú	~에 관하여	这是关于中国的书。 이것은 중국에 관한 책이다. Zhè shì guānyú Zhōngguó de shū.

3. 방향을 나타내는 개사

往 wǎng	~을 향하여	往前走。 앞으로 가세요. Wǎng qián zǒu.
向✤ xiàng		向前走。 직진하세요. Xiàng qián zǒu.

4. 기타 개사

比 bǐ	~보다	我比他高。 나는 그보다 키가 크다. Wǒ bǐ tā gāo.
把✱ bǎ	~을	我想把这本书看完。 나는 이 책을 다 보고 싶다. Wǒ xiǎng bǎ zhè běn shū kànwán.
被✱ bèi	~에 의하여	我的书被我同学借走了。 Wǒ de shū bèi wǒ tóngxué jièzǒu le. 내 책은 반 친구에 의해서 빌려 가졌다.(내 책은 반 친구가 빌려 갔다.)
除了✱ chúle	~을 제외하고	除了画画儿，他还喜欢跳舞。 Chúle huà huàr, tā hái xǐhuan tiàowǔ. 그림 그리는 것을 제외하고, 그는 또 춤추는 것도 좋아한다.

[TIP] '除了A, 也/还B A를 제외하고 B도 또한 ~하다' 형식으로 기억하는 것이 좋다.

공략 트레이닝 1

儿子	担心	不要	为

해설

Step 1. 개사 为는 '~을 위하여'의 의미로, 명사 儿子와 함께 为儿子(아들을 위해)라는 표현을 만들 수 있다.

[为儿子] + 担心 개사구　　술어(동사) 　└────┘~을 위해 걱정하다	아들을 위해 걱정한다

Step 2. 不要는 '~하지 마라'는 의미로 술어 앞에 쓰고, 개사구와 함께 쓰일 때에는 보통 조동사를 먼저 쓴다.

[不要] + [为儿子] + 担心 조동사　　개사구　　술어(동사)	아들을 위해 걱정하지 마라

정답 **不要为儿子担心。** 아들을 걱정하지 마.
Búyào wèi érzi dānxīn.

단어 不要 búyào 조동 ~하지 마라 | ★为 wèi 개 ~을 위하여 | 儿子 érzi 명 아들 | ★担心 dānxīn 동 걱정하다

从	回来	我丈夫	中国	了

해설

Step 1. 먼저 술어가 될 동사나 형용사를 찾고, 그다음에 주어와 목적어를 찾는다.

我丈夫 + 回来 <small>주어　　술어(동사)</small>	내 남편은 돌아온다

Step 2. 개사 从은 '~에서'의 의미로, 명사(中国)와 함께 从中国(중국에서)라는 표현을 만들 수 있다.

我丈夫 + [从中国] + 回来 <small>　　　　개사구　　술어(동사)</small> <small>～에서 돌아오다</small>	내 남편은 중국에서 돌아온다

Step 3. 조사 了는 동사 뒤 혹은 문장 끝에 써서 동작이나 상황의 완료를 나타낸다.

我丈夫 + [从中国] + 回来 + 了	내 남편은 중국에서 돌아왔다

정답 **我丈夫从中国回来了。**　　내 남편은 중국에서 돌아왔다.
Wǒ zhàngfu cóng Zhōngguó huílai le.

단어 丈夫 zhàngfu 명 남편 | 从 cóng 개 ~에서, ~로부터 | 中国 Zhōngguó 고유 중국 | 回来 huílai 동 (화자가 있는 곳으로) 되돌아오다

쓰기 실력 트레이닝
문장 완성하기 ⑨

★ 다음 단어를 중국어 어순에 따라 배열해 보세요.

❶ 在　　　　我丈夫　　　　教　　　　大学　　　　中文

✎ [관형어+주어] + [개사] + [명사] + [술어] + [목적어] 。
　　　　　　　　　　　부사어

❷ 银行　　　　比较　　　　离这儿　　　　远

✎ [주어] + [부사어] + [부사어] + [술어] 。

❸ 对身体　　　　多喝绿茶　　　　好　　　　很

✎ [주어] + [부사어] + [부사어] + [술어] 。

❹ 给我　　　　我妈妈　　　　打电话　　　　经常

✎ [관형어+주어] + [부사어] + [부사어] + [술어+목적어] 。

❺ 为我　　　　我父母　　　　总是　　　　担心

✎ [관형어+주어] + [부사어] + [부사어] + [술어] 。

단어 ★教 jiāo 图 가르치다 | ★中文 Zhōngwén 명 중국의 언어와 문자 | ★银行 yínháng 명 은행 | ★比较 bǐjiào 閉 비교적 | ★经常 jīngcháng 閉 자주 | ★为 wèi 개 ~을 위하여 | ★总是 zǒngshì 閉 늘, 항상 | ★担心 dānxīn 图 걱정하다

정답 | ❶ 我丈夫在大学教中文。 Wǒ zhàngfu zài dàxué jiāo Zhōngwén. 내 남편은 대학에서 중국어를 가르친다. ❷ 银行离这儿比较远。 Yínháng lí zhèr bǐjiào yuǎn. 은행은 여기에서 비교적 멀다. ❸ 多喝绿茶对身体很好。 Duō hē lǜchá duì shēntǐ hěn hǎo. 녹차를 많이 마시는 것은 몸에 좋다. ❹ 我妈妈经常给我打电话。 Wǒ māma jīngcháng gěi wǒ dǎ diànhuà. 우리 엄마는 자주 나에게 전화를 거신다. ❺ 我父母总是为我担心。 Wǒ fùmǔ zǒngshì wèi wǒ dānxīn. 우리 부모님은 늘 나를 걱정하신다.

문제 적응 훈련

┤ 실전 트레이닝 ├

1. 吃饭　　　　　我们　　　　　在学生食堂　　　　　经常

　　✎ _____

2. 从　　　　　出去　　　　　孩子　　　　　房间里　　　　　了

　　✎ _____

3. 兴趣　　　　　对　　　　　有　　　　　我　　　　　音乐

　　✎ _____

4. 离我家　　　　　不太　　　　　机场　　　　　远

　　✎ _____

5. 像　　　　　他长得　　　　　很　　　　　和他儿子

　　✎ _____

정답 및 해설_ 해설집 119쪽

10 把자문, 被자문, 비교문

新HSK에는 이렇게 출제된다! ▼

★ 把자문, 被자문, 비교문은 기본적인 어순이 일반적인 문장과 비슷하지만, **고정된 문장 구조를** 가지고 있으므로 그 구조를 기억하면 문제를 쉽게 풀 수 있다.

★ 일반적인 문장은 주어가 동작의 행위자이지만, **被자문은 개사 被 뒤의 명사나 대명사가 동작의 행위자**이다.

1 把자문

把는 목적어를 술어(동사) 앞으로 옮길 때 사용하며, 동작 후의 결과, 변화, 영향을 강조한다.

1. 把자문의 어순①

把자문은 주어가 목적어에 어떤 동작을 가했고, 그 동작의 결과가 어떻게 되었는지 처리 결과를 강조한다.

❶ 일반적인 어순

주어 + 술어(동사) + 목적어

주어	술어(동사)	목적어
我	喝完了	这杯茶。
Wǒ	hēwánle	zhè bēi chá.

나는 이 차를 다 마셨다.

❷ 把자문의 어순

주어 + [把+목적어] + 술어(동사) + 기타성분(동작 처리 결과)

주어	개사구	술어(동사)+기타성분
我	[把这杯茶]	喝〈完〉了。
Wǒ	bǎ zhè bēi chá	hēwán le

나는 이 차를 다 마셨다.(→마시고 난 후 그 결과 다 끝냈음을 강조)

일반적인 어순	把자문
그가 그 빵을 먹었다. ➡ 他吃了那个面包。 Tā chīle nàge miànbāo.	他[把那个面包]吃了。 Tā bǎ nàge miànbāo chī le.
나는 오늘의 숙제를 다 했다. ➡ 我做好了今天的作业。 Wǒ zuòhǎole jīntiān de zuòyè.	我[把今天的作业]做好了。 Wǒ bǎ jīntiān de zuòyè zuòhǎo le.
너는 사진을 가져와야 한다. ➡ 你要带来照片。 Nǐ yào dàilai zhàopiàn.	你要[把照片]带来。 Nǐ yào bǎ zhàopiàn dàilai.

2. 把자문의 어순②

把자문은 주어가 목적어에 어떤 동작을 가했고, 그 동작의 결과 최종적인 존재 장소, 도달 장소, 소유 대상 등을 강조한다.

주어 + [把+목적어] + 술어(동사) + 〈기타성분〉

在(존재 장소)/到(도달 장소)/给(소유 대상)…

❶ 주어+[把+목적어]+放〈在+장소〉 ~을/를 〈~(장소)에〉 두다(놓다)

我想[把我的衣服]放在床上。 나는 내 옷을 침대 위에 두고 싶다.
Wǒ xiǎng bǎ wǒ de yīfu fàngzài chuáng shang.

❷ 주어+[把+목적어]+送〈到+장소〉 ~을/를 〈~(장소)로〉 보내다(배웅하다)

他[把我]送到机场了。 그는 나를 공항으로 데려다주었다.
Tā bǎ wǒ sòngdào jīchǎng le.

❸ 주어+[把+목적어]+还/送〈给+대상〉 ~을/를 〈~(대상)에게〉 돌려주다/선물해 주다

你[把钱]还给小王吧。 너는 돈을 샤오왕(小王)에게 돌려줘라.
Nǐ bǎ qián huángěi Xiǎo Wáng ba.

> 走了   把   骑   小王   我的自行车

해설 **Step 1.** 제시어에 개사 把가 등장하면 특이한 어순을 먼저 떠올려야 한다. 把는 '～을'의 의미로, 목적어를 술어(동사) 앞으로 가져와 강조할 때 쓴다.

小王 + [把 + 我的自行车] + 骑	샤오왕이 나의 자전거를 탄다
주어 [把+목적어] 술어(동사)	

Step 2. 把자문의 술어(동사) 뒤에는 동작 후의 결과가 어떤지 보충해 주는 기타성분이 반드시 필요하다.

小王 + [把 + 我的自行车] + 骑 + 走了	샤오왕이 나의 자전거를 타고 갔다
주어 [把+목적어] 술어(동사) 기타성분	

정답 **小王把我的自行车骑走了。**   샤오왕이 내 자전거를 타고 갔다.
Xiǎo Wáng bǎ wǒ de zìxíngchē qízǒu le.

단어 ★自行车 zìxíngchē 몡 자전거 | ★骑 qí 동 (자전거·오토바이 등을) 타다 | 走 zǒu 동 가다, 떠나다

2 被자문

흔히 피동문이라고 하고, 타인에 의해 어떤 행위나 동작이 발생하는 것을 의미한다. 우리말로 직역하면 뜻이 어색하고 틀린 문장 같지만, 중국어에서는 자주 쓴다.

被자문의 구조상 가장 큰 특징은 동작의 행위자가 주어가 아닌 개사 **被** 뒤의 명사 또는 대명사라는 것이다. 또한 **把**자문처럼 동사 뒤에는 동작의 처리 결과(기타성분)가 있어야 한다.

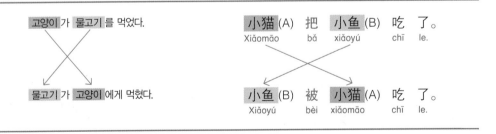

📖 把자문과 被자문의 어순 비교

동작의 행위자가 문장에서 어디에 위치하는지에 주의하자. 동작의 행위자를 우선 파악하면 문장의 구조를 쉽고 정확하게 파악할 수 있다.

把자문의 어순 주어A+[把+B]+술어(동사)+기타성분	被자문의 어순 주어B+[被+A(동작의 행위자)]+술어(동사)+기타성분
我[把牛奶]喝了。 Wǒ bǎ niúnǎi hē le. 나는 우유를 마셨다.	牛奶[被我]喝了。 Niúnǎi bèi wǒ hē le. 우유는 나에 의해 마셔졌다.(=우유는 내가 마셨다.)
我[把今天的作业]做完了。 Wǒ bǎ jīntiān de zuòyè zuòwán le. 나는 오늘의 숙제를 다 했다.	今天的作业[被我]做完了。 Jīntiān de zuòyè bèi wǒ zuòwán le. 오늘의 숙제는 나에 의해 다 마쳤다. (=오늘의 숙제는 내가 다 했다.)
哥哥[把雨伞]拿走了。 Gēge bǎ yǔsǎn názǒu le. 오빠가 우산을 가져갔다.	雨伞[被哥哥]拿走了。 Yǔsǎn bèi gēge názǒu le. 우산은 오빠에 의해 가져가졌다. (=우산은 오빠가 가져갔다.)

공략 트레이닝 2

> 儿子　　　　他的手机　　　　拿走了　　　　被

해설 **Step 1.** 먼저 술어가 될 동사나 형용사를 찾고, 그다음에 술어가 동사라면 적절한 목적어를 찾는다.

儿子 + 拿走了 + 他的手机 _{주어　　술어　　　목적어}	아들이 그의 휴대폰을 가져갔다

Step 2. 제시어에 **개사 被**가 등장하면 특이한 어순을 먼저 떠올려야 한다.

> **주어+[被+동작의 행위자]+술어(동사)+기타성분**
> _{~가　　　~에 의해　　~하게 되다}

그리고 被는 '~에 의하여'라는 의미로, **동작의 행위자가 주어 자리가 아닌 被 뒤에 위치**하므로 儿子(아들)을 被 뒤로 옮겨 被儿子라고 완성한다.

他的手机 + [被 + 儿子] + 拿走了 _{가져가는 동작의 행위자 → 아들}	그의 휴대폰은 아들에 의해 가져가졌다 =그의 휴대폰은 아들이 가져갔다

정답 **他的手机被儿子拿走了。** 그의 휴대폰은 아들이 가져갔다.
Tā de shǒujī bèi érzi názǒu le.

단어 手机 shǒujī 몡 휴대폰 | ★被 bèi 꽤 ~에 의하여 (~를 당하다) | 儿子 érzi 몡 아들 | 拿走 názǒu 동 가지고 가다

3 **비교문**

둘 이상의 대상을 비교하는 문장이다.

1. 비교문의 어순① 기본 형식

> A+[比+B]+(更/还)+술어   A가 B보다 더 ~하다

我[比他]大。 나는 그보다 (나이가) 많다.
Wǒ bǐ tā dà.

我[比他](更)大。 나는 그보다 (나이가) 더 많다.
Wǒ bǐ tā gèng dà.

단어 比 bǐ 께 ~보다 | ★更 gèng 뷔 더, 더욱 | 还 hái 뷔 더, 더욱

2. 비교문의 어순② 차이 비교

비교되는 정도가 얼마나 차이 나는지 '차이 나는 양'을 구체적으로 말할 수 있다.

> A+[比+B]+술어+〈得多/多了〉   A가 B보다 훨씬 (더) ~하다

我[比他]大〈得多〉。 = 我[比他]大〈多了〉。 나는 그보다 훨씬 (나이가) 많다.
Wǒ bǐ tā dà de duō.   Wǒ bǐ tā dà duō le.

> A+[比+B]+술어+〈一点儿/一些〉   A가 B보다 조금 (더) ~하다

我[比他]大〈一点儿〉。 = 我[比他]大〈一些〉。 나는 그보다 조금 (나이가) 많다.
Wǒ bǐ tā dà yìdiǎnr.   Wǒ bǐ tā dà yìxiē.

> A+[比+B]+술어+〈구체적인 수치〉   A가 B보다 ~만큼 (더) ~하다

我[比他]大〈两岁〉。 나는 그보다 두 살 많다.
Wǒ bǐ tā dà liǎng suì.

3. 비교문의 어순③ 부정문

> A+[比+B]+[更/还]+술어   A가 B보다 더 ~하다
>
> B+[不如/没有A]+[这么/那么]+술어   B는 A만큼(보다) 이렇게/그렇게 ~하지 못하다

他[没有我][这么]大。 그는 나만큼 이렇게 (나이가) 많지 않다.
Tā méiyǒu wǒ zhème dà.

단어 不如 bùrú 동 ~만 못하다 | 没有 méiyǒu 동 (~만큼) ~하지 않다 | 这么 zhème 대 이렇게 | 那么 nàme 대 그렇게, 저렇게

[TIP] ❶ A+[跟+B]+一样+술어   A는 B랑 똑같이 ~하다

他[跟我]一样大。   그는 나랑 나이가 똑같다.
Tā gēn wǒ yíyàng dà.

❷ A+[跟+B]+差不多+술어   A는 B랑 비슷하게 ~하다

他[跟我]差不多大。   그는 나랑 나이가 비슷하다.
Tā gēn wǒ chàbuduō dà.

공략 트레이닝 3

我哥哥	更	高	比我

해설 *Step 1.* 먼저 술어가 될 동사나 형용사를 찾고, 그다음에 술어가 동사라면 적절한 목적어를 찾는다.

我哥哥 + 高	우리 오빠(형)는 크다
주어　　술어(형용사)	

Step 2. 개사 比는 비교의 대상과 함께 술어 앞에 써서 비교문 [A+比+B+형용사] 형식을 만든다.

我哥哥 + [比我] + 高	우리 오빠(형)는 나보다 크다
개사구　　술어(형용사)	

Step 3. 정도부사 更은 형용사 바로 앞에 쓴다.

我哥哥 + [比我] + 更 + 高	우리 오빠(형)는 나보다 더 크다

정답 **我哥哥比我更高。**   우리 오빠(형)는 나보다 더 크다.
Wǒ gēge bǐ wǒ gèng gāo.

단어 哥哥 gēge 명 오빠, 형 | 比 bǐ 개 ~보다[비교를 나타냄] | ★更 gèng 부 더, 더욱, 훨씬 | 高 gāo 형 (키가) 크다

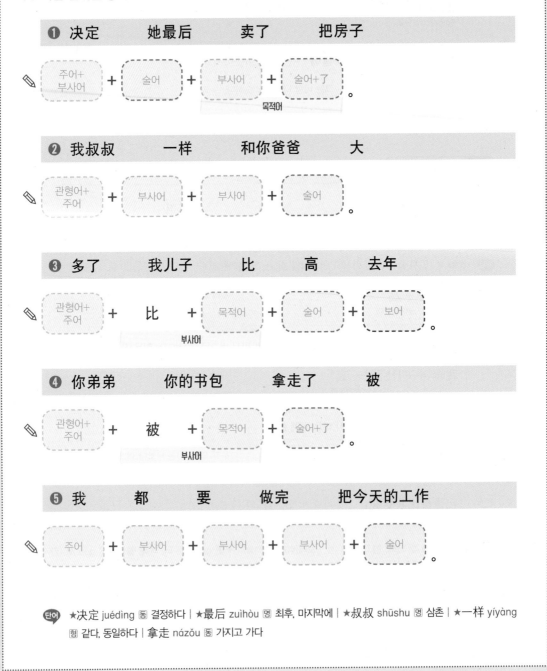

★ 다음 단어를 중국어 어순에 따라 배열해 보세요.

① 决定　　她最后　　卖了　　把房子

주어+부사어 ＋ 술어 ＋ 부사어 ＋ 술어+了 。
목적어

② 我叔叔　　一样　　和你爸爸　　大

관형어+주어 ＋ 부사어 ＋ 부사어 ＋ 술어 。

③ 多了　　我儿子　　比　　高　　去年

관형어+주어 ＋ 比 ＋ 목적어 ＋ 술어 ＋ 보어 。
부사어

④ 你弟弟　　你的书包　　拿走了　　被

관형어+주어 ＋ 被 ＋ 목적어 ＋ 술어+了 。
부사어

⑤ 我　　都　　要　　做完　　把今天的工作

주어 ＋ 부사어 ＋ 부사어 ＋ 부사어 ＋ 술어 。

단어 ★决定 juédìng 동 결정하다 | ★最后 zuìhòu 명 최후, 마지막에 | ★叔叔 shūshu 명 삼촌 | ★一样 yíyàng 형 같다, 동일하다 | 拿走 názǒu 동 가지고 가다

실전에 강한

문제 적응 훈련

학습일 ____/____

맞은 개수 _____

실전 트레이닝

1. 送给　　　　她决定　　　　把手机　　　　弟弟

    _____

2. 终于　　　　打扫　　　　把教室　　　　干净了　　　　她

    _____

3. 护照　　　　被　　　　带来了　　　　我妈妈

    _____

4. 都　　　　被他　　　　蛋糕　　　　吃了

    _____

5. 一样　　　　这里的　　　　跟那里　　　　事情　　　　重要

    _____

정답 및 해설_ 해설집 122쪽

11 보어

新HSK에는 이렇게 출제된다! ▼

★ **보어**는 **술어(동사/형용사) 뒤**에 쓰여 동작, 상태, 상황에 대해 보충 설명을 해주는 역할을 한다.

★ 중국어의 보어는 우리말과 형식이 달라 난해하게 느낄 수 있지만, **술어 뒤의 요소를 하나하나 시간 순서대로 연상**하면 쉽게 이해할 수 있다.

★ 쓰기 영역에서 **보어**는 문장의 **술어 성분**을 찾을 수 있는 중요한 **힌트**가 된다. 따라서 단어를 모르더라도 보어 성분을 보고 그 앞의 단어가 동사일 것이라고 알아챌 수 있다.

> **보어란?**
> 보어는 술어 뒤에서 동작이나 상태, 상황에 대해 보충 설명을 하여 문장의 의미를 정확하게 만들도록 돕는다.

1 결과보어

동사 뒤에 또 다른 동사나 형용사를 써서, 동작의 결과가 어떻게 되었는지를 보충 설명한다.

동사 + 〈결과보어(完 / 懂 / 好 / 晚…)〉 + （了）

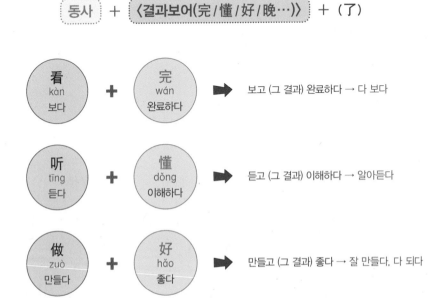

看
kàn
보다
+
完
wán
완료하다
➡ 보고 (그 결과) 완료하다 → 다 보다

听
tīng
듣다
+
懂
dǒng
이해하다
➡ 듣고 (그 결과) 이해하다 → 알아듣다

做
zuò
만들다
+
好
hǎo
좋다
➡ 만들고 (그 결과) 좋다 → 잘 만들다, 다 되다

보다→〈이해하다〉
我**看**〈懂〉了这本书。 나는 이 책을 보고 이해했다.
Wǒ kàndǒngle zhè běn shū.

말하다→〈맞다〉
你**说**〈对〉了。 네가 맞게 말했다.(네 말이 맞다.)
Nǐ shuōduì le.

타다→〈틀리다〉
我没**坐**〈错〉车。 나는 차를 잘못 타지 않았다.
Wǒ méi zuòcuò chē.

찾다→〈(목적에) 이르다〉
我没**找**〈到〉工作。 나는 일을 찾지 못했다.
Wǒ méi zhǎodào gōngzuò.

2 방향보어

동사 뒤에서 동작의 진행 방향이 어떻게 되는지를 보충 설명한다.

/. 단순 방향보어

동작 후 하나의 단순한 방향성을 보충 설명한다.

❶ 동사 + 〈방향보어(来 / 去)〉

동작 후 (방향이) 가까워지다 / 멀어지다

동사	동사+〈단순 방향보어〉	
跑 pǎo	跑〈来〉 pǎolai	跑〈去〉 pǎoqu
뛰다	뛰어오다	뛰어가다
上 shàng	上〈来〉 shànglai	上〈去〉 shàngqu
오르다	올라오다	올라가다
进 jìn	进〈来〉 jìnlai	进〈去〉 jìnqu
(밖에서 안으로) 들다	들어오다	들어가다

我把那本书带〈来〉了。 내가 그 책을 가져왔다.
Wǒ bǎ nà běn shū dàilai le.

我们进教室〈去〉吧。 우리 교실로 들어가자.
Wǒmen jìn jiàoshì qù ba.

⚠ 주의 장소목적어는 보통 방향보어 来, 去 바로 앞에 쓴다.

❷ 동사 + 〈방향보어(上/下/进/出/回/过/起)〉

爬
pá
기다
➡
爬〈上〉
páshàng
기어오르다

我终于爬〈上〉山了。 나는 마침내 산을 기어올랐다.
Wǒ zhōngyú páshàng shān le.

2. 복합 방향보어

단순 방향보어로는 상황 설명이 불분명하거나 동작 후에 두 가지의 복합적인 방향성을 나타낼 때에는 복합 방향보어를 사용하여 보충 설명할 수 있다.

동사	동사+〈단순 방향보어〉	동사+〈복합 방향보어〉	
爬 pá	爬〈上〉 páshàng	爬〈上来〉 pá shànglai	爬〈上去〉 pá shàngqu
기다	기어오르다	기어 올라오다	기어 올라가다

这座山怎么爬〈上去〉? 이 산은 어떻게 올라가요?
Zhè zuò shān zěnme pá shàngqu?

🗂 복합 방향보어의 종류

동사 보어	上 shàng 아래→위	下 xià 위→아래	进 jìn 밖→안	出 chū 안→밖	回 huí 되돌리다	过 guò 건너다	起 qǐ 일어나다
来 lái 오다	上来 shànglai 올라오다	下来 xiàlai 내려오다	进来 jìnlai 들어오다	出来 chūlai 나오다	回来 huílai 돌아오다	过来 guòlai 건너오다, 다가오다	起来 qǐlai 일어나다
去 qù 가다	上去 shàngqu 올라가다	下去 xiàqu 내려가다	进去 jìnqu 들어가다	出去 chūqu 나가다	回去 huíqu 돌아가다	过去 guòqu 지나가다	—

동사 + 〈방향보어1(上 / 下 / 进 / 出 / 回 / 过 / 起)〉 + 〈방향보어2(来 / 去)〉

동작 후 (방향이) ~하고 가까워지다 / 멀어지다

跑〈出来〉 뛰어나오다
pǎo chūlai

买〈回来〉 사서 돌아오다
mǎi huílai

妈妈突然跑〈出来〉。 엄마가 갑자기 뛰어나오신다.
Māma tūrán pǎo chūlai.

공략 **트레이닝 1**

准备好	已经	了	金先生

해설 Step 1. 먼저 술어가 될 동사나 형용사를 찾고, 그다음에 술어가 동사라면 적절한 목적어를 찾는다.

金先生 + 准备好   김 선생님은 다 (잘) 준비했다
 주어   술어(동사)

Step 2. 부사 已经은 '이미'의 의미로 술어 앞에 쓴다.

金先生 + [已经] + 准备好   김 선생님은 이미 다 (잘) 준비했다
          └──↑ 이미 다 준비하다

Step 3. 조사 了는 동사 바로 뒤나 문장 끝에 쓰여 동작이나 상황의 완료를 나타낸다.

金先生 + [已经] + 准备好 + 了   김 선생님은 이미 다 (잘) 준비했다
 이미 ~했다(완료 강조)

정답 **金先生已经准备好了。** 김(金) 선생님은 이미 다 준비하셨다.
Jīn xiānsheng yǐjīng zhǔnbèi hǎo le.

단어 先生 xiānsheng 몡 선생님, 씨[성인 남성에 대한 경칭] | 已经 yǐjīng 児 벌써, 이미 | 准备好 zhǔnbèihǎo 잘 준비하다

3 **가능보어**

동사 뒤에서 동작 후 발생할 결과나 방향성의 가능을 보충 설명한다.

동사+**得**+〈결과/방향보어〉 동작 후 (그 결과/방향성이) 가능하다	동사+**不**+〈결과/방향보어〉 동작 후 (그 결과/방향성이) 불가능하다
吃得〈完〉 chī de wán 다 먹을 수 있다	吃不〈完〉 chī bu wán (아무리 먹어도) 다 먹지 못하다
听得〈懂〉 tīng de dǒng 알아들을 수 있다	听不〈懂〉 tīng bu dǒng (아무리 들어도) 못 알아듣다
坐得〈下〉 zuò de xià (공간이 있어) 앉을 수 있다	坐不〈下〉 zuò bu xià (공간이 좁아서) 앉을 수 없다
想得〈起来〉 xiǎng de qǐlai (생각해서) 생각날 수 있다	想不〈起来〉 xiǎng bu qǐlai (생각해도) 생각이 나지 않는다

4 **정도보어**

동사 뒤에서 동작 후 그 동작에 대한 소감, 묘사, 평가를 나타내거나, 형용사 뒤에서 상태의 정도를 보충 설명한다.

1. 동작이 진행된 후, 그 동작에 대한 소감, 묘사, 평가를 나타낸다.

동사 + 得 + 〈형용사〉

他说得〈很好〉。 그는 말을 잘 한다.
Tā shuō de hěn hǎo.

他跑得〈不快〉。 그는 달리는 게 빠르지 않다.
Tā pǎo de bú kuài.

他(唱)歌唱得〈不好〉。 그는 노래를 못 부른다.
Tā (chàng) gē chàng de bù hǎo.

⚠️ 주의 정도보어가 쓰인 문장에서 목적어를 쓸 때에는 동사를 두 번 쓰거나 첫 번째 동사를 생략하여 쓸 수 있다.

주어 ＋ 술어(동사) ＋ 목적어 ＋ 술어(동사) ＋ 得 ＋ 〈정도보어〉

他(说)汉语说得〈很好〉。 그는 중국어를 잘 한다.
Tā (shuō) Hànyǔ shuō de hěn hǎo.

2. 형용사 뒤에서 상태의 정도가 심함을 보충 설명한다.

형용사 ＋ 极了(정도가) 다할 지경이다 / 死了(정도가) 죽을 지경이다

最近热极了。 요즘 무척 덥다.
Zuìjìn rè jíle.

我累死了。 나는 힘들어 죽겠다.
Wǒ lèi sǐle.

공략 트레이닝 2

非常	他	得	好听	唱

해설 *Step 1.* 먼저 술어가 될 동사나 형용사를 찾고, 그다음에 술어가 동사라면 적절한 목적어를 찾는다.

他 ＋ 唱 주어　술어(동사)	그가 부른다

Step 2. '동사 得'는 동작이 발생한 후 그 동작에 대한 소감, 묘사, 평가를 표현할 때 쓴다. 따라서 동작을 묘사할 수 있는 표현(형용사)이 제시어 중에 있는지 살펴보아야 한다.

他 ＋ 唱 ＋ 得 ＋ 〈好听〉 └→ 동사得＋〈형용사〉: 부르는 것이 듣기 좋다, 잘 부르다	그는 잘 부른다

Step 3. 정도부사 非常은 '아주, 굉장히'라는 의미로 형용사 바로 앞에 쓴다.

他 ＋ 唱 ＋ 得 ＋ 〈[非常]好听〉 └→ 굉장히 듣기 좋다	그는 (노래를) 굉장히 잘 부른다

정답 **他唱得非常好听。** 그는 (노래를) 굉장히 잘 부른다.
Tā chàng de fēicháng hǎotīng.

단어 唱 chàng 图 부르다 | 非常 fēicháng 및 굉장히, 아주 | 好听 hǎotīng 형 듣기 좋다

★ 다음 단어를 중국어 어순에 따라 배열해 보세요.

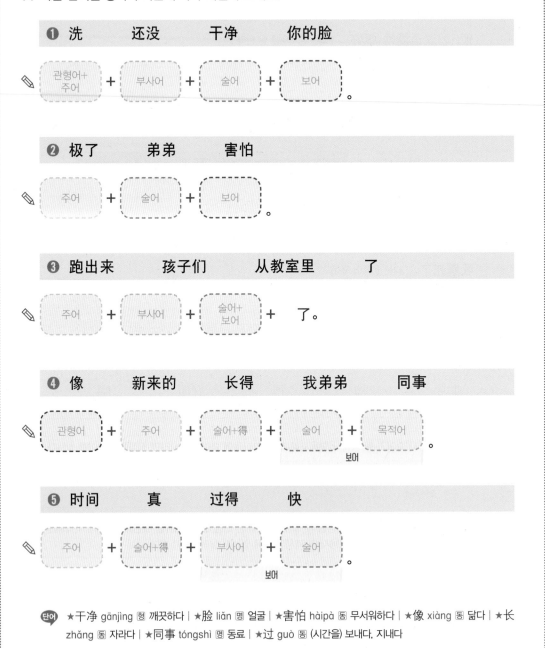

❶ 洗　　　还没　　　干净　　　你的脸

✎ [관형어+주어] + [부사어] + [술어] + [보어] 。

❷ 极了　　　弟弟　　　害怕

✎ [주어] + [술어] + [보어] 。

❸ 跑出来　　　孩子们　　　从教室里　　　了

✎ [주어] + [부사어] + [술어+보어] + 了。

❹ 像　　　新来的　　　长得　　　我弟弟　　　同事

✎ [관형어] + [주어] + [술어+得] + [술어]보어 + [목적어] 。

❺ 时间　　　真　　　过得　　　快

✎ [주어] + [술어+得] + [부사어] + [술어]보어 。

단어 ★干净 gānjìng 형 깨끗하다 | ★脸 liǎn 명 얼굴 | ★害怕 hàipà 동 무서워하다 | ★像 xiàng 동 닮다 | ★长 zhǎng 동 자라다 | ★同事 tóngshì 명 동료 | ★过 guò 동 (시간을) 보내다, 지내다

실전에
강한

제한 시간
10분

문제 적응 훈련

학습일 _____ / _____
맞은 개수 _____

| 실전 트레이닝 |

1. 小猫　　　喝完　　　把牛奶　　　了　　　都

_____

2. 名牌大学了　　　他　　　考上　　　终于

_____

3. 打扫得　　　总是　　　很干净　　　把自己的房间　　　他

_____

4. 从美国　　　我觉得　　　他　　　回来　　　会　　　马上就

_____

5. 刮得　　　风　　　大　　　越来越　　　了

_____

정답 및 해설_ 해설집 125쪽

12 비슷한 발음, 비슷한 한자

新HSK에는 이렇게 출제된다! ▼

★ 쓰기 제2부분에는 문장 속 **빈칸에 들어갈 알맞은 한자**를 쓰는 문제가 **출제**된다. 문장을 해석하면서 주어진 **한어병음**을 **힌트**로 삼아 정답을 적어야 한다.

★ **주관식 문제**이고 직접 한자를 적어야 하기 때문에 점 하나, 획 하나에도 신경을 써야 한다.

★ **발음이 비슷하고 비슷하게 생긴 한자**와 **발음은 다르지만 비슷하게 생긴 한자**는 혼동하기 쉬우니 주의해야 한다.

★ **명사, 동사, 형용사** 외에 문장을 해석해야 정확히 알 수 있는 **어법 단어(부사, 개사, 양사, 조사)**도 출제되므로, 꼭 문장 전체를 해석한 뒤 정답을 적는 것이 좋다.

워밍업! 한자 쓰기 규칙(획순) 익히기

한자를 쓸 때 획순에 맞춰 쓰면, 처음에는 속도가 다소 더딜지라도 익숙해진 후에는 더 빠르고 자연스럽게 쓸 수 있다. 정확한 한자 쓰기를 위해서 평소에도 획순에 맞춰 쓰는 습관을 기르도록 노력하자.

I. 위에서 아래로 쓴다.

三 ▶ 一 二 三

2. 왼쪽에서 오른쪽으로 쓴다.

你 ▶ ノ 亻 亻 亻 亻 你 你

3. 가로획과 세로획이 교차될 때에는 가로획을 먼저 쓴다.

十 ▶ 一 十

4. 위에서 아래로 꿰뚫는 세로획은 맨 나중에 쓴다.

中 ㅣ ㅁ 口 中

5. 바깥쪽 획을 먼저 쓰고 안쪽 획을 쓴다.

月 丿 刀 月 月

6. 둘러싼 모양은 바깥쪽 획을 먼저 쓰고 안을 채운 뒤, 트임을 막는다.

四 ㅣ 冂 冈 四 四

7. 좌우 대칭인 경우에는 가운데를 먼저 쓴다.

小 亅 小 小

쓰기 제2부분

8. 받침은 맨 나중에 쓴다.

还 一 丆 丆 不 还 还

1 비슷한 발음, 비슷하게 생긴 한자

비슷하게 생긴 한자를 구분할 때 다양한 부수에 대해 알면 단어를 외울 때 많은 도움을 받을 수 있다. 물론 중국어 한자가 간체자로 간소화되면서 모양만 비슷할 뿐 전혀 상관 없는 것들도 있지만 대부분 한자의 본래 의미와 관련이 있으니 연관 지어 알아 두자.

🔍 알아 두면 유익한 대표적인 부수들

부수	亻	사람 관련	부수	忄	마음, 감정 관련
부수	氵	물 관련	부수	冫	얼음 관련
부수	艹	풀, 식물 관련	부수	⺮	대나무 관련
부수	辶	발, 다리 관련	부수	月	달 혹은 신체 관련

* 표시는 기출 단어 및 표현입니다.

	한자			단어&활용 표현
1	请 qǐng	청하다		请问* qǐngwèn 말씀 좀 여쭙겠습니다
	清 qīng	깨끗하다		清楚 qīngchu 분명하다
2	子 zǐ	명사화함		筷子* kuàizi 젓가락
	字 zì	글자		名字* míngzi 이름
3	化 huà	되다		文化* wénhuà 문화
	花 huā	꽃		花儿* huār 꽃
4	云 yún	구름		今天有云。* Jīntiān yǒu yún. 오늘은 구름이 있다.
	运 yùn	움직이다		运动 yùndòng 운동하다
5	力 lì	힘		努力 nǔlì 노력하다
	历 lì	겪다, 과거의		历史 lìshǐ 역사
6	净 jìng	깨끗하다		干净 gānjìng 깨끗하다
	静 jìng	고요하다		安静 ānjìng 조용하다

7	元 yuán 위안	三元* 五角* 八分* sān yuán wǔ jiǎo bā fēn 3위안 5자오 8펀
	远 yuǎn 멀다	我家离机场很远。Wǒ jiā lí jīchǎng hěn yuǎn. 우리 집은 공항에서 멀다.
8	白 bái 희다, 분명하다	白色 báisè 흰색 ǀ 明白* míngbai 알다, 이해하다
	百 bǎi 100, 백	一百 yìbǎi 100
	日* rì 날	生日* shēngrì 생일 ǀ 节日 jiérì 기념일, 명절 ǀ 星期日* xīngqīrì 일요일
	自 zì 스스로	自己 zìjǐ 자기 〔自는 양쪽 가로줄이 2개예요.〕
9	人 rén 사람	别人* biéren 다른 사람
	认 rèn 인식하다, 알다	认识 rènshi (사람·길·글자를) 알다 ǀ 认为 rènwéi 생각하다
10	己 jǐ 자기	自己 zìjǐ 자기 〔'ㄴ'획이 올라오지 않고 딱 'ㄹ'이 되도록 쓰세요.〕
	记 jì 적다, 외우다	记错 jìcuò 잘못 기억하다
	起 qǐ 일어나다	起床 qǐchuáng (잠자리에서) 일어나다
	已 yǐ 이미	已经* yǐjīng 이미 〔'ㄴ'획이 반만 닿도록 쓰세요.〕
11	快 kuài 빠르다, 즐겁다	快乐 kuàilè 즐겁다
	块 kuài 덩어리, 뭉치	两块钱* liǎng kuài qián 2위안 ǀ 一块蛋糕 yí kuài dàngāo 케이크 한 조각
	筷 kuài 젓가락	筷子* kuàizi 젓가락
	决 jué 결단하다	解决* jiějué 해결하다
12	经 jīng 지나다	已经* yǐjīng 이미
	轻 qīng 가볍다	年轻 niánqīng 젊다
13	忙 máng 바쁘다	帮忙 bāngmáng 돕다
	忘 wàng 잊다	忘记 wàngjì 잊어버리다
14	小 xiǎo 작다	小心 xiǎoxīn 조심하다
	少 shǎo 적다	多少* duōshao 얼마, 몇
15	间 jiān 사이, 때	时间 shíjiān 시간 ǀ 房间* fángjiān 방
	简 jiǎn 간략하다	简单 jiǎndān 간단하다

> 1. 我女儿一直都很关心别(^ren^)。
>
> 2. 看地图很容易，上北、下南、左西、右东，明(^bái^)了吗?
>
> 3. 明天星期(^rì^)，你要不要上班?

[1] 해설 및 정답 **문제 분석▼** 关心 guānxīn(관심 있다)의 목적어로 적합한 명사는 别人 biéren(타인)이다.

我女儿一直都很关心别(人)。 Wǒ nǚ'ér yìzhí dōu hěn guānxīn biéren.	내 딸은 늘 <u>타인</u>에게 관심이 많다.

단어 ★一直 yìzhí 튄 줄곧, 내내 | ★关心 guānxīn 튕 관심을 갖다 | ★别人 biéren 튕 타인, 남

[TIP] 人을 쓸 때에는 오른쪽 획을 왼쪽 획과 떨어뜨리거나 왼쪽 획보다 올려 쓰지 말아야 한다.

[2] 해설 및 정답 **문제 분석▼** 구조조사 了 앞에는 보통 동사나 형용사가 필요하다. 문장을 해석했을 때에도 '이해했니, 알겠지?'라는 표현이 적절하므로 明白 míngbai(이해하다)가 정답이다.

看地图很容易，上北、下南、左西、右东， Kàn dìtú hěn róngyì, shàng běi、xià nán、zuǒ xī、yòu dōng, 明(白)了吗? míngbai le ma?	지도 보는 건 쉬워, 위쪽은 북쪽, 아래쪽은 남쪽, 왼 쪽은 서쪽, 오른쪽은 동쪽이야, <u>알겠지</u>?

단어 ★地图 dìtú 튕 지도 | ★容易 róngyì 튕 쉽다 | 上 shàng 튕 위 | 北 běi 튕 북쪽 | 下 xià 튕 아래 | ★南 nán 튕 남쪽 | 左 zuǒ 튕 좌측, 왼쪽 | ★西 xī 튕 서쪽 | 右 yòu 튕 우측, 오른쪽 | ★东 dōng 튕 동쪽 | ★明白 míngbai 튕 알다, 이해하다

[3] 해설 및 정답 **문제 분석▼** 요일 표현은 星期 xīngqī 뒤에 적절한 숫자(一~六)를 넣는데, '일요일'은 日 rì나 天 tiān을 써서 星期日 xīngqīrì, 星期天 xīngqītiān이라고 한다. 보기에 'rì'가 제시되어 있으므로 정답은 日이다.

明天星期(日)，你要不要上班? Míngtiān xīngqīrì, nǐ yào bu yào shàngbān?	내일은 <u>일요일</u>인데, 너 출근해야 되니?

단어 星期日 xīngqīrì 튕 일요일 | 要 yào 튕 ~해야 한다 | 上班 shàngbān 튕 출근하다

2 다른 발음, 비슷하게 생긴 한자

한자는 작은 점 하나로도 달라지므로 혼동하기 쉬운 것끼리 묶어서 여러 번 쓰는 연습을 하는 것이 좋다. 점 하나, 획 하나도 주의 깊게 관찰하고 실수하지 않도록 주의하자.

	한자			단어&활용 표현
1	午	wǔ	낮	上午 shàngwǔ 오전 ｜ 下午 xiàwǔ 오후 〔세로획이 뚫고 올라오지 않도록 주의하자.〕
	牛	niú	소	牛奶* niúnǎi 우유
2	见	jiàn	보다	见面* jiànmiàn 서로 만나다 〔见은 마지막 획이 'ㄴ'자처럼 길게 휘고, 贵 아래의 '贝'는 마지막 획이 짧다.〕
	贵	guì	귀하다	非常贵 fēicháng guì 굉장히 비싸다
3	天	tiān	하늘	今天 jīntiān 오늘 ｜ 每天* měi tiān 매일
	夫	fū	남편	丈夫 zhàngfu 남편
	关	guān	닫다	关门 guān mén 문을 닫다
	开	kāi	열다	开门* kāi mén 문을 열다 ｜ 打开* dǎkāi 열다
4	先	xiān	먼저	你先吃吧。 Nǐ xiān chī ba. 너 먼저 먹으렴.
	洗	xǐ	씻다	洗手间* xǐshǒujiān 화장실
5	半	bàn	반, 1/2	两点半 liǎng diǎn bàn 2시 반
	米	mǐ	쌀	米饭* mǐfàn 쌀밥 ｜ 一百米 yìbǎi mǐ 100미터
6	左	zuǒ	좌	左边 zuǒbian 왼쪽
	右	yòu	우	右边* yòubian 오른쪽
7	因	yīn	~로 인하다	因为* yīnwèi 왜냐하면 ｜ 原因 yuányīn 원인
	困	kùn	졸리다, 지치다	困难 kùnnan 곤란하다, 어렵다
8	找	zhǎo	찾다	找朋友* zhǎo péngyou 친구를 찾다 ｜ 找钱 zhǎo qián 돈을 거슬러 주다
	打	dǎ	치다, 때리다	打球* dǎqiú 공놀이하다
9	又	yòu	또	他又来了。 Tā yòu lái le. 그가 또 왔다.
	双	shuāng	쌍	一双筷子* yì shuāng kuàizi 젓가락 한 매(쌍)
10	借	jiè	빌리다	借书 jiè shū 책을 빌리다
	错	cuò	틀리다	写错 xiěcuò 잘못 쓰다 ｜ 看错 kàncuò 잘못 보다

11	做 zuò 하다, 만들다	做作业 zuò zuòyè 숙제를 하다
	故 gù 연고, 까닭	故事 gùshi 이야기
12	十 shí 10, 십	二十个学生 èrshí ge xuésheng 학생 20명
	千 qiān 1000, 천	这些衣服和皮鞋一共两千块钱。 Zhèxiē yīfu hé píxié yígòng liǎngqiān kuài qián. 이 옷과 구두들은 모두 2천 위안이다.
	干 gān 마르다	干净* gānjìng 깨끗하다
	于 yú 어조사	终于* zhōngyú 결국
13	前 qián 앞	以前* yǐqián 이전, 예전 ∣ 前边 qiánbian 앞
	服 fú 의복	衣服* yīfu 옷 ∣ 舒服* shūfu 편안하다
14	京 jīng 도읍, 수도	北京* Běijīng 베이징
	就 jiù 곧, 바로	他六点就起床了。* 그는 6시에 일어났다. Tā liù diǎn jiù qǐchuáng le.
15	可 kě 가능하다	可以 kěyǐ ~할 수 있다
	司 sī 이끌다	司机 sījī 운전기사 ∣ 公司 gōngsī 회사

공략 트레이닝 2

1. 这条裙子（　tài　）长了，我不想买。

2. 不是左边，我说的是（　yòu　）边的那件衬衫。

3. 8点三刻了，快起来刷牙（　xǐ　）脸吧。

[1] 해설 및 정답

문제 분석▼ 정도부사는 형용사나 심리감정동사 앞에서 상태의 정도를 강조한다. 정도부사 太 tài(너무, 지나치게)는 뒤에 나오는 형용사(长 cháng)를 수식하여 太长 tài cháng(너무 길다)라는 표현을 완성할 수 있다.

这条裙子（ 太 ）长了，我不想买。　　이 치마는 너무 길어서, 나는 사고 싶지 않다.
Zhè tiáo qúnzi tài cháng le, wǒ bù xiǎng mǎi.

단어 ★条 tiáo 양 바지·치마를 세는 단위 ∣ ★裙子 qúnzi 명 치마 ∣ 长 cháng 형 (길이가) 길다 ∣ 想 xiǎng 조동 ~하고 싶다 ∣ 买 mǎi 동 사다

[2] 해설 및 정답 · **문제 분석▼** 방향 표현은 **边** biān을 붙여 나타내는데, '오른쪽'은 **右边** yòubian이라고 한다.

不是左边，我说的是(**右**)边的那件衬衫。
Bú shì zuǒbian, wǒ shuō de shì yòubian de nà jiàn chènshān.

왼쪽이 아니라 제가 말한 것은 <u>오른쪽</u>의 그 셔츠입니다.

단어 左边 zuǒbian 몡 왼쪽 | 说 shuō 통 말하다 | 右边 yòubian 몡 오른쪽 | 的 de 조 ~의 | 件 jiàn 양 벌[옷을 세는 단위] | ★衬衫 chènshān 몡 셔츠

[3] 해설 및 정답 · **문제 분석▼** 脸 liǎn(얼굴)과 호응할 수 있는 동사는 洗 xǐ(씻다)이다.

8点三刻了，快起来刷牙(**洗**)脸吧。
Bā diǎn sān kè le, kuài qǐlai shuāyá xǐ liǎn ba.

8시 45분이야, 어서 일어나서 양치하고 <u>세수</u>하렴.

단어 点 diǎn 양 시[시간을 나타냄] | ★刻 kè 양 15분 | 快 kuài 분 빨리 | ★起来 qǐlai 통 일어나다 | ★刷牙 shuāyá 통 이를 닦다 | 洗 xǐ 통 씻다 | ★脸 liǎn 몡 얼굴

✏ 다음 단어를 따라 써보세요. (빨간색 표시 단어는 빈출 단어임)

1	请问 qǐngwèn 말씀 좀 여쭙겠습니다	` 讠 讠 讠 讠 请 请 请 请 请 请问
2	名字 míngzi 이름	` ` 宀 宀 宁 字 字 名字
3	三元五角八分 sān yuán wǔ jiǎo bā fēn 3위안 5자오 8펀	一 二 亍 元 / ` ` 宀 勹 勽 角 角 角 / ` 八 分 分 三元五角八分
4	明白 míngbai 알다, 이해하다	` 亻 白 白 白 明白
5	节日 jiérì 기념일, 명절	丨 冂 日 日 节日
6	自己 zìjǐ 자기, 자신	` 亻 白 白 自 自 自己
7	筷子 kuàizi 젓가락	` ` ` 丷 丷 丷 丷 竺 竺 竺 筷 筷 筷子
8	已经 yǐjīng 이미	` ` 纟 纟 经 经 经 经 已经
9	多少 duōshao 얼마, 몇	丨 小 小 少 多少

10	房间 fángjiān 방	`门门门间间间 房间
11	牛奶 niúnǎi 우유	ノケ仁牛 牛奶
12	见面 jiànmiàn 서로 만나다	丨冂冂见 见面
13	每天 měi tiān 매일	一二チ天 每天
14	开门 kāi mén 문을 열다	一二于开 开门
15	洗手间 xǐshǒujiān 화장실	`冫冫汇泸泸泸洗 洗手间
16	米饭 mǐfàn 쌀밥	`丷兰半米米 米饭
17	右边 yòubian 오른쪽	一ナ大右右 右边
18	因为 yīnwèi 왜냐하면	丨冂日因因因 因为
19	一双筷子 yì shuāng kuàizi 젓가락 한 매(쌍)	刀又双双 一双筷子
20	干净 gānjìng 깨끗하다	一二干 干净

┤ 실전 트레이닝 1 ├

1. 一（ yuán ）是10角，一角是10分。

2. 感冒了要注意休息，（ yīn ）为健康最重要。

3. 做选择的时候，最重要的是知道（ zì ）己想要什么。

4. 你知道世界上有多（ shao ）种病吗？

5. 马越跑越快，慢慢地就不（ jiàn ）了。

정답 및 해설_ 해설집 128쪽

┤ 실전 트레이닝 2 ├

1. 从哪边走更近？（ zuǒ ）边还是右边？

2. 这（ shuāng ）运动鞋才穿了几天就坏了。

3. 我已经把空调打（ kāi ）了，一会儿就不热了。

4. 你记（ cuò ）路了吗？

5. 每天早上我都去跑步或者（ dǎ ）球。

정답 및 해설_ 해설집 130쪽

13 다른 발음, 비슷한 한자

新HSK에는 이렇게 출제된다! ▼

★ 여러 가지의 발음을 가진 한자는 문장에서 쓰인 **의미**에 따라 달라지므로, 반드시 문장 전체를 해석한 뒤 문제를 풀어야 한다.

★ 기존에 출제되었던 단어(*표시)가 반복해서 출제되는 경우가 많으니 시험 전에 꼭 **체크**하자.

1 다음자와 비슷하게 생긴 한자

여러 발음을 가지는 하나의 한자(다음자)는 뜻이나 쓰임에 따라 구분된다. 따라서 다음자를 외울 때에는 한자가 아닌 단어 혹은 표현으로 기억하는 것이 효과적이다.

		한자	단어&활용 표현
1	教	jiāo 가르치다	王老师教我们数学。 왕 선생님은 우리들에게 수학을 가르친다. Wáng lǎoshī jiāo wǒmen shùxué. 〔단독으로 '가르치다'라고 쓸 때에만 'jiāo'라고 발음하고, 다른 한자와 만나 단어를 이룰 때에는 'jiào'라고 발음한다.〕
		jiào 가르치다	教室 jiàoshì 교실
	校	xiào 학교	学校 xuéxiào 학교 ∣ 校长 xiàozhǎng 교장
2	还	huán 반납하다	我要去图书馆还书。 나는 책을 반납하러 도서관에 가려고 한다. Wǒ yào qù túshūguǎn huán shū.
		hái 또한, 아직도	他还没来。 그는 아직 오지 않았다. Tā hái méi lái.
	坏	huài 고장 나다	我的自行车坏了。 내 자전거가 고장 났다. Wǒ de zìxíngchē huài le.
	换	huàn 교체하다	换钱 huàn qián 돈을 바꾸다 ∣ 换衣服 huàn yīfu 옷을 갈아입다
3	更	gèng 더욱	我比她更高。 내가 그녀보다 더 크다. Wǒ bǐ tā gèng gāo.
	便	biàn 편하다	方便* fāngbiàn 편리하다
		pián 싸다	便宜 piányi 저렴하다 〔'(가격이) 싸다'라고 쓸 때에만 'pián'으로 발음한다.〕
4	差	chà 부족하다	差五分两点 chà wǔ fēn liǎng diǎn 2시 5분 전(1시 55분)
		chāi 파견하다	出差 chūchāi 출장 가다 〔'출장 가다'라고 쓸 때에만 'chāi'로 발음한다.〕

쓰기 제2부분

4	着	zhe ~한 상태이다	坐着上课 zuòzhe shàngkè 앉아서 수업을 하다
		zháo 달라붙다	睡着 shuìzháo 잠들다
	看	kàn 보다	看书 kàn shū 책을 보다
5	东	dōng 동(쪽)	东西 dōngxi 물건
	乐	lè 즐겁다	快乐 kuàilè 즐겁다
		yuè 음악	音乐* yīnyuè 음악
6	为	wèi ~때문에	因为* yīnwèi 왜냐하면 ㅣ 为什么 wèishénme 왜 ㅣ 为(了) wèi(le) ~을 위하여
		wéi ~(으)로 삼다	认为 rènwéi 생각하다, 여기다 ㅣ 以为 yǐwéi ~라고 (잘못) 여기다
	办	bàn 처리하다	怎么办? 어떻게 해? Zěnme bàn?
7	觉	jué 느끼다	觉得 juéde (~라고) 생각하다
		jiào 잠	睡觉 shuìjiào 잠을 자다
8	长	cháng 길다	这条裙子不太长。 이 치마는 그다지 길지 않다. Zhè tiáo qúnzi bú tài cháng.
		zhǎng 자라다, 생기다	他长得很可爱。* 그는 귀엽게 생겼다. Tā zhǎng de hěn kě'ài.
	张	zhāng 펼치다	这张照片是谁照的? 이 사진은 누가 찍은 거야? Zhè zhāng zhàopiàn shì shéi zhào de?
9	只*	zhī 마리	一只大熊猫 yì zhī dà xióngmāo 판다 한 마리
		zhǐ 단지, 다만	我只有一个姐姐。 나는 오직 언니(누나) 한 명만 있다. Wǒ zhǐ yǒu yí ge jiějie.
	口*	kǒu 입, 식구	我家有四口人。 우리 집 식구는 네 명이다. Wǒ jiā yǒu sì kǒu rén.
	回	huí 되돌리다	回答* huídá 대답하다
	中	zhōng 가운데	中文* Zhōngwén 중국의 문자와 언어 ㅣ 中间* zhōngjiān 가운데, 중간
10	过	guò 지나다, 보내다	过生日* guò shēngrì 생일을 보내다 ㅣ 过节日 guò jiérì 기념일(명절)을 보내다
		guo ~한 적 있다	我去过中国。* 나는 중국에 가본 적이 있다. Wǒ qùguo Zhōngguó.

1. 你看，那(^{zhī})大熊猫爬到树上去了。

2. 等了半天，她终(^{yú})来了。

3. 自行车(^{huài})了，我们打车去了。

[1] 해설 및 정답 | **문제 분석▼** 명사 大熊猫 dàxióngmāo(판다) 앞에 쓸 수 있는 양사는 只 zhī이다.

你看，那(只)大熊猫爬到树上去了。
Nǐ kàn, nà zhī dàxióngmāo pádào shù shang qù le.

봐 봐, 저 판다가 나무 위로 기어 올라갔어.

단어 ★只 zhī 양 마리 | 大 dà 형 (크기가) 크다 | ★熊猫 xióngmāo 명 판다 | 爬到 pádào ~까지 (기어)오르다 | ★树 shù 명 나무

[TIP] 양사 只는 狗 gǒu(개), 猫 māo(고양이), 鸟 niǎo(새)를 셀 때에도 쓴다.

[2] 해설 및 정답 | **문제 분석▼** '마침내, 결국'이라는 뜻으로 조사 了 le와 함께 결과를 강조하는 단어에는 终于 zhōngyú가 있다.

等了半天，她终(于)来了。
Děngle bàntiān, tā zhōngyú lái le.

한참을 기다렸더니, 그녀가 마침내 왔다.

단어 等 děng 동 기다리다 | 半天 bàntiān 명 한참 | ★终于 zhōngyú 부 마침내, 결국

[3] 해설 및 정답 | **문제 분석▼** '(물건이) 고장 나다'라는 뜻으로 쓸 수 있는 단어에는 坏 huài가 있다.

自行车(坏)了，我们打车去了。
Zìxíngchē huài le, wǒmen dǎ chē qù le.

자전거가 고장 나서, 우린 택시를 타고 갔다.

단어 ★自行车 zìxíngchē 명 자전거 | ★坏 huài 형 고장 나다 | 打车 dǎ chē 동 택시를 타다

2 여러 번 출제된 한자와 기출 단어 ✦ 필수체크

/. 여러 번 출제된 한자

딱히 혼동되는 한자는 없지만 시험에 자주 출제된 한자들이 있다. 보통 단어만 살피면 쉽게 풀 수 있는 문제로 출제되므로 간단하게 단어로 기억하자.

xiǎo xīn
조심하다

不用
bú yòng
~할 필요가 없다

想家
xiǎng jiā
집을 생각하다

chū zū chē
택시

以前
yǐ qián
예전에, ~하기 전

明白
míng bai
이해하다, 알다

说话
shuō huà
말하다

电话
diàn huà
전화

洗手间
xǐ shǒu jiān
화장실

手表
shǒu biǎo
손목시계

音乐
yīn yuè
음악

声音
shēng yīn
소리

2. 기출 단어

특별히 다른 한자와 만나 사용되는 경우가 거의 없고, 그 자체로 문장 안에서 해석에 중요한 역할을 하는 단어들이 있다. 이런 단어들은 문장을 해석해야 정확하게 알 수 있다.

叫	jiào	(이름이) ~라 불리다	他叫什么名字? 그는 이름이 뭐니? Tā jiào shénme míngzi?
		시키다, ~하게 하다 (=让 ràng)	经理叫我去上海办点儿事。 Jīnglǐ jiào wǒ qù Shànghǎi bàn diǎnr shì. 사장님이 나더러 상하이에 가서 일을 좀 처리하라고 했다.
别	bié	~하지 마라	你别睡觉了。너는 자지 마라. Nǐ bié shuìjiào le.
把	bǎ	~을	小猫把小鱼吃了。고양이가 생선을 먹었다. Xiǎomāo bǎ xiǎoyú chī le.
被	bèi	~에 의하여	我的钱包被他拿走了。 Wǒ de qiánbāo bèi tā názǒu le. 나의 지갑이 그에 의해 가져가졌다.(=그가 내 지갑을 가져갔다.)
让	ràng	시키다, ~하게 하다	妈妈让我回房间休息。 Māma ràng wǒ huí fángjiān xiūxi. 엄마는 나한테 방으로 돌아가 쉬라고 했다.

공략 트레이닝 2

1. 我没见过他，你知道他姓什么、(jiào) 什么吗?

2. 不要一边吃饭一边打电(huà) 聊天儿。

3. 你说话的声(yīn) 太小了，我听不清楚。

---

[1] 해설 및 정답　**문제 분석▼** 이름을 물어볼 때 쓰는 표현에는 **叫什么** jiào shénme가 있다.

我没见过他，你知道他<u>姓什么、(叫)</u> Wǒ méi jiànguo tā, nǐ zhīdào tā xìng shénme、jiào 什么吗? shénme ma?	난 걔를 만난 적이 없는데, 넌 걔가 <u>성이 뭔지, 이름이 뭔지</u> 아니?

단어 见 jiàn ⑧ 만나다 | 过 guo ⑧ ~한 적 있다[경험을 나타냄] | 知道 zhīdào ⑧ 알다, 이해하다 | 姓 xìng ⑧ 성이 ~이다 | 什么 shénme ⑭ 무엇, 무슨 | 叫 jiào ⑧ (~라고) 부르다

[TIP] 이름을 물을 때에는 '叫什么名字? Jiào shénme míngzi?'라고도 한다. **名字** míngzi는 '이름'이라는 뜻으로도 출제된다.

[2] (해설 및 정답) **문제 분석▼** 打 dǎ(치다, 때리다)의 목적어로 쓸 수 있고, 电이 들어가는 명사에는 **电话** diànhuà (전화)가 있다.

不要一边吃饭一边打电(**话**)聊天儿。 | 밥 먹으면서 <u>전화해서</u> 수다 떨지 마라.
Búyào yìbiān chīfàn yìbiān dǎ diànhuà liáotiānr. |

(단어) 不要 búyào 〔조동〕 ~하지 마라 │ ★一边…一边… yìbiān…yìbiān… 〔접〕 ~하면서 ~하다 │ 吃饭 chīfàn 〔동〕 밥을 먹다 │ 打电话 dǎ diànhuà 전화를 걸다, 전화를 하다 │ ★聊天儿 liáotiānr 〔동〕 수다를 떨다, 이야기를 하다

[3] (해설 및 정답) **문제 분석▼** '소리'라는 뜻의 단어에는 **声音** shēngyīn이 있다.

你说话的声(**音**)太小了，我听不清楚。 | 네가 말하는 소리가 너무 작아서, 나는 잘 알아들을
Nǐ shuōhuà de shēngyīn tài xiǎo le, wǒ tīng bu qīngchu. | 수 없다.

(단어) 说话 shuōhuà 〔동〕 말하다, 이야기하다 │ ★声音 shēngyīn 〔명〕 소리 │ 听不清楚 tīng bu qīngchu 확실하게 알아들을 수 없다

[TIP] 한자 音을 쓸 때 昔 xī(옛날)와 혼동하지 않도록 주의해야 한다.

🖉 다음 단어를 따라 써보세요. (빨간색 표시 단어는 빈출 단어임)

1 教室
jiàoshì
교실

一 十 土 耂 耂 孝 孝 孝 孝 教 教

教室

2 换钱
huàn qián
돈을 바꾸다

一 十 扌 扩 护 护 换 换 换 换

换钱

3 方便
fāngbiàn
편리하다

丿 亻 亻 仁 佰 佰 佰 便 便

方便

4 出差
chūchāi
출장 가다

丷 关 关 兰 兰 羊 差 差 差

出差

5 音乐
yīnyuè
음악

一 二 뚜 乐 乐

音乐

6 因为
yīnwèi
왜냐하면

丶 丿 力 为

因为

7 长得可爱
zhǎng de kě'ài
귀엽게 생겼다

丿 二 长 长

长得可爱

8 回答
huídá
대답하다

丨 冂 冋 冋 回 回

回答

9 中间
zhōngjiān
가운데, 중간

丨 冂 口 中

中间

10	过生日 guò shēngrì 생일을 보내다	一 寸 寸 讨 讨 过 过生日
11	小心 xiǎoxīn 조심하다	丶 心 心 心 小心
12	不用 búyòng ~할 필요가 없다	丿 刀 月 月 用 不用
13	想家 xiǎng jiā 집을 생각하다	丶 宀 宀 宀 宀 宀 宇 宇 家 家 家 想家
14	出租车 chūzūchē 택시	凵 凵 中 出 出 出租车
15	以前 yǐqián 예전에	丷 丷 艹 产 产 前 前 前 前 以前
16	说话 shuōhuà 말하다	丶 讠 讠 讠 讠 话 话 话 说话
17	手表 shǒubiǎo 손목시계	一 二 三 手 手表
18	声音 shēngyīn 소리	丶 亠 亠 立 产 音 音 音 音 声音
19	别睡觉 bié shuìjiào 자지 마라	丨 冂 冂 号 另 别 别 别睡觉
20	把小鱼吃了 bǎ xiǎoyú chī le 생선을 먹었다	一 十 扌 扌 扣 扣 把 把小鱼吃了

실전에
강한

제한 시간
8-10분

문제 적응 훈련

┤ 실전 트레이닝 1 ├

1. 已经很晚了，(bié) 上网了。

2. 冰箱里 (yǒu) 一瓶水，是给你的。

3. 这双鞋看 (zhe) 真漂亮。

4. 我没穿 (guo) 这种裙子。

5. 请 (bǎ) 门打开一下。

정답 및 해설_ 해설집 131쪽

┤ 실전 트레이닝 2 ├

1. (zhōng) 间看手机的一定是我姐姐。

2. 电影院离这儿很远，我们坐 (chū) 租车去吧。

3. 这里的饭菜让他想 (jiā) 了。

4. 洗 (shǒu) 间就在电梯旁边。

5. 妈妈，是不是天黑了? (yuè) 亮出来了吗?

정답 및 해설_ 해설집 132쪽

第一部分 ★ 第1-5题

1. 中间的   是谁   站在   那个人

   ✎ _____

2. 用   洗澡   她   不愿意   冷水

   ✎ _____

3. 一点儿也   我   累   不

   ✎ _____

4. 一次   只   去   我   过

   ✎ _____

5. 牛奶   小猫   都   被   喝了

   ✎ _____

第二部分 ★ 第6-10题

6. 谁能（ huí ）答黑板上的这个问题?

7. 下一个（ jié ）目就是你的了，你准备一下。

8. 外面下雪了，你让孩子开车小（ xīn ）点儿。

9. 10（ yuè ）21号是我的生日，晚上你们来我家吃饭吧。

10. 别（ ràng ）孩子们吃太多蛋糕。

정답 및 해설_ 해설집 134쪽

맛있는 중국어 HSK 합격 프로젝트

모의고사

模拟考试

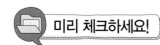 **미리 체크하세요!**

1 모의고사 듣기 파일을 준비해 주세요.

　+ 듣기 파일은 맛있는북스 홈페이지(www.booksJRC.com)에서 무료로 다운로드 할 수 있습니다.

2 답안지는 본책 291쪽에 수록되어 있습니다. 답안지를 잘라 실제 시험처럼 답을 기입하세요.

3 2B 연필, 지우개, 시계를 준비해 주세요.

　+ 2B 연필은 두 개를 준비하여 하나는 마킹용, 다른 하나는 작문할 때 사용하세요.
　+ 듣기 영역은 약 35분, 독해 영역은 30분, 쓰기 영역은 15분입니다.

▷ 무료 동영상 강의

『맛있는 중국어 新HSK 3급』모의고사의 동영상 강의는
맛있는북스 홈페이지(www.booksJRC.com)에서 무료로
제공됩니다.

▲강의 보기

新汉语水平考试
HSK(三级)

注　意

一、HSK (三级) 分三部分：

1. 听力 (40题，约35分钟)

2. 阅读 (30题，30分钟)

3. 书写 (10题，15分钟)

二、**听力结束后，有5分钟填写答题卡。**

三、全部考试约90分钟 (含考生填写个人信息时间5分钟)。

一、听 力

第一部分

第1-5题

A

B

C

D

E

F

例如：男：喂，请问张经理在吗？

女：他正在开会，您半个小时以后再打，好吗？

D

1.

2.

3.

4.

5.

第 6-10 题

A

B

C

D

E

6. ☐

7. ☐

8. ☐

9. ☐

10. ☐

第二部分

第 11-20 题

例如：为了让自己更健康，他每天都花一个小时去锻炼身体。

　　★ 他希望自己很健康。　　　　　　　　　　(　√ 　)

　　今天我想早点儿回家。看了看手表，才5点。过了一会儿再看表，还是5点，我这才发现我的手表不走了。

　　★ 那块儿手表不是他的。　　　　　　　　　(　× 　)

11. ★ 他对历史有兴趣。　　　　　　　　　　　(　　　)

12. ★ 他很喜欢下雪。　　　　　　　　　　　　(　　　)

13. ★ 北京话就是普通话。　　　　　　　　　　(　　　)

14. ★ 他坐火车时喜欢听音乐。　　　　　　　　(　　　)

15. ★ 小孩子爱吃蛋糕。　　　　　　　　　　　(　　　)

16. ★ 哥哥希望妈妈去接他。　　　　　　　　　(　　　)

17. ★ 他已经到了。　　　　　　　　　　　　　(　　　)

18. ★ 爸爸和王叔叔的关系不错。　　　　　　　(　　　)

19. ★ 这次考试特别难。　　　　　　　　　　　(　　　)

20. ★ 他以前不会用筷子。　　　　　　　　　　(　　　)

第三部分

第 21-30 题

例如：男：小王，帮我开一下门，好吗？谢谢！
　　　女：没问题。您去超市了？买了这么多东西。
　　　问：男的想让小王做什么？

　　　A 开门 √　　　　　**B** 拿东西　　　　　**C** 去超市买东西

21. **A** 喜欢打篮球　　　**B** 喜欢做运动　　　**C** 喜欢看篮球比赛

22. **A** 司机　　　　　　**B** 大夫　　　　　　**C** 演员

23. **A** 唱歌　　　　　　**B** 游泳　　　　　　**C** 画画儿

24. **A** 洗澡　　　　　　**B** 看报纸　　　　　**C** 喝牛奶

25. **A** 很好看　　　　　**B** 人太小了　　　　**C** 比较清楚

26. **A** 公司　　　　　　**B** 饭馆　　　　　　**C** 火车站

27. **A** 平时早起　　　　**B** 今天有考试　　　**C** 不喜欢洗脸

28. **A** 喝酒了　　　　　**B** 发烧了　　　　　**C** 生气了

29. **A** 一次　　　　　　**B** 两次　　　　　　**C** 三次

30. **A** 要跳舞　　　　　**B** 腿很疼　　　　　**C** 有点儿累

第四部分

第 31-40 题

例如：女：晚饭做好了，准备吃饭了。

男：等一会儿，比赛还有三分钟就结束了。

女：快点儿吧，一起吃，菜冷了就不好吃了。

男：你先吃，我马上就看完了。

问：男的在做什么？

A 洗澡　　　　　　B 吃饭　　　　　　C 看电视 √

31. A 不舒服　　　　　B 迟到了　　　　　C 要照顾孩子

32. A 工作很忙　　　　B 去见朋友　　　　C 有其他会议

33. A 手里　　　　　　B 书包里　　　　　C 洗手间里

34. A 不太喜欢　　　　B 颜色很好看　　　C 不大也不小

35. A 宾馆　　　　　　B 车站　　　　　　C 商店

36. A 习惯　　　　　　B 天气　　　　　　C 文化

37. A 弟弟　　　　　　B 同学　　　　　　C 丈夫

38. A 要买机票　　　　B 还没到机场　　　C 没坐出租车

39. A 2:30　　　　　　B 3:00　　　　　　C 3:15

40. A 丈夫和妻子　　　B 妈妈和儿子　　　C 奶奶和阿姨

二、阅 读

第一部分

第 41–45 题

A 你什么时候搬家呢? 需要帮忙吗?

B 一般吧, 我们上个月才认识, 只是普通朋友。

C 你最好再检查一下, 看看还有没有问题。

D 我们是去旅游, 不是搬家, 还是少拿一些吧。

E 当然。我们先坐公共汽车, 然后换地铁。

F 我觉得这家宾馆还不错, 你说呢?

例如: 你知道怎么去那儿吗? (**E**)

41. 衣服、帽子、药都准备好了, 我们还需要带什么? ( )

42. 你和王小姐的关系怎么样? ( )

43. 房间很安静, 还能上网, 今天住这儿吧。 ( )

44. 我的作业早就完成了。 ( )

45. 我终于买了自己的新房子了。 ( )

第 46–50 题

A 那是我叔叔的儿子，一岁多了。

B 虽然这些书我都看过了，但还是有点儿担心。

C 春天到了，学校里的花儿都开了，草也绿了。

D 昨天的雨下得非常大，我没带伞。

E 没关系，我明天去也可以。

46. 你准备得怎么样了? （   ）

47. 这个小孩儿胖胖的，真可爱。 （   ）

48. 你怎么又感冒了? （   ）

49. 图书馆马上就要关门了。 （   ）

50. 其实我也最喜欢这个季节。 （   ）

第二部分

第51–55题

    A 选择   B 马上   C 对   D 舒服   E 声音   F 环境

例如：她说话的（ E ）多好听啊!

51. 表演（   ）就要开始了，把手机关了吧。

52. 我非常喜欢新公司的工作（   ）。

53. 您可以（   ）火车站附近的宾馆，住那儿会更方便。

54. 他从小就（   ）电子游戏有兴趣，长大后他选择了和游戏有关的工作。

55. 他很高，这张桌子太低，坐着很不（   ）。

第 56-60 题

A 教　　　B 要求　　　C 被　　　D 爱好　　　E 吧　　　F 其实

例如：A：你有什么（　　D　　）？
　　　　B：我喜欢体育。

56. A：比赛的（　　　　　）很简单，5分钟，谁打进的球多，谁就是第一。
　　　B：明白了，可以开始了吗?

57. A：让小张去火车站接你（　　　　　）。
　　　B：好的，我在这儿等他。

58. A：姐，书上的那些题怎么做啊?
　　　B：一点儿也不难，我（　　　　　）你。

59. A：你喜欢这种电影节目?
　　　B：（　　　　　）我只想看看那些老电影。

60. A：你的历史书呢?
　　　B：那本书（　　　　　）我同事借走了。

第三部分

第 61-70 题

例如：您是来参加今天会议的吗？您来早了一点儿，现在才八点半。您先进来坐吧。

　　★ 会议最可能几点开始？

　　A 8点　　　　　　　　B 8点半　　　　　　　C 9点 √

61. 今天天气不错，不像昨天风刮得那么大。我们出去踢足球怎么样？踢球对身体很好，你快起来吧。

　　★ 根据这段话，可以知道：

　　A 现在秋天　　　　　B 昨天下雨　　　　　　C 他要去踢球

62. 我今天早上起得太晚了，坐上公共汽车后才发现没拿钱包。后来公共汽车上的一个同学帮助了我。

　　★ 他今天早上：

　　A 没上班　　　　　　B 没带钱　　　　　　　C 没吃饭

63. 我的作业还没完成，还差一个题，我不会做。我还是明天去学校问问老师吧，他应该知道怎么做才好。

　　★ 他的作业：

　　A 很多　　　　　　　B 都会做　　　　　　　C 还没完成

64. 你看报纸了吗？ 我马上就可以坐15号线地铁了。15号线地铁经过我家附近，以后，我上班就方便多了，从我家到公司只要花15分钟，比坐公共汽车快多了。

★ 15号线地铁：

A 车费不贵　　　　B 离他家很近　　　　C 旁边有火车站

65. 现在越来越多的人喜欢拿出手机看时间，我还是觉得用手表更方便。

★ 根据这段话，他更愿意：

A 打电话　　　　B 用手机上网　　　　C 用手表看时间

66. 你手中拿着一件东西不放时，你只有这一件东西，如果你愿意放开，你就有机会选择其他的。

★ 放开手中的东西，可以：

A 找到更好的　　　　B 有更多选择　　　　C 更了解自己

67. 这是我女儿，今年秋天就要上一年级了。她不但爱唱歌，也爱跳舞，在家没事的时候，她总是在我和妻子面前又唱又跳，一分钟也安静不下来。

★ 他女儿：

A 很聪明　　　　B 爱干净　　　　C 喜欢唱歌

68. 下班后我们一起去茶馆儿吧，就在我们公司旁边，25元一位，除了茶水，还送一些吃的。大家一边喝茶一边聊天儿，好不好？

★ 那个茶馆儿怎么样？

A 人很多　　　　B 在公司旁边　　　　C 关门时间晚

69. 孩子在学会说话以前，就已经懂得了哭和笑，他们借这样的办法来告诉别人自己饿了、生气了、不舒服或者很高兴、很满意。后来慢慢长大，他们就开始用一些简单的词语来表示自己的意思了。

    ★ 孩子笑可能表示：

    A 不满意　　　　　B 很喜欢　　　　　C 有点儿累

70. 茶是我的最爱，绿茶、红茶、花茶，我都喜欢，天冷了或者学习累了的时候，喝杯热茶，真是舒服极了。

    ★ 关于他，可以知道：

    A 是卖茶的　　　　B 学习不好　　　　C 很喜欢喝茶

三、书 写

第一部分

第71-75题

例如：小船　　　上　　　一　　　河　　　条　　　有

河上有一条小船。

71. 一本　　　桌子上　　　放着　　　书

72. 送给他女儿　　　那位　　　一个礼物　　　老师

73. 其他　　　您　　　还有　　　要求吗

74. 把　　　那些菜　　　他最后　　　吃完　　　决定

75. 他爸爸　　　我同学长得　　　跟　　　一样

第二部分

第76-80题

例如：没（ guān 关 ）系，别难过，高兴点儿。

---

76. 作业写（ wán ）了再去玩儿!

77. 就在这条街的西边，有（ ge ）面包店。

78. 最近总是觉得身体不太舒（ fu ）。

79. 我相信在老师的帮助下，你的汉语水平一定会提（ gāo ）的。

80. 老师，黑板（ zhōng ）间的那个汉字是怎么写的?

新汉语水平考试
HSK(三级)

注　意

一、HSK(三级)分三部分:

   1.　听力(40题，约35分钟)

   2.　阅读(30题，30分钟)

   3.　书写(10题，15分钟)

二、**听力结束后，有5分钟填写答题卡。**

三、全部考试约90分钟(含考生填写个人信息时间5分钟)。

一、听 力

第一部分

第1-5题

A

B

C

D

E

F

例如：男：喂，请问张经理在吗？

女：他正在开会，您半个小时以后再打，好吗？

D

1.

2.

3.

4.

5.

第 6-10 题

A

B

C

D

E

6.

7.

8.

9.

10.

第二部分

第 11-20 题

例如：为了让自己更健康，他每天都花一个小时去锻炼身体。

    ★ 他希望自己很健康。　　　　　　　　　　　　　（　√　）

    今天我想早点儿回家。看了看手表，才5点。过了一会儿再看表，还是5点，我这才发现我的手表不走了。

    ★ 那块儿手表不是他的。　　　　　　　　　　　　（　×　）

11. ★ 他喜欢秋天去公园看书。　　　　　　　　　　（　　　）

12. ★ 办公室在7层。　　　　　　　　　　　　　　（　　　）

13. ★ 女儿现在是长发。　　　　　　　　　　　　　（　　　）

14. ★ 他要卖车。　　　　　　　　　　　　　　　　（　　　）

15. ★ 老张现在不能踢球。　　　　　　　　　　　　（　　　）

16. ★ 他不懂汉语。　　　　　　　　　　　　　　　（　　　）

17. ★ 他比去年瘦了不少。　　　　　　　　　　　　（　　　）

18. ★ 这个公园春天很漂亮。　　　　　　　　　　　（　　　）

19. ★ 他最喜欢喝绿茶。　　　　　　　　　　　　　（　　　）

20. ★ 女儿今天很高兴。　　　　　　　　　　　　　（　　　）

第三部分

第21-30题

例如：男：小王，帮我开一下门，好吗？谢谢！
　　　女：没问题。您去超市了？买了这么多东西。
　　　问：男的想让小王做什么？

    A 开门 √   **B** 拿东西   **C** 去超市买东西

21. **A** 下班了   **B** 生病了   **C** 走错了

22. **A** 公司   **B** 商店   **C** 宾馆

23. **A** 很长   **B** 没有人看   **C** 很有意思

24. **A** 关灯   **B** 洗筷子   **C** 把声音开大些

25. **A** 银行   **B** 学校   **C** 机场

26. **A** 汉语   **B** 历史   **C** 数学

27. **A** 想换手机   **B** 想买手表   **C** 想借照相机

28. **A** 买个新的   **B** 买个贵的   **C** 买个大的

29. **A** 上网   **B** 跑步   **C** 爬山

30. **A** 想帮助女的   **B** 不愿意搬家   **C** 要打扫房间

第四部分

第 31–40 题

例如：女：晚饭做好了，准备吃饭了。

男：等一会儿，比赛还有三分钟就结束了。

女：快点儿吧，一起吃，菜冷了就不好吃了。

男：你先吃，我马上就看完了。

问：男的在做什么？

A 洗澡　　　　　　　B 吃饭　　　　　　　C 看电视 √

31. A 奶奶　　　　　　　B 爷爷　　　　　　　C 阿姨

32. A 猫　　　　　　　　B 狗　　　　　　　　C 小鸟

33. A 最大的　　　　　　B 干净的　　　　　　C 黑色的

34. A 阴天　　　　　　　B 更冷　　　　　　　C 很舒服

35. A 邻居的　　　　　　B 客人的　　　　　　C 校长的

36. A 东西很贵　　　　　B 不太安静　　　　　C 离家很远

37. A 三点开始　　　　　B 还没开始　　　　　C 已经结束了

38. A 不去留学　　　　　B 注意身体　　　　　C 一起去旅游

39. A 买错了票　　　　　B 看错人了　　　　　C 拿错箱子了

40. A 没听见　　　　　　B 没上班　　　　　　C 没有手机

二、阅 读

第一部分

第 41–45 题

A 姐姐给我买的，我也不太清楚。

B 我要饿死了，有什么吃的吗?

C 小时候奶奶给我讲过，很有名。

D 没问题。我很喜欢它。

E 当然。我们先坐公共汽车，然后换地铁。

F 那我就试试。

例如：你知道怎么去那儿吗?　　　　　　　　　　　　　(　E 　)

41. 《三只小猪》的故事，你听说过吗?　　　　　　　(　　)

42. 你先来个西瓜，我去给你做碗好吃的。　　　　　(　　)

43. 这条裤子你花了多少钱?　　　　　　　　　　　(　　)

44. 这几天我不在家，你能不能帮我照顾我的小狗?　(　　)

45. 我看下星期的会议，还是你参加比较好。　　　　(　　)

第 46-50 题

A 不用了，不冷，我一会儿就回来。

B 很多人都觉得他只有50来岁。

C 好的，我要热的。

D 我这个周末想去玩儿，但我不会开车。

E 你不是明天早上8点的火车吗? 怎么还不休息?

46. 王校长虽然70多岁了，但看起来一点儿都不像。　　　　（　　　　）

47. 我可以带你，要去哪里?　　　　（　　　　）

48. 我这就去洗脸刷牙，马上睡。　　　　（　　　　）

49. 给你帽子，外面风刮得很大，别感冒了。　　　　（　　　　）

50. 把衣服给我，我们喝杯绿茶吧。　　　　（　　　　）

第二部分

第 51–55 题

    A 更   **B** 小心   **C** 检查   **D** 张   **E** 声音   **F** 了解

例如：她说话的（ **E** ）多好听啊！

51. 我和他只见过一次面，对他还不太（   ）。

52. 他很高，这（   ）床太小，可能会很不舒服。

53. 作业写完了要好好（   ）一下，注意错别字。

54. 天气冷，你多穿点儿衣服，（   ）感冒。

55. 我觉得工作很重要，但其实（   ）重要的是快乐。

第 56-60 题

A 半　　　B 一直　　　C 准备　　　D 爱好　　　E 把　　　F 干净

例如：A：你有什么（　D　）？

B：我喜欢体育。

56. A：请问，现在是十点吗？

B：现在十点（　　　）了，您的手表慢了三十分钟。

57. A：最近怎么（　　　）没看见他？

B：他去旅游了，可能下个星期才回来。

58. A：电影马上就要开始了，（　　　）手机关了吧。

B：好的，没问题。

59. A：你家的厨房真（　　　）！

B：当然了，为了欢迎你，我已经打扫了两个小时了。

60. A：这是蛋糕吧？今天是不是你的生日？

B：今天是12月25日，这是为大家（　　　）的。

第三部分

第61-70题

例如：您是来参加今天会议的吗？您来早了一点儿，现在才八点半。您先进来坐吧。

★ 会议最可能几点开始?

A 8点　　　　　　　**B** 8点半　　　　　　　**C** 9点 √

61. 要想把汉字写好，只有一个办法，那就是多花时间练习。这听起来很容易，但能做到的人不多。

★ 怎样才能写好汉字?

A 多练习　　　　　　**B** 找老师问问　　　　　**C** 多了解中国文化

62. 别看小马年轻，他已经在这儿工作8年了。你有什么不明白的事情，就可以问他。他一定会帮你解决。

★ 如果有什么问题，可以:

A 找小马　　　　　　**B** 查词典　　　　　　**C** 自己解决

63. 这个男孩子是新来的同学，很聪明，学习成绩也非常好。听说他还有很多爱好，喜欢游泳、打球等等。

★ 那个男孩儿:

A 没有爱好　　　　　**B** 学习不好　　　　　　**C** 喜欢运动

64. 我刚才和同事喝了几杯啤酒，所以脸有点儿红。不过没事儿，我睡一觉就好了。

   ★ 他怎么了？

   A 感冒了   B 脸红了   C 没吃饱

65. 我们这儿教画画儿，您可以根据自己的兴趣选择喜欢的课。第一次课是不花钱的，而且如果您能介绍朋友一起来学，我们还会送您一块手表。

   ★ 根据这段话，可以知道：

   A 节日不上课   B 那里比较安静   C 第一次课不花钱

66. 我儿子长得像我，鼻子高、眼睛大。但他也像他爸爸，很爱笑，对别人很好。我觉得他是个好孩子。

   ★ 根据这段话，儿子：

   A 很安静   B 不爱看书   C 长得像爸爸妈妈

67. 给你五十块钱，你回家时去超市买两斤羊肉、十个鸡蛋，再买一些水果。我下班后给你做好吃的。

   ★ 回家时应该做什么？

   A 去买菜   B 送蛋糕   C 在外面吃饭

68. 小李上午脸色不太好，同事们都以为他病了。我问他怎么了，他笑着回答说：
   "昨晚看球赛，两点才睡觉。"

   ★ 小李昨天晚上：

   A 发烧了   B 看比赛了   C 听音乐了

69. 昨天晚上我给小王打电话问："听说我们学校西边有个公园，那个公园很大，也很漂亮。明天是星期天，我们去公园玩儿怎么样？"小王回答说："太好了！我也想去公园散散步。"

★ 他们最有可能什么时候去公园？

A 星期天　　　　　　B 下个月　　　　　　C 昨天晚上

70. 爬山时一定要小心，注意自己脚下，别走太快了。如果你觉得哪里不舒服就跟老师说，不要自己决定。

★ 爬山时：

A 很容易渴　　　　　B 别穿皮鞋　　　　　C 不要走太快

三、书 写

第一部分

第 71-75 题

例如：小船　　　上　　　一　　　河　　　条　　　有

河上有一条小船。

71. 一个　　　需要　　　也　　　那样的照相机　　　我

72. 下　　　可能会　　　大雪　　　冬天的北京

73. 解决　　　几次　　　我　　　难题　　　过

74. 我的伞　　　被　　　拿走了　　　我同学

75. 得　　　很　　　那个小男孩儿　　　表演　　　不错

第二部分

第 76-80 题

例如：没（　关　）系，别难过，高兴点儿。
<small>guān</small>

76. 我来中国，一是为了学习汉语，二是了解更多的中国（　　　　）化。
<small>wén</small>

77. （　　　　）阳出来了，新的一天开始了。
<small>Tài</small>

78. 冰箱（　　　　）还有水果吗? 我有点儿饿了。
<small>li</small>

79. 太热了，我们去咖啡店坐一（　　　　）儿吧。
<small>huì</small>

80. 这些水果一（　　　　）30元5角。
<small>gòng</small>

■ 汉 语 水 平 考 试 HSK (三 级) 答 题 卡 ■

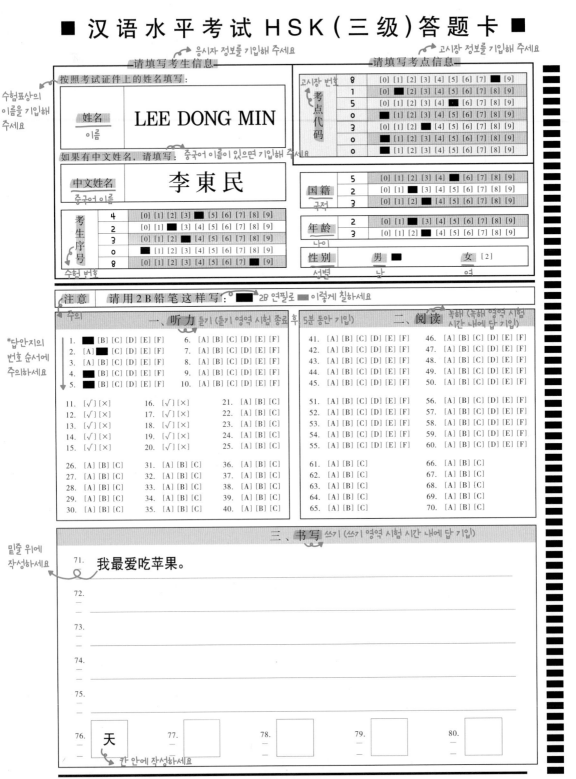

응시자 정보를 기입해 주세요

고시장 정보를 기입해 주세요

───请填写考生信息───

───请填写考点信息───

수험표상의 이름을 기입해 주세요

按照考试证件上的姓名填写：

| 姓名 이름 | LEE DONG MIN |

如果有中文姓名，请填写： 중국어 이름이 있으면 기입해 주세요

| 中文姓名 중국어 이름 | 李東民 |

考生序号 수험 번호	4	[0] [1] [2] [3] [■] [5] [6] [7] [8] [9]
	2	[0] [1] [■] [3] [4] [5] [6] [7] [8] [9]
	3	[0] [1] [2] [■] [4] [5] [6] [7] [8] [9]
	0	[■] [1] [2] [3] [4] [5] [6] [7] [8] [9]
	8	[0] [1] [2] [3] [4] [5] [6] [7] [■] [9]

고시장 번호 考点代码	8	[0] [1] [2] [3] [4] [5] [6] [7] [■] [9]
	1	[0] [■] [2] [3] [4] [5] [6] [7] [8] [9]
	5	[0] [1] [2] [3] [4] [■] [6] [7] [8] [9]
	0	[■] [1] [2] [3] [4] [5] [6] [7] [8] [9]
	3	[0] [1] [2] [■] [4] [5] [6] [7] [8] [9]
	0	[■] [1] [2] [3] [4] [5] [6] [7] [8] [9]

国籍 국적	5	[0] [1] [2] [3] [4] [■] [6] [7] [8] [9]
	2	[0] [1] [■] [3] [4] [5] [6] [7] [8] [9]
	3	[0] [1] [2] [■] [4] [5] [6] [7] [8] [9]

| 年龄 나이 | 2 | [0] [1] [■] [3] [4] [5] [6] [7] [8] [9] |
| | 3 | [0] [1] [2] [■] [4] [5] [6] [7] [8] [9] |

| 性别 성별 | 男 ■ 남 | 女 [2] 여 |

| 注意 주의 | 请用2B铅笔这样写： ■ 2B 연필로 ■ 이렇게 칠하세요 |

*답안지의 번호 순서에 주의하세요

一、听力 듣기 (듣기 영역 시험 종료 후, 5분 동안 기입)

1. [■] [B] [C] [D] [E] [F]
2. [A] [■] [C] [D] [E] [F]
3. [A] [■] [C] [D] [E] [F]
4. [■] [B] [C] [D] [E] [F]
5. [■] [B] [C] [D] [E] [F]

6. [A] [B] [C] [D] [E] [F]
7. [A] [B] [C] [D] [E] [F]
8. [A] [B] [C] [D] [E] [F]
9. [A] [B] [C] [D] [E] [F]
10. [A] [B] [C] [D] [E] [F]

11. [√] [×]
12. [√] [×]
13. [√] [×]
14. [√] [×]
15. [√] [×]

16. [√] [×]
17. [√] [×]
18. [√] [×]
19. [√] [×]
20. [√] [×]

21. [A] [B] [C]
22. [A] [B] [C]
23. [A] [B] [C]
24. [A] [B] [C]
25. [A] [B] [C]

26. [A] [B] [C]
27. [A] [B] [C]
28. [A] [B] [C]
29. [A] [B] [C]
30. [A] [B] [C]

31. [A] [B] [C]
32. [A] [B] [C]
33. [A] [B] [C]
34. [A] [B] [C]
35. [A] [B] [C]

36. [A] [B] [C]
37. [A] [B] [C]
38. [A] [B] [C]
39. [A] [B] [C]
40. [A] [B] [C]

二、阅读 독해 (독해 영역 시험 시간 내에 답 기입)

41. [A] [B] [C] [D] [E] [F]
42. [A] [B] [C] [D] [E] [F]
43. [A] [B] [C] [D] [E] [F]
44. [A] [B] [C] [D] [E] [F]
45. [A] [B] [C] [D] [E] [F]

46. [A] [B] [C] [D] [E] [F]
47. [A] [B] [C] [D] [E] [F]
48. [A] [B] [C] [D] [E] [F]
49. [A] [B] [C] [D] [E] [F]
50. [A] [B] [C] [D] [E] [F]

51. [A] [B] [C] [D] [E] [F]
52. [A] [B] [C] [D] [E] [F]
53. [A] [B] [C] [D] [E] [F]
54. [A] [B] [C] [D] [E] [F]
55. [A] [B] [C] [D] [E] [F]

56. [A] [B] [C] [D] [E] [F]
57. [A] [B] [C] [D] [E] [F]
58. [A] [B] [C] [D] [E] [F]
59. [A] [B] [C] [D] [E] [F]
60. [A] [B] [C] [D] [E] [F]

61. [A] [B] [C]
62. [A] [B] [C]
63. [A] [B] [C]
64. [A] [B] [C]
65. [A] [B] [C]

66. [A] [B] [C]
67. [A] [B] [C]
68. [A] [B] [C]
69. [A] [B] [C]
70. [A] [B] [C]

三、书写 쓰기 (쓰기 영역 시험 시간 내에 답 기입)

밑줄 위에 작성하세요

71. 我最爱吃苹果。
72.
73.
74.
75.

76. 天
77.
78.
79.
80.

칸 안에 작성하세요

不要写到框线以外！
칸 밖에 쓰지 마세요！

■ 汉语水平考试 HSK（三级）答题卡 ■

──请填写考生信息──

按照考试证件上的姓名填写：

姓名	

如果有中文姓名，请填写：

中文姓名	

考生序号

	[0] [1] [2] [3] [4] [5] [6] [7] [8] [9]
	[0] [1] [2] [3] [4] [5] [6] [7] [8] [9]
*	[0] [1] [2] [3] [4] [5] [6] [7] [8] [9]
	[0] [1] [2] [3] [4] [5] [6] [7] [8] [9]
	[0] [1] [2] [3] [4] [5] [6] [7] [8] [9]

──请填写考点信息──

考点代码

[0] [1] [2] [3] [4] [5] [6] [7] [8] [9]
[0] [1] [2] [3] [4] [5] [6] [7] [8] [9]
[0] [1] [2] [3] [4] [5] [6] [7] [8] [9]
[0] [1] [2] [3] [4] [5] [6] [7] [8] [9]
[0] [1] [2] [3] [4] [5] [6] [7] [8] [9]
[0] [1] [2] [3] [4] [5] [6] [7] [8] [9]
[0] [1] [2] [3] [4] [5] [6] [7] [8] [9]

国籍

[0] [1] [2] [3] [4] [5] [6] [7] [8] [9]
[0] [1] [2] [3] [4] [5] [6] [7] [8] [9]
[0] [1] [2] [3] [4] [5] [6] [7] [8] [9]

年龄

[0] [1] [2] [3] [4] [5] [6] [7] [8] [9]
[0] [1] [2] [3] [4] [5] [6] [7] [8] [9]

性别　　男 [1]　　　　女 [2]

注意　请用2B铅笔这样写：　■

一、听力

1. [A] [B] [C] [D] [E] [F]　　6. [A] [B] [C] [D] [E] [F]
2. [A] [B] [C] [D] [E] [F]　　7. [A] [B] [C] [D] [E] [F]
3. [A] [B] [C] [D] [E] [F]　　8. [A] [B] [C] [D] [E] [F]
4. [A] [B] [C] [D] [E] [F]　　9. [A] [B] [C] [D] [E] [F]
5. [A] [B] [C] [D] [E] [F]　　10. [A] [B] [C] [D] [E] [F]

11. [√] [×]　　16. [√] [×]　　21. [A] [B] [C]
12. [√] [×]　　17. [√] [×]　　22. [A] [B] [C]
13. [√] [×]　　18. [√] [×]　　23. [A] [B] [C]
14. [√] [×]　　19. [√] [×]　　24. [A] [B] [C]
15. [√] [×]　　20. [√] [×]　　25. [A] [B] [C]

26. [A] [B] [C]　　31. [A] [B] [C]　　36. [A] [B] [C]
27. [A] [B] [C]　　32. [A] [B] [C]　　37. [A] [B] [C]
28. [A] [B] [C]　　33. [A] [B] [C]　　38. [A] [B] [C]
29. [A] [B] [C]　　34. [A] [B] [C]　　39. [A] [B] [C]
30. [A] [B] [C]　　35. [A] [B] [C]　　40. [A] [B] [C]

二、阅读

41. [A] [B] [C] [D] [E] [F]　　46. [A] [B] [C] [D] [E] [F]
42. [A] [B] [C] [D] [E] [F]　　47. [A] [B] [C] [D] [E] [F]
43. [A] [B] [C] [D] [E] [F]　　48. [A] [B] [C] [D] [E] [F]
44. [A] [B] [C] [D] [E] [F]　　49. [A] [B] [C] [D] [E] [F]
45. [A] [B] [C] [D] [E] [F]　　50. [A] [B] [C] [D] [E] [F]

51. [A] [B] [C] [D] [E] [F]　　56. [A] [B] [C] [D] [E] [F]
52. [A] [B] [C] [D] [E] [F]　　57. [A] [B] [C] [D] [E] [F]
53. [A] [B] [C] [D] [E] [F]　　58. [A] [B] [C] [D] [E] [F]
54. [A] [B] [C] [D] [E] [F]　　59. [A] [B] [C] [D] [E] [F]
55. [A] [B] [C] [D] [E] [F]　　60. [A] [B] [C] [D] [E] [F]

61. [A] [B] [C]　　66. [A] [B] [C]
62. [A] [B] [C]　　67. [A] [B] [C]
63. [A] [B] [C]　　68. [A] [B] [C]
64. [A] [B] [C]　　69. [A] [B] [C]
65. [A] [B] [C]　　70. [A] [B] [C]

三、书写

71.
＿　＿＿＿＿＿＿＿＿＿＿＿＿＿＿＿＿＿＿

72.
＿　＿＿＿＿＿＿＿＿＿＿＿＿＿＿＿＿＿＿

73.
＿　＿＿＿＿＿＿＿＿＿＿＿＿＿＿＿＿＿＿

74.
＿　＿＿＿＿＿＿＿＿＿＿＿＿＿＿＿＿＿＿

75.
＿　＿＿＿＿＿＿＿＿＿＿＿＿＿＿＿＿＿＿

76.　　　77.　　　78.　　　79.　　　80.
＿　　　　＿　　　　＿　　　　＿　　　　＿

不要写到框线以外！

■ 汉 语 水 平 考 试 ＨＳＫ（三 级）答 题 卡 ■

注意 | 请用2B铅笔这样写：■

一、听力

1. [A] [B] [C] [D] [E] [F]
2. [A] [B] [C] [D] [E] [F]
3. [A] [B] [C] [D] [E] [F]
4. [A] [B] [C] [D] [E] [F]
5. [A] [B] [C] [D] [E] [F]

6. [A] [B] [C] [D] [E] [F]
7. [A] [B] [C] [D] [E] [F]
8. [A] [B] [C] [D] [E] [F]
9. [A] [B] [C] [D] [E] [F]
10. [A] [B] [C] [D] [E] [F]

11. [√] [×]
12. [√] [×]
13. [√] [×]
14. [√] [×]
15. [√] [×]

16. [√] [×]
17. [√] [×]
18. [√] [×]
19. [√] [×]
20. [√] [×]

21. [A] [B] [C]
22. [A] [B] [C]
23. [A] [B] [C]
24. [A] [B] [C]
25. [A] [B] [C]

26. [A] [B] [C]
27. [A] [B] [C]
28. [A] [B] [C]
29. [A] [B] [C]
30. [A] [B] [C]

31. [A] [B] [C]
32. [A] [B] [C]
33. [A] [B] [C]
34. [A] [B] [C]
35. [A] [B] [C]

36. [A] [B] [C]
37. [A] [B] [C]
38. [A] [B] [C]
39. [A] [B] [C]
40. [A] [B] [C]

二、阅读

41. [A] [B] [C] [D] [E] [F]
42. [A] [B] [C] [D] [E] [F]
43. [A] [B] [C] [D] [E] [F]
44. [A] [B] [C] [D] [E] [F]
45. [A] [B] [C] [D] [E] [F]

46. [A] [B] [C] [D] [E] [F]
47. [A] [B] [C] [D] [E] [F]
48. [A] [B] [C] [D] [E] [F]
49. [A] [B] [C] [D] [E] [F]
50. [A] [B] [C] [D] [E] [F]

51. [A] [B] [C] [D] [E] [F]
52. [A] [B] [C] [D] [E] [F]
53. [A] [B] [C] [D] [E] [F]
54. [A] [B] [C] [D] [E] [F]
55. [A] [B] [C] [D] [E] [F]

56. [A] [B] [C] [D] [E] [F]
57. [A] [B] [C] [D] [E] [F]
58. [A] [B] [C] [D] [E] [F]
59. [A] [B] [C] [D] [E] [F]
60. [A] [B] [C] [D] [E] [F]

61. [A] [B] [C]
62. [A] [B] [C]
63. [A] [B] [C]
64. [A] [B] [C]
65. [A] [B] [C]

66. [A] [B] [C]
67. [A] [B] [C]
68. [A] [B] [C]
69. [A] [B] [C]
70. [A] [B] [C]

三、书写

71. _____

72. _____

73. _____

74. _____

75. _____

76. ☐   77. ☐   78. ☐   79. ☐   80. ☐

不要写到框线以外！

MEMO

MEMO